ESPERANÇA

PAPA FRANCISCO
ESPERANÇA
A AUTOBIOGRAFIA

COM CARLO MUSSO

Tradução
FEDERICO CAROTTI
IARA MACHADO PINHEIRO
KARINA JANNINI

Copyright © 2025 by Mondadori Libri S.p.A., Milão

O selo Fontanar foi licenciado para a Editora Schwarcz S.A.

Grafia atualizada segundo o Acordo Ortográfico da Língua Portuguesa de 1990, que entrou em vigor no Brasil em 2009.

TÍTULO ORIGINAL Spera: L'autobiografia
FOTO DE CAPA Stefano Spaziani
REVISÃO Jane Pessoa e Angela das Neves

Dados Internacionais de Catalogação na Publicação (CIP)
(Câmara Brasileira do Livro, SP, Brasil)

Bergoglio, Jorge Mario
    Esperança : A autobiografia / Papa Francisco, com Carlo Musso ; tradução Federico Carotti, Iara Machado Pinheiro, Karina Jannini. — 1ª ed. — São Paulo : Fontanar, 2025.

    Título original : Spera: L'autobiografia.
    ISBN 978-65-84954-68-7

    1. Francisco, Papa, 1936- 2. Papas – Autobiografia I. Musso, Carlo. II. Jannini, Karina. III. Título.

24-235351   CDD-262.13092

Índice para catálogo sistemático:
1. Papas : Autobiografia   262.13092

Cibele Maria Dias – Bibliotecária – CRB-8/9427

Todos os direitos desta edição reservados à
EDITORA SCHWARCZ S.A.
Rua Bandeira Paulista, 702, cj. 32
04532-002 — São Paulo — SP
Telefone: (11) 3707-3500
facebook.com/Fontanar.br
instagram.com/editorafontanar

Diretos e sinceros, aquilo que são parecem:
cabeça quadrada, pulso firme e fígado saudável
falam pouco, mas sabem o que dizem;
embora caminhem devagar, chegam longe

Nino Costa

O futuro entra em nós,
para transformar-se em nós,
muito antes de acontecer

Rainer Maria Rilke

Ainda que eu falasse línguas,
as dos homens e as dos anjos,
se eu não tivesse a caridade,
seria como o bronze que soa

Primeira Epístola aos Coríntios

Sumário

Introdução — Tudo nasce para florescer 9
Prólogo 11
1. Que me cole a língua ao céu da boca 17
2. Já há muito que moro com os que odeiam a paz 27
3. Os dons de uma saudável inquietação 47
4. Quase no fim do mundo 59
5. Se somos muitos, muito melhor 72
6. Como uma corda estendida 90
7. Brincando sobre a superfície da terra 102
8. A vida é a arte do encontro 112
9. O dia corria com pressa 122
10. Reconheceram-se de longe 132
11. Como o ramo da amendoeira 140
12. Devoram meu povo como se comessem pão 148
13. Ninguém se salva sozinho 165
14. Ressoar com as vibrações mais profundas 179
15. O único modo de ser plenamente humano 192
16. Como uma criança nos braços da mãe 205
17. Para que te lembres e te envergonhes 227
18. Todos fora e todos dentro 243

19. Caminhando por vales escuros 258
20. Teu bastão e teu cajado me deixam tranquilo 273
21. O escândalo da paz 290
22. De mãos dadas com uma menina irredutível 306
23. À imagem de um Deus que sorri 319
24. Porque os melhores dias ainda estão por vir 331
25. Sou apenas um passo 352

    Breve nota do coautor 361
    Referências 363
    Créditos das imagens 366

Introdução
Tudo nasce para florescer

O livro da minha vida é o relato de um caminho de esperança que não posso imaginar separado do caminho da minha família, da minha gente, de todo o povo de Deus. É também, em cada página, em cada passagem, o livro de quem caminhou junto comigo, de quem veio antes, de quem seguirá.

Uma autobiografia não é nossa literatura particular, e sim nossa bagagem. E a memória não é apenas o que lembramos, mas aquilo que nos cerca. Não fala apenas do que foi, mas também do que será. A memória é um presente que nunca acaba de passar, como disse um poeta mexicano.

Parece ontem e, no entanto, é amanhã.

Costumamos dizer "espere e tenha esperança" — tanto que na língua espanhola a palavra "esperar" significa tanto ter quanto esperar —, mas a esperança é acima de tudo a virtude do movimento e o motor da mudança: é a tensão que une memória e utopia para construir os sonhos que nos esperam. E se um sonho esmorece é preciso voltar a sonhá-lo de novo, de novas formas, recorrendo com esperança às brasas da memória.

Nós cristãos devemos saber que a esperança não ilude nem desilude: tudo nasce para florescer numa eterna primavera. No final, diremos apenas: não me lembro de nada em que Tu não estejas.

Prólogo

Disseram que se ouviu um tremendo abalo, como um terremoto. A viagem inteira fora acompanhada por vibrações fortes e sinistras, e "a inclinação era tanta que de manhã não podíamos apoiar a xícara de café com leite porque emborcaria", mas aquilo era outra coisa: parecia mais uma explosão, como uma bomba. Os passageiros saíram dos salões e das cabines e correram até o convés para tentar entender o que podia estar acontecendo. Era final da tarde e o navio rumava para as costas do Brasil, em direção a Porto Seguro. Não era uma bomba: soava mais como um trovão surdo. O navio continuava a avançar, mas seu curso havia enlouquecido, tal qual um cavalo descontrolado; agora adernava severamente e diminuía a velocidade. Um homem, depois de passar horas agarrado a um pedaço de madeira no oceano, mais tarde declarou ter visto claramente a hélice e o eixo do motor esquerdo escaparem. Completamente. A hélice, contaram, abrira uma profunda ferida na embarcação: a água entrava copiosa, inundando a sala de máquinas, e logo invadiria também o compartimento de carga, pois as portas estanques, ao que parece, tampouco estavam funcionando.

Contaram que alguém tentou conter o vazamento com chapas de metal. Em vão.

Contaram que os músicos receberam ordens para continuar tocando. Sem pausa.

O navio continuava a se inclinar cada vez mais, a escuridão avançava, o mar engrossava.

Quando ficou claro que as primeiras medidas para tranquilizar os passageiros não eram mais suficientes, o comandante deu ordem para parar as máquinas, fez soar a sirene de alarme e os operadores de rádio lançaram o primeiro SOS.

O sinal de socorro foi recebido por várias embarcações, dois navios e até dois transatlânticos que estavam nas proximidades. Acorreram imediatamente, mas foram obrigados a se deter a certa distância, pois uma grande coluna de fumaça branca despertava o receio de uma catastrófica explosão das caldeiras.

Do convés, com seu megafone, o comandante procurava, cada vez mais desesperado, pedir calma e coordenava as operações de socorro, dando prioridade a mulheres e crianças. Chegada a noite, contudo, uma noite escuríssima de lua nova, o fornecimento de energia elétrica foi interrompido e a situação se precipitou.

Os botes de salvamento foram baixados, mas a inclinação do navio já era terrível: muitos afundaram imediatamente ao bater no casco, outros se revelaram estragados e inutilizáveis: enchiam-se de água que os passageiros eram obrigados a retirar utilizando seus chapéus. Outros ainda, tomados de assalto, viraram ou afundaram devido à sobrecarga. Grande parte dos passageiros, artesãos e camponeses dos vales e planícies, nunca tinha visto o mar até então e não sabia nadar. Orações e gritos se misturavam.

Foi o pânico. Muitos caíram ou se jogaram ao mar, afogando-se. Alguns, assim disseram, foram vencidos pelo desespero. Outros mais, segundo noticiou a imprensa local, foram devorados vivos pelos tubarões.

Naquele pandemônio, eram incontáveis as escaramuças, mas também os gestos de coragem e abnegação. Depois de socorrer dezenas de pessoas, um jovem a quem fora entregue um colete esperava sua vez para se jogar na água. Foi então que viu um velho que não *sabia nadar e não encontrara lugar em nenhum bote: pedia ajuda. O rapaz fez com que ele colocasse seu colete, jogou-se ao mar junto com ele e tentou chegar à chalupa mais próxima. Nadava freneticamente quando das ondas se levantaram vozes cada vez mais agitadas: tubarões! Os tubarões! Foi atacado. De um escaler, um companheiro seu conseguiu içá-lo a bordo, mas as feridas eram devastadoras. Morreu pouco depois.*

Quando sua história foi contada aos sobreviventes, a Argentina ficou comovida. Em seu vilarejo natal, na província de Entre Ríos, batizaram uma escola com seu nome. Era filho de um imigrante piemontês com uma argentina e tinha acabado de completar 21 anos: chamava-se Anacleto Bernardi.

Bem antes da meia-noite o navio já estava totalmente invadido pela água; a proa se levantou na vertical e, com um último gemido fragoroso, quase animalesco, a embarcação foi a pique, a mais de 1400 metros de profundidade. Diversos testemunhos concordaram ao afirmar que o comandante permaneceu a bordo até o fim, fazendo os músicos restantes tocarem a Marcha Real. Seu corpo nunca foi encontrado. Logo antes de o navio afundar, ouviram-se estampidos de armas de fogo, disparados, especulou-se, pelos oficiais que, após terem feito o possível pelos passageiros, decidiram não enfrentar o martírio do afogamento.

Algumas chalupas conseguiram alcançar os navios próximos e, junto com as provenientes de outras embarcações, acolheram centenas de pessoas. O resgate dos poucos sobreviventes que tentavam se manter à tona como podiam prosseguiu até noite profunda. Quando, antes do amanhecer, navios brasileiros chegaram ao local do desastre, não encontraram mais nenhum sobrevivente.

Aquele navio, de quase 150 metros de comprimento, havia sido no começo do século o orgulho da marinha mercante, o mais prestigioso transatlântico da frota italiana; transportara personagens como Arturo Toscanini, Luigi Pirandello e Carlos Gardel, lenda do *tango argentino. Mas aqueles tempos tinham ficado muito para trás. Desde então houvera uma guerra mundial, e o desgaste, a negligência e a manutenção precária deram conta do restante. Agora o navio era mais conhecido como a "*balaìna*", a bailarina, por suas condições vacilantes. Quando saiu em sua última viagem, para a perplexidade de seu próprio comandante, levava a bordo mais de 1200 passageiros, sobretudo imigrantes piemonteses, lígures e vênetos. Mas também das Marcas, da Basilicata e da Calábria.*

Segundo os dados fornecidos pelas autoridades italianas da época, morreram no desastre pouco mais de trezentas pessoas, na maioria membros da tripulação; mas os jornais sul-americanos noticiaram um número bem mais alto, mais do que o dobro, incluindo clandestinos, dezenas de imigrantes sírios e trabalhadores agrícolas que iam dos campos italianos à América do Sul para a estação de inverno.

Minimizado ou encoberto pelos órgãos oficiais, esse naufrágio foi o Titanic *italiano.*

Não sei dizer quantas vezes ouvi a história desse navio que levava o mesmo nome da filha do rei Vítor Emanuel III — a qual também viria a ter uma morte trágica, no campo de Buchenwald, anos depois, no final de outra terrível guerra. O *Principessa Mafalda*.

Essa história era sempre contada na família. Recitada no *barrio*. Entoada nas canções populares dos imigrantes, de um lado a outro do oceano: "*Dall'Italia* Mafalda *partiva con un migliaio e più passeger... Padri e madri bracciavan i suoi figli che si sparivano tra le onde*".*

---

* "Da Itália partia *Mafalda* com mais de mil passageiros... Pais e mães abraçavam os filhos que desapareciam entre as ondas." (N. T.)

Meus avós e seu único filho, Mario, o jovem que se tornaria meu pai, haviam comprado passagem para aquela longa travessia, para o mesmo navio que zarpou do porto de Gênova em 11 de outubro de 1927 com destino a Buenos Aires. Mas não embarcaram.

Por mais que tivessem tentado, não conseguiram vender seus bens a tempo. No fim, mesmo a contragosto, os Bergoglio foram obrigados a trocar a passagem e adiar a partida para a Argentina.

Por isso agora estou aqui.

Vocês não imaginam quantas vezes agradeci à Providência Divina.

1. Que me cole a língua ao céu da boca

Partiram, por fim.

Meus avós conseguiram vender os poucos bens de que dispunham no interior do Piemonte e chegaram ao porto de Gênova para zarpar no *Giulio Cesare* com passagem só de ida.

Esperaram que as operações de embarque da primeira classe terminassem e que enfim chegasse a vez da terceira classe, a sua. Quando o navio alcançou mar aberto e as últimas luzes do farol, a velha Lanterna, desapareceram no horizonte, eles souberam que nunca mais veriam a Itália e deviam recomeçar sua existência no outro lado do mundo.

Era 1º de fevereiro de 1929, um dos invernos mais frios que o século conheceria: em Turim, o termômetro havia chegado a quinze graus abaixo de zero e em outras partes do país até a −25. Foi o inverno que Federico Fellini apresentaria num filme seu como *"l'anno del nevone"*, ou o ano da grande neve. A Europa inteira foi recoberta por um espesso manto de gelo, dos montes Urais às costas do Mediterrâneo, e até a cúpula de São Pedro ficou densamente branqueada.

Quando o vapor, ao final das duas semanas de viagem, após fazer escala em Villefranche-sur-Mer, em Barcelona, no Rio de Janeiro, em Santos e em Montevidéu, enfim ancorou no porto de Buenos Aires, minha avó Rosa, apesar de um calor úmido beirando os trinta graus, ainda vestia o belo casacão com que partira. Enfeitara-o, como se usava na época, com uma gola de pele de raposa e ali, num forro interno, entre o couro e a seda, costurara todos os seus pertences, tudo o que tinha. Continuou a usá-lo, quase como um uniforme, mesmo depois de desembarcar, enquanto seguiam para o interior, subindo ofegantes o rio Paraná por mais quinhentos quilômetros até chegar ao seu destino. Só então a *luchadora*, a lutadora, como a apelidariam, decidiu que podia baixar a guarda.

Os três foram registrados no porto de chegada como *migrantes ultramar*. O vô Giovanni, que depois de anos trabalhando no campo conseguira abrir uma cafeteria e confeitaria, foi cadastrado como comerciante, a esposa Rosa como dona de casa e o filho Mario, meu pai, que com grande satisfação dos pais se formara em contabilidade, como contador.

Uma multidão compartilhara com eles aquela longa viagem de esperança. Milhões partiriam da Itália para *La Merica* ao longo de um século inteiro, rumo aos Estados Unidos, ao Brasil e, principalmente, à Argentina. Para Buenos Aires, nos últimos quatro anos que antecederam aquele 1929, haviam sido bem mais de 200 mil.

A lembrança do terrível naufrágio do *Mafalda* era uma ferida ainda fresca e de modo algum isolada desde o final do século anterior. Eram os anos do "*mamma mia dammi cento lire che in America voglio andar*" —* a canção de gerações de imigrantes e que significativamente terminava com um desastre naval —, anos em que a imigração sazonal foi intensa. Saíam de Gênova no outono, quando a colheita na Itália já

---

* "Mamãe, me dê cem liras, quero ir para a América." (N. T.)

terminara, e partiam para uma segunda no hemisfério austral, onde, inversamente, o verão começava. Era comum voltarem para casa na primavera, com algumas poucas centenas de liras, a maioria das quais acabava no bolso dos organizadores e dos intermediários. Pagos estes e paga a viagem, muitas vezes restavam apenas algumas dezenas de liras como remuneração por quatro ou cinco meses de labuta.

A morte durante a travessia, contudo, era companheira indesejada e não incomum. Devido a fome e privações a bordo dos navios *Matteo Bruzzo* e *Carlo Reggio*, que em 1888 zarparam de Gênova para o Brasil, cinquenta pessoas pereceram. No *Frisca*, foram cerca de vinte, por asfixia. Em 1889, depois de embarcar no *Remo*, os migrantes viram que o número de passagens vendidas era o dobro da quantidade dos lugares disponíveis, a tal ponto que o cólera explodiu a bordo. Os mortos foram jogados ao mar. A cada dia, a quantidade de gente diminuía. E no fim o navio nem foi aceito no porto.

Houve também o naufrágio do *Sirio*, no qual quinhentos imigrantes italianos rumo a Buenos Aires perderam a vida. Nas cantigas populares, nas colinas do Piemonte e nas teclas dos acordeões dos *barrios*, a história dessas tragédias se fundia e se mesclava, o *Sirio* se tornava o *Mafalda* e vice-versa; novas letras se adaptavam à mesma melancólica melodia.

Ainda assim, as pessoas partiam. Por causa da pobreza, sobretudo, às vezes por raiva, para mudar a própria sorte, para fugir da tragédia de uma guerra mundial, tanto da primeira como da segunda que se anunciava, para escapar das cartas de recrutamento ou, depois de olhar a morte nos olhos, para reunir uma família, para não sofrer mais tanta privação, para procurar melhores condições de vida. Não é uma história nova, é de ontem e é de hoje. "Pior do que estava não pode ficar, no máximo vou passar fome como pas-

O *Sirio*, o *Frisca*, o *Mafalda*:
tragédias que se fundiram e se misturaram.

sava aqui", disse um emigrante em *Sull'Oceano*, de Edmondo De Amicis, também piemontês autor do livro *Coração*.

Quem emigrava muitas vezes enfrentava todo tipo de dificuldade e sacrifício para embarcar — quase sempre, depois de ter sido persuadido por agentes e subagentes da imigração. Estes passavam pelos vilarejos durante as feiras, descreviam a América como uma nova "terra prometida", um lugar de maravilhas. Remunerados pela empresa de emigração por cada família que conseguiam convencer a viajar, chegavam a ser comparados pela imprensa da época a comerciantes de escravizados. Vilarejos e aldeias eram inundados por livretos e cartas forjadas dos que já estavam do outro lado do mundo. Havia quem jurasse que um camponês que se tornasse incapacitado para o trabalho na América poderia contar com uma generosa aposentadoria, e quem garantisse fácil acesso à propriedade de terra.

Para quem partia, o primeiro desafio era chegar ao porto. Vendiam-se os poucos pertences para pagar recrutadores muitas vezes ávidos e com poucos escrúpulos, que em mais de uma ocasião, ao menos até uma nova lei tentar impor alguma ordem, escapuliam com o dinheiro.

O caminho até o porto era uma peregrinação pessoal, às vezes familiar, ou que envolvia comunidades inteiras: caminhavam como numa procissão, todos juntos, ao som dos sinos que, vez ou outra, levavam consigo para os navios. Era comum chegarem vários dias antes do embarque e acamparem no cais.

Alguns nunca pisaram na terra desejada, porque o oceano os rejeitara ou engolira.

Os inúmeros que, no entanto, foram e desembarcaram em Buenos Aires viram-se diante de uma realidade dura e ríspida como um tapa, a do Hotel de Inmigrantes: um enorme barracão onde, depois de examinados, registrados e desinfetados, podiam permanecer por apenas cinco dias, o tempo máximo para encontrar um trabalho na cidade ou nos campos. Assim informou um enviado do jornal italiano *Corriere della Sera* no início do século xx: "Nesses últimos três dias chegaram 3800 emigrantes, em grande parte nossos compatriotas. O Hotel de Inmigrantes está abarrotado. [...] Ele (e o chamam de Hotel!) está situado naquele terreno indefinível, irregular, lodoso que fica entre o turvo e tormentoso rio da Prata e a cidade [...]. O cheiro azedo do ácido fênico não consegue vencer o fedor nauseante que vem do piso viscoso e sujo, que exala das velhas paredes de madeira, que entra pelas portas abertas; um cheiro de humanidade amontoada, de miséria [...]. Mais acima, as tábuas conservam sinais mais vivos dessa dolorosa passagem: algo como traços de almas. São nomes, datas, frases de amor, imprecações, lembranças, obscenidades riscados no verniz ou escritos a lápis, às vezes entalhados na madeira. O desenho mais repetido é do navio".

Certamente não é fortuito aquele desenho que olha para trás, aquela saudade. "Que me cole a língua ao céu da boca caso eu não me lembre de ti", dizem os exilados, lembrando-se de Jerusalém (Sl 137,6). Até os Magos expressam o mesmo sentimento: têm saudade de Deus; é a atitude que rompe os conformismos e leva ao empenho pela mudança a que aspiramos e de que precisamos. É um sentimento saudável o da saudade, a saudade das raízes pessoais, porque um povo sem raízes está perdido e uma pessoa sem raízes está doente. É delas que se toma força para seguir adiante, para dar fruto, para florescer; como diz o poeta argentino Francisco Luis Bernárdez, *"por lo que el árbol tiene florido vive de lo que tiene sepultado"*: tudo o que na árvore floresceu vive do que jaz enterrado.

Essas descrições do ontem, esses sinais, esses rabiscos, remetem ao hoje, a outros portos, a outros mares.

Meus avós tiveram mais sorte. Chegaram a Buenos Aires chamados pelos irmãos de meu avô, que haviam aportado na Argentina em 1922 e conseguiram uma boa *suerte*: começaram como operários, asfaltando estradas que iam do porto fluvial até os campos, e em pouco tempo abriram uma empresa de pavimentação e asfaltamento. As coisas correram bem para eles. Depois de registrados, não ficaram no Hotel de Inmigrantes: em vez disso, seguiram para a região de Entre Ríos, até o Paraná, onde eram ansiosamente aguardados por meus tios-avós. Moravam numa casa de quatro andares, o Edifício Bergoglio, que eles mesmos construíram, o primeiro de toda a cidade a ter um elevador. Cada irmão podia morar num dos quatro andares: Giovanni Lorenzo, Eugenio, Ernesto e agora também meu avô, Giovanni Angelo. Apenas dois irmãos de meu avô continuariam no Piemonte: Carlo, o primogênito, e Luisa, única mulher, que, ao se casar, tornou-se Martinengo. Na medida do possível, a família enfim se reunira, e foi principalmente por isso que eles haviam partido.

Meu pai, que era um jovem contador, trabalharia como administrador. Mas não por muito tempo. A crise mundial de 1929, a Grande Depressão, ampliava sua espiral. Nesse meio-tempo, o diretor da empresa, um de meus tios-avós, Giovanni (Juan) Lorenzo, adoecera de leucemia e linfossarcoma e morrera, deixando uma viúva, Elisa, e três filhos. A pressão somada da recessão e do luto familiar os dilacerou, logo se mostrando fatal. Em 1932 tiveram de vender tudo: os maquinários, a empresa, a casa, até a capela do cemitério. Ficaram sem nada e afundaram na pobreza. Com uma mão na frente e a outra atrás, diziam.

Precisariam recomeçar de novo do zero e assim fizeram. Com a mesma determinação da primeira vez.

Naturalmente, nada disso era do conhecimento de meu avô, meu pai e minha avó, que desafiava a canícula empacotada em seu casacão de lã, quando pisaram pela primeira vez na Argentina naquela manhã quente de fevereiro.

Tampouco era do conhecimento de milhares, milhões de mulheres e homens que os precederam e os seguiriam naquela mesma rota: artesãos, lenhadores, operários da construção civil, mineiros, enfermeiros, ferreiros, marceneiros, sapateiros, alfaiates, padeiros, mecânicos, vidraceiros, pintores, cozinheiros, criados, sorveteiros, barbeiros, mestres das pedreiras e dos mármores, comerciantes e contadores e uma infinidade de camponeses e trabalhadores braçais. Traziam consigo a miséria, as tragédias, as feridas de sua condição, mas também a força, a coragem, a perseverança, a fé. E uma multiplicidade de talentos que, como na parábola do Evangelho de Mateus, aguardava uma oportunidade para poder dar seus frutos. Se apenas lhe dessem tal oportunidade, aquele bando desprovido construiria uma grande parte daquele outro canto do mundo e, de fato, foi essencialmente o que aconteceu. Gente livre e teimosa ("*rassa nostrana libera e testarda*"), como no belo e pungente poema de Nino Costa, um dos maiores poetas piemonteses da época, que morreria do coração devido ao assassinato de seu jovem filho *partigiano* aos dezenove anos, e que minha avó Rosa me faria saber de cor quando criança, em dialeto. "*O bionde di grano pianure argentine* [...] *non sentite mai passare un'aria monferrina o il ritornello di una canzone di montagna?*",* diziam os versos dedicados aos piemonteses que iam trabalhar fora da Itália. Às vezes aqueles homens e aquelas mulheres regressavam, "e o dinheiro poupado lhes rendia uma casinha ou um pedaço de terra e então criavam as filhas...". Outras vezes, "uma febre ou uma doença de trabalho prega-os numa tumba vazia", esquecida num cemitério estrangeiro. "*Un camp-sant foresté.*"

Também por isso, anos mais tarde, em minha primeira viagem como pontífice para fora do Vaticano, senti que de-

---

* "Ó loiras de trigo planícies argentinas [...] nunca sentem passar um ar monferrino ou o refrão de uma canção de montanha?" (N. T.)

via ir a Lampedusa, a minúscula ilha do Mediterrâneo que se tornou posto avançado de esperança e solidariedade mas também símbolo das contradições e da tragédia das migrações, cemitério marinho de excessivas, excessivas mortes. Poucas semanas antes eu ficara sabendo da notícia de mais um naufrágio, e então meu pensamento voltava a isso continuamente, como um espinho no coração. Não era uma viagem programada, mas devia fazê-la. Também nasci numa família de migrantes; meu pai, meu avô, minha avó, como tantos outros italianos, partiram para a Argentina e conheceram o destino de quem fica sem nada. Eu também poderia estar entre os descartados de hoje, tanto que sempre trago uma pergunta no coração: por que eles e não eu?

Devia ir a Lampedusa para rezar, para fazer um gesto de proximidade, para expressar minha gratidão e meu incentivo aos voluntários e à população daquela pequena realidade que sabia oferecer exemplos concretos de solidariedade. E principalmente para redespertar nossas consciências e fazer um chamado a nossas responsabilidades.

Na literatura espanhola há uma comédia de Lope de Vega em que os habitantes da cidade de Fuente Ovejuna matam o governador porque é um tirano, e conseguem fazer isso de uma forma que não se saiba quem levou a execução a cabo. Assim, quando o juiz pergunta: "Quem matou o governador?", todos respondem: "Fuente Ovejuna, senhor". Todos e ninguém.

Ainda hoje essa pergunta se impõe com força: quem é o responsável por esse sangue? Ninguém! Todos nós respondemos: eu não, eu não estou envolvido, devem ser os outros, certamente não eu.

Diante da globalização da indiferença, que nos torna a todos "inominados", como o personagem do romance de

Manzoni, responsáveis sem nome e sem rosto, esquecidos da nossa história e do nosso destino, diante de um medo que ameaça nos enlouquecer, reverbera a pergunta de Deus a Caim: "Onde está seu irmão? Ouço o sangue dele clamar a mim desde a terra".

2. Já há muito que moro com os que odeiam a paz

Emigração e guerra são duas faces de uma mesma moeda. Como bem se escreveu, a maior fábrica de migrantes é a guerra. De um modo ou de outro, porque as mudanças climáticas e a pobreza também são, em boa medida, o fruto doente de uma guerra surda que o ser humano declarou: a uma distribuição mais justa dos recursos, à natureza, a seu próprio planeta.

O mundo hoje nos parece a cada dia mais elitista, a cada dia mais cruel com os excluídos e os marginalizados. Os países em desenvolvimento continuam a ser depauperados de seus melhores recursos naturais e humanos em benefício de poucos mercados privilegiados.

Enquanto o desenvolvimento autêntico é inclusivo, fecundo, projetado para o futuro e para as próximas gerações, o falso desenvolvimento torna os ricos mais ricos e os pobres mais pobres, sempre e em todas as partes. E aos pobres não se perdoa nada, nem sua própria pobreza. Não podem se permitir ser tímidos ou desanimados, são vistos como ameaçadores ou incapazes, não lhes é autorizado enxergar o fim do túnel da sua miséria. Chegou-se ao ponto de teorizar e implementar uma arquitetura hostil para se desembaraçar da sua presença, até mesmo de vê-los nas ruas.

É possível construir muros e bloquear entradas para criar a ilusão de segurança em detrimento dos que são deixados de fora. Mas não será assim para sempre. O "dia do Senhor", como descrito pelos profetas (Am 5,18; Is 2,5; Gl 1,3), destruirá as barreiras criadas entre países e substituirá a arrogância de poucos pela solidariedade de muitos. A condição de marginalização em que são humilhados milhões de pessoas não poderá durar por muito tempo. Seu grito aumenta e abraça a terra inteira. Como atestou d. Pedro Mazzolari, um dos grandes párocos da Itália, rosto profético, luminoso e "inconveniente" de um clero não clerical: "O pobre é um protesto contínuo contra nossas injustiças; o pobre é um barril de pólvora. Se lhe atearmos fogo, o mundo explode".

Não é possível ignorar o premente chamado que a Palavra de Deus confia aos pobres. Para onde quer que se olhe, a bússola da Sagrada Escritura indica quantos não possuem o necessário para viver, os oprimidos, quem está prostrado no chão, o órfão, a viúva, o estrangeiro, o migrante. Com essa inumerável multidão, Jesus não teve receio de se identificar: "Cada vez que o fizestes a um desses meus irmãos mais pequeninos, a mim o fizestes" (Mt 25,40). Não aos mais semelhantes, não a meu grupo, e sim aos pequeninos, esfomeados, sedentos, nus. Fugir a essa identificação equivale a diluir a revelação, a mistificar o Evangelho, a torná-lo folclore e exibição, não presença. Pois não há um "antes" para os cristãos a não ser como "antes os últimos". Os "últimos" que todos os dias clamam ao Senhor pedindo para ser libertados dos males que os afligem. Os últimos das periferias existenciais das nossas cidades. Os últimos enganados e abandonados à morte no deserto; os últimos torturados, abusados e violentados nos campos de detenção; os últimos que desafiam as ondas de um mar impiedoso.

As guerras contemporâneas afetam algumas regiões do mundo, mas as armas com que são travadas vêm de outras regiões muito diferentes, aquelas mesmas que depois rejeitam e rechaçam os refugiados gerados por essas armas e conflitos.

Aprendi o que é a guerra com meu avô Giovanni, quando criança. Foram seus lábios que me contaram pela primeira vez aquelas histórias dolorosas. Ele lutou em Piave.

Aos vinte anos, com 1,66 metro de altura, moreno, cabelos ondulados, olhos castanhos, fora "dispensado" por "insuficiência torácica" no exame médico de alistamento: era junho de 1904. Liberado dos três anos de serviço militar, voltou para casa, em sua Portacomaro, e dois anos depois, no início de 1906, mudou-se para Turim, onde trabalhou como faz-tudo na loja de tecidos do tio Carlo, um dos primeiros a partir para a capital da província, e mais tarde numa cafeteria. "*Liquorista*", dizia-se então. É uma história que se entrelaça inevitavelmente com a de muitos jovens da época, com o nascimento dos primeiros grandes centros industriais, com o abandono dos campos em busca de independência e redenção nas cidades, na tentativa de fugir de um presente de sacrifícios e privações.

Mas todo migrante tem um lugar espiritual seu e, para os Bergoglio, esse lugar sempre foi a herdade de Portacomaro, com suas encostas íngremes e bosques de nogueiras. Também por isso, em fevereiro de 2001, apenas poucas horas antes de ser nomeado cardeal de Buenos Aires por João Paulo II, subi pela última vez a estrada para Bricco Marmorito. Vi as colinas, os vinhedos, a grande casa. Afundei as mãos naquela terra e recolhi um punhado. Foi ali que nasceu meu avô, foi ali que morreu seu pai Francesco, foi ali que nossas raízes se firmaram.

Eu voltaria também como papa a Portacomaro, para o nonagésimo aniversário de minha prima Carla, em sua casa. Com ela e o primo Elio comemos agnolotti e bebemos Grignolino, o vinho típico da região. De vez em quando ligo para eles, falamos em piemontês, que foi a primeira língua que aprendi. Às vezes Elio está no campo de bocha e então conversamos um pouco com todos. Lá, continuo a ser Giorgio.

Foi, porém, na cidade que Giovanni conheceu Rosa, minha avó. Rosa Margherita Vassallo tinha a mesma idade dele e também era uma imigrante. Nascera aos pés do santuário de Todocco, em Piana Crixia, na província de Savona, na fronteira entre a Ligúria e o Piemonte, e chegara a Turim ainda criança porque a família era numerosa: oitava na prole de nove filhos, foi confiada à tia materna Rosa, que cuidava da portaria de um edifício do centro com o marido Giuseppe, sapateiro. Não foi uma decisão fácil para seus genitores, Angela e Pietro, meus bisavós. Pensaram e debateram longamente a respeito, inclusive com o pároco e a professora, e por fim, a conselho de todos, resolveram: a menina esperta, curiosa, inteligente, que mesmo nas dificuldades daquela vida parecia tão talhada para os estudos, devia poder ao menos ter um diploma da escola primária e um futuro melhor. Rosa, aos oito anos, enfrentou então uma viagem de mais de 140 quilômetros, deixou seus campos e desembarcou naquela cidade grande onde as ruas e as praças pareciam imensas, as casas se amontoavam umas sobre as outras e a luz dos lampiões nunca se apagava, graças àquela invenção vinda de Paris que se chamava eletricidade, um prodígio que movia os bondes sem que precisassem ser puxados por cavalos. Os tios não tinham filhos e estavam com mais de cinquenta anos: acolheram a menina com alegria, como se fosse sua filha. Minha avó seria sempre muito afeiçoada a tia Rosa, bem como, obviamente, aos pais e aos irmãos, e mesmo do outro lado do mundo continuaria a nutrir e guardar relações, cartas, notícias, fotografias.

Na Turim do início do século, quando meu avô a viu pela primeira vez, era uma moça miúda, de cabelos castanhos e olhos do tamanho da sua coragem. Trabalhava como costureira.

Os dois jovens se apaixonaram e, em 20 de agosto de 1907, casaram-se na igreja de Santa Teresa. Foram morar a dois passos daquela igreja, e no ano seguinte, quando nasce seu primogênito, Mario Giuseppe Francesco, meu pai, em 2 de abril de 1908, é lá que o batizam.

Em junho de 2015, quando estive em Turim para a ostensão do Sudário, eu quis parar e rezar naquela pequena joia barroca que foi tão importante para meus avós e para meu pai. Beijar aquela pia batismal foi um pouco como voltar para casa.

O vô Giovanni agora tinha esposa e um menino pequeno.
Ele e minha avó já haviam enfrentado corajosamente muitas dores. Nem por isso escapariam à eclosão do conflito mundial, na década seguinte. O monstro da guerra exigia sempre carne nova, portanto todos os reservistas foram convocados. Ele agora tinha trinta anos.

*La tradotta che parte da Torino
a Milano non si ferma più
ma la va diretta al Piave,
cimitero della gioventù**

Deram ao meu avô o número de matrícula 15543; o examinador o descreveu como um jovem de mandíbula redonda (como a minha) e nariz afilado, "cafeteiro" de profissão. Seu tórax não havia mudado, mas dessa vez não representou um impedimento para os recrutadores. Foi designado no início de julho de 1916 para o 78º regimento de infantaria, estacionado em Casale Monferrato, de onde foi enviado em novembro para a linha de frente no Piave e no Isonzo, na fronteira entre a Itália e a Eslovênia, ao norte de Gorizia, na zona do monte Sabotino. Nesse mesmo monte, com o 28º regimento de artilharia, pouco tempo antes d. Mazzolari perdera seu único filho.

Meu avô passou muitos e muitos meses nas trincheiras, no turbilhão de batalhas cada vez mais acirradas. Aprendi muitas coisas com seus relatos, inclusive cantigas irônicas contra as altas patentes do Exército e contra o rei e a rainha.

*Il general Cadorna ha scritto alla regina:
"Se vuoi veder Trieste te la mando in cartolina"
Bom bom bom al rombo del cannon*

*Il general Cadorna si mangia le bistecche
ai poveri soldati ci dà castagne secche*

---

* "O comboio que parte de Turim/ não para mais em Milão,/ mas segue direto para Piave,/ cemitério da juventude." (N. T.)

Il general Cadorna 'l mangia 'l beve 'l dorma
e il povero soldato va in guerra e non ritorna.

Il general Cadorna faceva il carrettiere
e per asinello aveva Vittorio Emanuele
*Bom bom bom al rombo del cannon.**

Houve quem, como aconteceu a um cabo de licença, um jovem pedreiro que vinha dos vales bergamascos, foi condenado, por ter cantado algumas dessas estrofezinhas, a seis anos de reclusão sob acusação de derrotismo e insubordinação.

Meu avô me contou sobre o horror, a dor, o medo, a absurda e alienante inutilidade da guerra. Mas também sobre os episódios de confraternização entre as tropas inimigas, infantarias compostas nas duas frentes de camponeses, operários, trabalhadores, gente humilde que trocava entre si algumas frases, com a linguagem dos gestos e a mímica, ou com aquele pouco que sabia falar no idioma do outro. Ou um resto de tabaco, um pedaço de pão, alguma miudeza: inventavam como podiam pequenas tréguas a fim de aliviar os sofrimentos e a alienação da vida de trincheira. Sempre, claro, às escondidas, já que os comandos poderiam reagir àqueles gestos de humanidade com extrema violência, até com fuzilamentos, e, em alguns casos, enviando a artilharia

* "O general Cadorna escreveu à rainha:/ 'Se quiser ver Trieste vou mandá-la num cartão-postal'/ Bum-bum-bum com o estrondo do canhão.// O general Cadorna come as bistecas/ aos pobres soldados dá castanhas secas.// O general Cadorna come, bebe e dorme/ e o pobre soldado vai à guerra e não retorna.// O general Cadorna era carroceiro/ e como jumentinho tinha Vítor Emanuel/ Bum-bum-bum com o estrondo do canhão." (N. T.)

contra as próprias tropas, as próprias trincheiras, para evitar contatos entre soldados que, à medida que os meses e os anos se passavam, entendiam cada vez mais que os inimigos, vistos de perto, olhados nos olhos, não pareciam afinal aqueles monstros descritos pela propaganda. Eram pobres como eles, com o mesmo olhar perdido e assustado, atolados no mesmo lodo, a sofrer as mesmas penas. Com "*il tuo stesso identico umore ma la divisa di un altro colore*", o mesmo idêntico humor mas o uniforme de outra cor, nos versos de um compositor italiano.

O que uma guerra deixa como legado? Sua macabra contabilidade, antes de mais nada. No fim, só no regimento do meu avô, o 78º, contaram-se 882 mortos, 1573 desaparecidos e 3846 feridos: seus camaradas, companheiros, amigos.

"Os comandos parecem enlouquecidos", escreveria em suas memórias outro soldado piemontês, um tenente mandado à linha de frente no Isonzo com o 68º: "Avante! Não tem como! E daí? Avante do mesmo jeito. Era um descaramento. Os que elaboravam as ordens enviavam-nas de longe; e o espetáculo da infantaria que avançava, visto pelo binóculo, devia ser radiante. Os generais não estavam conosco; nunca viram o arame farpado das trincheiras a não ser nos cantos de seus gabinetes".

"As munições que nunca faltam são os homens", notava com cínica brutalidade o general Cadorna, chefe do estado-maior. Ao passo que outro alto oficial, por sua vez, informava dramaticamente ao governo: "No Isonzo morre-se em torrentes humanas".

Em todo o conflito mundial, houve milhões e milhões de vítimas. Metade dos soldados mobilizados terminou morta, gravemente ferida ou desaparecida. Entre civis e militares foram pelo menos 15 milhões de cruzes, segundo as estimativas mais conservadoras. Esse número pode ser até quadruplicado se considerarmos os efeitos da gripe espanhola, a epidemia que se entrelaçou com a guerra numa trágica dança, como ainda hoje ocorre com tanta frequência nos conflitos.

No fim, foi mesmo uma imensa "inútil matança", como denunciou o papa Bento xv em sua angustiada carta aos chefes das nações beligerantes. O suicídio de um continente, disse ele.

Meu avô se salvou e, após ter sido agregado ao 9º regimento dos artilheiros de Asti, deixou os campos de batalha; em dezembro de 1918, foi enviado de licença por tempo indeterminado e então dispensado com um certificado de "boa conduta" e duzentas liras a receber (mais ou menos trezentos euros de hoje: o prêmio por não estar morto). Passaram-se três anos até ele poder enfim voltar a se reunir com a família. "Já há muito que moro com os que odeiam a paz" (Sl 120,6). Como muitos outros avós da Itália e da Europa, ele voltaria à vida duas vezes: antes como veterano e sobrevivente, depois como testemunha, em benefício dos filhos e dos netos.

O que mais uma guerra deixa como legado? Injustiças que se somam a injustiças. Ressoam as palavras que d. Lorenzo Milani, padre e professor, grande e revolucionário educador, escreveu a seus alunos em 1965:

> Então pegamos nossos livros e repercorremos cem anos de história italiana em busca de uma "guerra justa". Não é culpa nossa se não a encontramos [...]. Quando íamos à escola, nos-

35

sos mestres, Deus os perdoe, assim haviam nos enganado vilmente. Alguns coitados de fato acreditavam: haviam nos enganado porque, por sua vez, haviam sido enganados. Outros sabiam que nos enganavam, mas tinham medo. A maioria talvez fosse apenas superficial. A crer neles, todas as guerras eram "pela Pátria". Nossos professores se esqueciam de nos apontar uma coisa óbvia: que os exércitos marcham por ordens da classe dominante [...]. Não posso deixar de avisar meus alunos que seus infelizes pais sofreram e fizeram sofrer na guerra para defender os interesses de uma classe restrita (da qual nem sequer faziam parte!), não os interesses da Pátria [...]. Alguns me acusam de ter faltado com o respeito aos tombados. Não é verdade. Tenho respeito por aquelas infelizes vítimas. Precisamente por isso parece-me que as ofenderia se louvasse quem as enviou à morte e depois se pôs a salvo. [...] Ademais, o respeito pelos mortos não pode me fazer esquecer meus filhinhos vivos. Não quero que tenham esse trágico fim. Se um dia souberem oferecer sua vida em sacrifício, ficarei orgulhoso, mas que o façam pela causa de Deus e dos pobres, não pelo sr. Saboia ou pelo sr. Krupp.

Que outras coisas, por fim, uma guerra deixa como legado? Os germes de um próximo conflito, de mais violência, de novos erros e horrores. Muitos historiadores apontam que o regime nazista e o ultranacionalismo em diversas regiões europeias nada são além de um produto do conflito anterior. E hoje a corrida armamentista, a ampliação de suas próprias zonas de influência, as políticas agressivas e violentas jamais trarão estabilidade. Jamais. A guerra inteligente não existe: a guerra não sabe trazer nada além de miséria, as armas, nada além de morte. A guerra é burra. As pessoas sempre entenderam isso, as pessoas não são burras. Albert Einstein escreveu: "Estimo tanto a humanidade a ponto de estar persuadido de que esse fantasma maléfico teria desaparecido muito tempo atrás se o bom senso dos povos não fosse sistematicamente corrompido [...] pelos especuladores do mundo político e do mundo empresarial".

Para Giovanni Angelo Bergoglio, filho de Francesco Giuseppe e Maria Brugnano, nascido em 13 de agosto de 1884 na localidade de Bricco Marmorito di Portacomaro Stazione, meu avô, a guerra, aquela combatida e a que já se adensava, deixou também um arraigado sentimento antimonárquico, que o acompanharia pelo resto da existência. "Não está certo!", protestava. "Não está certo que o povo precise manter essa camarilha de preguiçosos sanguessugas e, além do mais, pagar com a própria pele por seus privilégios e suas culpas! Vão trabalhar!" Lembro-me de sua felicidade quando saiu a notícia da derrota da frente monárquica no referendo que proclamaria a República na Itália, e no qual, pela primeira vez, as mulheres também puderam votar. Seu vibrante ardor anti-Saboia só se detinha diante da princesa Mafalda, que a comunidade dos veteranos e expatriados chamava sarcasticamente *Malfait* (malfeita): ela não, ela sofreu demais, pagou por todos, sempre dizia.

Depois de emigrar para o outro lado do mundo, sua mãe Maria, minha bisavó, faria duas vezes a longa travessia vinda da Itália para visitar o filho e os irmãos. Era uma ótima mulher. Na segunda vez, ela, que nascera em 1862 em San Martino Alfieri, a poucos quilômetros de Asti, faleceu na Argentina, no alvorecer dos anos 1930. Morreu na província de Santa Fé: os filhos estavam asfaltando aquela parte da *ruta*, e ali foi sepultada.

Por anos senti como se faltasse alguma coisa, porque a devoção aos defuntos é um sentimento que sempre fez parte da nossa família. Transcorridos cinco anos das inumações, os restos eram exumados e transferidos para uma caixa menor; lembro o amor e a dedicação com que mamãe providenciava essas piedosas tarefas, limpando os ossos com álcool. E eu sentia que faltava minha bisavó, que ela estava perdida. Até que, cerca de vinte anos atrás, finalmente consegui localizar sua sepultura e transportá-la para a tumba da família, junto de seus filhos e demais parentes. Agora ela descansa, com a família de seu filho Eugenio, no cemitério Inglês de Josè C. Paz. No Jardín de Paz, aos oitenta anos, foi sepultado seu filho Giovanni, meu avô. Ele partiu quando eu lecionava em Santa Fé, em 30 de outubro de 1964, no Hospital Italiano, devido a um tumor nas vias biliares.

Se eu soube da Primeira Guerra Mundial pelos lábios de meu avô, a Segunda conheci em Buenos Aires pelos relatos de muitos migrantes que chegaram depois da nova carnificina, ou fugindo dela. Muitos, muitos, muitos... Milhões. Italianos, alemães, poloneses... Vários dos poloneses se tornaram operários na fábrica onde meu pai arranjou trabalho. Foi ouvindo aqueles homens e aquelas mulheres que nós, crianças, entendemos o que havia acontecido, tomamos conhecimento dos bombardeios, das perseguições, das deportações, dos campos de concentração e de prisioneiros, compreendemos o que foi aquele novo, terrível conflito. Por isso defendo a importância de os jovens conhecerem os efeitos das duas guerras mundiais do século passado: essa memória é um tesouro, doloroso mas utilíssimo, para formar consciência.

Um tesouro que fez crescer a arte italiana e europeia.

Nossos pais nos levaram para assistir a todos os filmes daquele período: Rossellini, De Sica, Visconti, os grandes do neorrealismo. Naquela época, passavam três filmes em seguida, o principal e dois menores; levávamos de casa um sanduíche e passávamos o dia no cinema. Estou convencido de que o cinema italiano do pós-guerra, o neorrealismo, é uma grande escola de humanismo. *A culpa dos pais*, com que De Sica antecipa essa fase, deveria ser apresentado ainda hoje nos cursos pré-nupciais; sempre falo dele nos casamentos que celebro. E há cenas de *Roma cidade aberta* que nunca se desfazem na minha memória: Anna Magnani e Aldo Fabrizi foram nossos mestres. Também de luta, de esperança, de sabedoria. Cito com frequência uma frase que Anna Magnani gostava de dizer ao seu maquiador no set: "Deixe todas as minhas rugas, não tire nenhuma. Levei muitos anos para consegui-las". Nannarella sabia ser sábia.

E então, então havia Fellini. Meu Fellini de quando jovem, aquele até *A doce vida*, como eu gostava dele... E em *A estrada da vida*, a que assisti quando tinha dezoito anos, me identifico. Numa cena-chave, o jovem acrobata que representa sua figura mais franciscana, o Louco, diz à desvairada trompetista, Gelsomina, a quem Giulietta Masina dá vida:

— Você não vai acreditar, mas tudo o que há neste mundo serve para alguma coisa. Então, pegue aquela pedra ali, por exemplo...

— Qual?

— Essa... Uma qualquer... Bom, ela também serve para alguma coisa: mesmo essa pedrinha.

— E para que serve?

— Serve... Mas o que sei eu? Se soubesse, sabe quem eu seria?

— Quem?

— Deus pai, que tudo sabe: quando você nasce, quando você morre. Não sei para o que essa pedra serve, mas para alguma coisa deve servir. Pois, se ela for inútil, então tudo é inútil: mesmo as estrelas. E até você, até você serve para alguma coisa, com essa sua cabeça de alcachofra.

Nessa cena há são Francisco. Há a pedra. Nós, pedrinhas pelo chão, e "a pedra que os construtores rejeitaram", mas que "se tornou a pedra angular" (Mt 21,42). E que dá um sentido a tudo, mesmo àquilo que não compreendemos. Há o "procurar e encontrar Deus em todas as coisas", para dizer com as palavras da espiritualidade inaciana.

Sei que na época esses filmes, sobretudo A doce vida, foram atacados em alguns ambientes, mesmo clericais. Toda época tem suas intolerâncias, que talvez se detenham diante de uma moça exuberante se banhando na Fontana di Trevi.

E há a substância, uma substância pedregosa, que escava as profundezas, típica da verdadeira arte.

Pier Paolo Pasolini afirmou que A doce vida se aventurava na "relação entre pecado e inocência" e que estávamos diante de um elevado, absoluto produto do catolicismo contemporâneo. O padre jesuíta Nazzareno Taddei falou em "grande espiritualidade cristã". E outro jesuíta, o padre Virgilio Fantuzzi, que era amigo do diretor, escreveu: "Toda obra desse autor é animada pelo sopro misterioso de um Deus oculto".

De um modo ou de outro, os três tinham razão. Esses filmes são, acima de tudo, tesouros capazes de inspirar. São pedagogia para o hoje.

Também a cinematografia argentina daqueles anos — penso em Los isleros, de Lucas Demare — era profundamente humana, parte da cultura em nossa família, e ponto de partida para reflexões morais nas conversas cotidianas conosco, as crianças. O cinema argentino era ótimo, do mais alto nível.

É importante que os jovens possam recuperar junto a avós, pais e mães aquela memória e aquela raiz para não se verem soltos no ar ou incorrerem nos mesmos erros. Que saibam, por exemplo, como nasce e cresce um populismo distorcido, o soberanismo que se encastela e se isola: basta pensar nas eleições federais alemãs de 1932-3 e em Adolf Hitler, o ex-soldado de infantaria obcecado com a derrota na Primeira Guerra Mundial e com a "pureza do sangue", que prometeu o desenvolvimento da Alemanha após um governo que havia fracassado. Então, que os jovens saibam como começam os populismos. E como podem terminar. As promessas que se fundam no medo, no medo do outro, antes de mais nada, são a pregação costumeira dos populismos e o início das ditaduras e das guerras. Porque, para o outro, o outro é você.

As palavras de meu avô Giovanni voltaram a meus ouvidos e meu coração quando, em setembro de 2014, subi ao Santuário de Redipuglia, na província de Gorizia, o imenso cemitério da Grande Guerra que hospeda os despojos de mais de 100 mil soldados italianos, dos quais 60 mil são desconhecidos: deles roubou-se tudo, até o nome, até a possibilidade, para seus pais e parentes, de pranteá-los sobre uma lápide. Pouco antes eu estivera em Fogliano, onde foram sepultados 15 mil soldados "inimigos", de cinco nacionalidades diferentes, sendo identificada apenas uma parte mínima deles.

Eu acabara de contemplar a pungente beleza da paisagem de toda aquela região, homens e mulheres trabalhando e cuidando de suas famílias, crianças brincando, idosos às voltas com seus sonhos... e agora caminhava entre milhares e milhares de tumbas, todas iguais. Lápides de homens jovens. Então, enquanto celebrava a missa naquele lugar, junto com bispos e centenas de sacerdotes que vieram de todos os países do conflito de 1914-8, tudo o que pude dizer foi: a guerra é uma loucura! Tinha diante dos olhos uma demonstração plástica disso, de brutal evidência. Enquanto Deus prossegue em sua criação e nos chama a todos para colaborarmos em sua obra, a guerra destrói, destrói tudo. Mesmo aquilo que Deus criou de mais belo: o ser humano. Subverte tudo, até a ligação entre irmãos. A guerra é uma loucura, e seu louco plano de desenvolvimento é a destruição. Acima da entrada desse cemitério pairava o mote zombeteiro de toda guerra: "E que me importa?". É a resposta de Caim a Deus: "Acaso sou o guardião de meu irmão?" (Gn 4,9). Uma resposta que não olha ninguém: velhos, crianças, mães, pais...

Naquele dia, em Redipuglia, chorei. O mesmo me aconteceria em Anzio, em 2017, celebrando os mortos de todas as guerras no cemitério americano de Nettuno e caminhando por entre uma extensão interminável de cruzes brancas. Cruzes idênticas às que se homenageariam na Normandia dois anos depois, pelo 75º aniversário do desembarque: milhares de soldados tombados num só dia na luta contra a barbárie nazista e uma multidão ainda maior de vítimas civis. Sem esquecer os 10 mil soldados que, do lado alemão, combateram e morreram em obediência a um regime movido por uma ideologia assassina. Todas as pessoas que descansavam sob aquelas lápides tinham seus projetos, seus sonhos, seus talentos para fazer florescer e frutificar, mas a humanidade simplesmente lhes disse: "E que me importa?".

Naquele dia, no Santuário de Redipuglia, chorei.

O mesmo acontece hoje, por novos e velhos interesses, disparatados planos geopolíticos, avidez por dinheiro e poder. Hoje também os planejadores do terror, os organizadores do embate, bem como igualmente os empresários de armamentos, esculpiram no coração a mesma frase: "E que me importa?". Uma frase que polui e distorce todas as coisas. Mesmo o que temos de mais sagrado. Mesmo Deus. Não existe um deus da guerra: quem faz a guerra é o maligno. Deus é paz. Por isso, no documento sobre a irmandade humana assinado nos Emirados Árabes, em fevereiro de 2019, com o grande imã de Al--Azhar Ahmad Al-Tayyeb, ambos pedimos energicamente que "cessassem a instrumentalização das religiões para incitar o ódio, a violência, o extremismo e o fanatismo cego e parassem de usar o nome de Deus para justificar atos de homicídio, de exílio, de terrorismo e de opressão". Pedimos isso "por nossa fé comum em Deus, que não criou os homens para serem mortos ou para lutarem entre si, nem para serem torturados ou humilhados em sua vida e em sua existência. De fato Deus, o Onipotente, não precisa ser defendido por ninguém e não quer que Seu nome seja usado para aterrorizar as pessoas". Invocar Deus como fiador de seus pecados e crimes é uma das maiores blasfêmias.

É preciso empenhar todos os esforços para pôr fim à corrida armamentista e à preocupante difusão de armas, por parte tanto dos indivíduos quanto dos Estados, tanto nos contextos de guerra quanto em nossas cidades. Sobretudo nos países economicamente mais avançados, em sua busca por um consenso efêmero ou um enganoso senso de segurança. Pensar em combater o mal com o mal significa inevitavelmente construir o pior. Líderes políticos que expressam tal mentalidade, que não sabem dialogar e debater, que interpretam seu papel não com a humildade de quem foi chamado a construir redes de convivência, mas com arrogância, não serão capazes de conduzir seu povo à paz, à justiça e à prosperidade: em vez disso, irão empurrá-lo para o precipício, para a ruína.

Depois do fracasso de uma Segunda Guerra Mundial, desde o início de meu pontificado evidenciaram-se claríssimos contornos de uma Terceira, combatida "em fragmentos", valendo-se de crimes, massacres, destruições, com um nível de crueldade assustador cujas primeiras vítimas costumam ser civis, idosos, mulheres e crianças. Parece ser exatamente essa a característica fundamental das guerras contemporâneas. Se desde sempre quem declarava guerra enviava outros para morrerem em seu lugar, se a guerra era "Pelo rei!" mas quem morria era o camponês, foi a Primeira Guerra Mundial, a guerra dos avós, que representou um divisor de águas. Desde então, todo e qualquer conflito, do Oriente Médio aos Bálcãs, da Ásia à África, viu a esmagadora maioria das vítimas — até 80% delas nesse início do século XXI — representada pela população civil. Como escreveu um correspondente: "Na guerra contemporânea, as chamadas vítimas colaterais agora são os soldados". Em todos os conflitos dos últimos trinta anos, tem sido mais fácil sair vivo vestindo um uniforme militar do que usando, digamos, a camiseta vermelha de um menino. Os massacrados eram e são principalmente os indefesos: a cada três, um é uma criança. Os que apenas sofreram a loucura da guerra. De forma alguma heroísmo, de forma alguma retórica: a guerra não é senão vileza e vergonha no mais alto grau. Uma vergonha que todos devemos sentir como nossa, pois é uma tragédia quando não se sente vergonha de mais nada.

O que meu avô Giovanni, o que muitos avós e pais nos ensinaram com o tesouro da sua dolorosa memória é que uma guerra nunca está longe; pelo contrário, está muito próxima, está dentro de cada um de nós: porque toda guerra começa no coração.

Não pode, não deve entrar na cabeça e no coração da humanidade a hipótese de consentir que homens, mulheres e crianças se afoguem impunemente no Mediterrâneo, mais uma e outra vez. Nem mesmo sequer considerar que para enfrentar os problemas e as dificuldades basta construir muros. Não só muros metafóricos, mas também de tijolos, por vezes com barreiras de arame farpado e lâminas cortantes como facas. Quando tomei conhecimento disso, me senti consternado e comovido, é uma imagem que não consigo aceitar. Ao ficar sozinho, meus olhos mais uma vez se encheram de lágrimas.

Só quem constrói pontes é capaz de seguir adiante: os construtores de muros acabarão aprisionados pelas paredes que eles mesmos construíram. A primeira coisa que se confina é seu coração.

Mas o coração da pessoa é também o primeiro passo de todo caminho de pacificação. Alguém poderia dizer: "Ah, Senhor, eis que eu não sei falar, porque sou ainda criança" (Jr 1,6). Não sei como se constrói paz, não estudei, não sou uma pessoa culta, não sou um chefe de Estado, sou ainda um menino ou passei da idade... Além disso o mundo é grande demais, complicado demais, distante demais... Mas sua casa, seu bairro, seu local de trabalho ou sua escola não é distante demais, porque a prepotência e o bullying também são uma semente de agressão e de guerra. Seus irmãos e suas irmãs nunca são distantes demais. É o próprio Jesus no Evangelho que nos diz qual deve ser nossa atitude: "Eu te louvo, ó Pai, Senhor do céu e da terra, porque ocultaste estas coisas aos sábios e doutores e as revelaste aos pequeninos" (Mt 11,26). Tornemo-nos pequeninos, tornemo-nos humildes, tornemo-nos servidores dos outros. Cultivemos magnanimidade, doçura e modéstia: são as atitudes simples, as pequenas coisas que são Paulo recomenda a uma comunidade cristã das origens, a de Éfeso (Ef 4,1-6), a fim de construir a paz e consolidar a unidade no mundo, na sociedade humana. É um ensinamento eficaz ainda hoje.

Se quisermos desenvolver a capacidade de entender como se faz a paz e a força para fazê-la, tornemo-nos todos pequeninos.

Como uma criança segurando a mão do avô.

3. Os dons de uma saudável inquietação

Ao final do "inútil massacre", um tratado separou vencedores e vencidos. Mas "entre os vencidos os pobres passavam fome/ entre os vencedores igualmente passavam fome os pobres", como Bertolt Brecht escreveu. Porque é isso que acontece nas guerras.

Em Turim, a cidade que seria dos vencedores e nesse meio-tempo se transformara num grande arsenal, desde o começo a situação ficou difícil. Ainda antes da entrada da Itália nos combates, a capital havia sido em grande parte ocupada pelos refugiados de origem italiana deslocados da Europa Central, onde o conflito já grassava; a eles somam-se outros tantos mais, os das terras ditas não libertadas. São dezenas de milhares e ficam alojados também nas escolas, usadas como refúgio. Enquanto a cidade se esvazia progressivamente dos homens jovens e capazes, os operários protestam pelos salários de fome e contra a guerra. O custo de vida mais do que dobrou, os transportes estão paralisados, até o pão é racionado com cupons. Estouram tumultos e revoltas, que o Exército reprime com truculência e centenas de prisões. As ruas agora estão cheias de sem-teto, nos centros de assistência são imensas as filas por um prato de sopa, crianças perambulam abandonadas a si mesmas. Empregados de escritório, artesãos e pequenos comerciantes são atingidos duramente pela crise. Meu avô Giovanni é um deles.

Foi nessa cidade que minha avó Rosa e o filho, sem o marido e sem o pai, esperaram que a loucura da guerra cessasse.

Rosa Vassallo Bergoglio era, sem dúvida, uma mulher corajosa. Um dia, durante a guerra, enquanto cuidava sozinha da cafeteria e se preparava para fechá-la à noite, viu a sombra de um homem se esgueirando furtivo na despensa. Nem pensou em fugir correndo. De forma alguma. Em vez disso, pegou uma vassoura, desceu a escada e, gritando e batendo a mais não poder, pôs o ladrão em fuga.

Estava grávida. Quando meu avô foi convocado para o front, ela esperava uma menina, Bianca. Teve que enfrentar sozinha os meses finais da gravidez e, em 1º de janeiro de 1917, deu à luz em casa com a ajuda de uma parteira, como todas as mulheres comuns da época. Mas o pai nunca chegou a ver a filha, porque a menina morreu no dia seguinte. Foi mais uma das inúmeras dores que Rosa e o marido precisaram enfrentar. Depois do nascimento de Mario, o primogênito, ela engravidou mais seis vezes e passou pelo mesmo número de partos: Giuseppina, Maria, Luigi, Alberto, Bianca e outra Bianca. Nenhum desses bebês sobreviveu mais do que poucas horas.

Meu pai Mario ficou sendo o primeiro e único filho. Nasceu de sete meses, e foi o que o salvou. A patologia da minha avó, da qual na época não se tinha qualquer conhecimento, desenvolvia seus efeitos nefastos apenas a partir do oitavo mês de gestação.

Amei muito minha avó Rosa, e fui muito amado por ela, que representou para mim um testemunho cotidiano da

Meu avô Giovanni e minha avó Rosa
com papai ainda jovem.

santidade comum, a santidade da *Igreja militante* de que fala santo Inácio. Uma mulher que sofreu muito, moralmente inclusive, mas sempre seguiu em frente com coragem; aceitou os encargos dos acontecimentos e das circunstâncias da vida, mesmo as mais dolorosas, e soube prosseguir, com paciência e tenacidade, seu próprio caminho e o da família, dia após dia. Foi dela que recebi meu primeiro anúncio cristão, e foi lindo.

Ela, que só pôde cursar o ensino fundamental, foi para mim uma grande mestra. Aquela que selou minha religiosidade.

Vô Giovanni e vó Rosa tiveram de deixar Turim. Não era possível voltar a Portacomaro; a atividade de meeiros não garantia o sustento e, ainda pior, o pequeno Mario seria obrigado a interromper os estudos. Sobre isso minha avó sempre foi irredutível: para permitir que meu pai estudasse, ela faria qualquer sacrifício.

Faltavam ainda duas semanas para que meu avô voltasse da guerra. Rosa e papai se transferiram sozinhos para Asti, uma cidadezinha cercada de colinas e vinhedos, não muito distante da amada herdade de Bricco Marmorito e com melhores perspectivas de trabalho que a capital. Lá as garras da crise pós-bélica pareciam menos brutais, e o setor ligado à viticultura parecia estar aquecido. Vô Giovanni, ao chegar lá, voltou a trabalhar como cafeteiro e depois também como porteiro de uma clínica, enquanto minha avó continuava como costureira em casa. Até que, alguns anos depois, conseguiram abrir uma mercearia própria.

Em Turim, quando moça, Rosa teve os primeiros contatos não só com as várias atividades da paróquia, mas também com as múltiplas obras sociais e de caridade que, com o impulso da encíclica *Rerum Novarum* de Leão XXIII, se iniciavam na tentativa de enfrentar uma situação que havia se tornado cada vez mais premente e complicada. Lá, conheceu Pier Giorgio Frassati, jovem como ela, embora de proveniência social muito diferente, entusiasta, cheio de vida, apaixonado por montanhas, ruidoso animador de uma saudável república estudantil, mas também dotado de uma forte vitalidade interior e incentivador de outros jovens em mil iniciativas de solidariedade, além de assíduo frequentador dos tetos dos pobres, dos tugúrios onde se mesclavam doença e fome. Um rapaz na contracorrente que levou um pouco de uma abençoada tempestade a seu mundo, e também à sua família, porque a santidade é sempre revolucionária. O santo Pier Giorgio, destinado à canonização no verão do Jubileu de 2025, era um jovem que, quando alguém lhe perguntava por zombaria: "Você é um carola?", respondia simplesmente: "Não, continuo cristão". Autêntico e alegre, fundou com amigos a Sociedade dos Tipos Suspeitos, uma organização baseada na solidariedade e na oração, que dizia que "a tristeza deve ser banida da alma dos católicos", que é preciso viver em vez de só ir levando a vida, e que pelo exemplo ainda é possível mostrar a todos — aos jovens de sua idade, em primeiro lugar — o que é ser dono de uma saudável inquietação, sem a qual a vida não é tranquilidade, mas covardia, mediocridade, pusilanimidade, sem cor e sem verdadeira beleza.

Contudo, foi na Ação Católica de Asti — com as cicatrizes de suas feridas pessoais e num país que tentava arduamente se reerguer do abismo da guerra e dos desastres sociais por ela causados — que minha avó mais conseguiu atuar, como mulher, como cidadã e como cristã. Conheceu Prospera Gianasso, muito ativa no associacionismo católico da época, uma professora de francês que nos momentos livres também lhe ensinou o idioma. Assim pôde suplementar a limitada instrução escolar com leituras interessadas e vorazes, a paixão social e religiosa e uma grande vontade de aprender e fazer.

Agora Rosa comparecia a conferências e encontros em toda a província, sobretudo com moças e mulheres. Dizia coisas que, ao que parecia, não agradavam de forma alguma o governo fascista que então se instalara. Eram os anos da marcha sobre Roma, e a ação dos camisas-negras angariara especial difusão e adesão. Uma vez, fecharam a sala onde minha avó iria falar; ela então arrastou uma mesa até o meio da rua, na frente da paróquia de San Secondo, subiu e fez um comício ali em cima mesmo. Mais de uma vez ameaçaram fazê-la engolir óleo de rícino. Seus princípios e sua fé não podiam lhe permitir ver o regime senão com suspeita e aversão: o autoritarismo, os métodos brutais dos esquadrões, o totalitarismo, o culto à violência e à guerra, e mais tarde também as perseguições e as deportações, só podiam se afigurar como negações do espírito do Evangelho e da fraternidade. Desde o início, os Vassallo não tiveram nenhuma simpatia pelo regime. "Tudo menos Benito", dizia seu irmão Nando aos amigos. "Aquele lá devia se chamar *Malito...* Só faz o mal."

Meu pai, enquanto isso, mostrava disposição para os estudos. Suas boas notas lhe permitiram obter a isenção ou a redução das taxas a que, por mérito, os pertencentes às "famílias desfavorecidas" tinham direito. Depois do ensino médio, inscreveu-se no Instituto Técnico Superior e, sempre graças a bolsas de estudo, formou-se contador em outubro de 1926. Tinham conseguido, ele e também vô Giovanni e vó Rosa, que haviam prosperado com pão, amor e nada. Como naquela grande comédia do neorrealismo rosa, no diálogo entre o novo sargento da região e um camponês: "O que você come?", "Pão"; "E o que põe nele?", "Imaginação, sargento!". Estavam radiantes e orgulhosos: aquele diploma de contador lhes pagava os esforços e sacrifícios.

Poucos dias depois, o regime fascista impõe seu domínio sobre a sociedade italiana: institui-se a prisão para os opositores, suprimem-se jornais, devastam-se ou incendeiam-se casas e sedes de organizações, introduz-se a pena de morte para uma longa série de crimes, dissolvem-se todos os partidos de oposição e diversas associações. Na pequena Asti já fora destruída a sede da Câmara do Trabalho, e nos povoados das cercanias alguns antifascistas haviam sido até assassinados.

O clima estava cada vez mais difícil, mas, até então, as associações católicas resistiam.

Meu pai, que recebera o exemplo da mãe e sua vontade de se empenhar ao máximo para construir um pouco de justiça na terra, havia se envolvido, como muitos coetâneos, nas atividades da paróquia, da Ação Católica, da San Vincenzo. Praticavam esportes, participavam da companhia de atores amadores no teatro paroquial e visitavam as famílias pobres e os doentes no hospital. Como minha avó, ele também passou a realizar encontros e conferências. A primeira, antes mesmo de se diplomar, teria como tema, por ironia do destino, "O papado". Ao que parece, foi tão apreciada que o convidaram para reapresentá-la alguns anos depois.

Enquanto isso, ele também tinha encontrado um emprego como funcionário temporário no Banco da Itália em Asti. Os documentos atestam que era bem avaliado e estipulam seu pagamento em trezentas liras semanais. Em valores atuais, equivalem a menos de quatrocentos euros por mês, bem longe de "justa paga aos trabalhadores". Isso explica muita coisa. Para começar, mostra que, tal como hoje, o trabalho era e é condição indispensável, mas com excessiva frequência é insuficiente para a emancipação, a autonomia pessoal ou para escapar à pobreza. Leva a refletir sobre a razão pela qual, ontem e hoje, tantos jovens, muitas vezes bem preparados, foram e são obrigados a migrar em busca de condições mais dignas apenas para poder se sustentar, prover a família, criar os filhos.

Chegou então a primavera de 1931, e um decreto do governo mandou fechar, depois das organizações de escoteiros, também todos os círculos da juventude católica e as federações universitárias. Várias seções da Ação Católica foram devastadas, tendo alguns de seus expoentes espancados. Nos muros da Fulgor de Asti, a sociedade esportiva onde meu pai militava, apareceram frases de ameaça contra os católicos e os padres. Até um regente de orquestra de fama mundial como Arturo Toscanini seria agredido por se negar a apresentar um hino do regime, *Giovinezza*, na abertura de um concerto. Vigiado pela polícia política, não voltou à Itália até o advento da República.

Mas, quando tudo isso aconteceu, minha família já tinha zarpado no *Giulio Cesare* com destino a Buenos Aires. Quanto a meu pai, não me lembro de tê-lo ouvido falar italiano, nem sequer uma única vez. Com os pais ele se comunicava em piemontês, porque o dialeto era a língua que meus avós utilizavam em família. Mas nunca conosco, seus filhos: só em espanhol, que, aliás, falava muito bem. E quando acontecia que eu lhe falasse em italiano, ele reagia contrafeito. Lembro que, certa vez, eu estava escrevendo uma carta para a professora Gianasso e lhe perguntei como era a maneira correta de usar uma certa expressão; de repente ele ficou visivelmente irritado e cortou: está bom como você escreveu, disse, resoluto. Não sei de onde brotava exatamente aquele recalcamento, se da dor ou de outra coisa, mas assim era.

Haviam deixado a Itália para sempre, mas não a Ação Católica de Asti. Mesmo na Argentina, continuaram a enviar regularmente seu formulário de filiação. Em honra à professora e amiga com quem dividira tantas coisas, vó Rosa o preenchia quase sempre em francês.

* * *

Dali por diante, muitas tragédias ocorreriam na Europa e na Itália.

A começar pela vergonha das leis raciais, por meio das quais o Estado italiano de agora seria oficialmente declarado um país racista. Já nas semanas imediatamente anteriores, num discurso aos colaboradores da rádio católica belga, o papa Pio XI declarara: "O antissemitismo é inadmissível. Espiritualmente somos todos semitas". Após a promulgação, numa audiência privada concedida ao padre jesuíta Tacchi Venturi, ele desabafou: "Como me envergonho... me envergonho de ser italiano. E o senhor, padre, diga isso a Mussolini! Eu, não como papa, mas como italiano, me envergonho!". Num discurso, afirmou que se tratava "de uma verdadeira apostasia", detendo-se também sobre "aquele nacionalismo exagerado, que impede a salvação das almas, que ergue barreiras entre os povos, que é contrário não só à lei do bom Deus mas também à própria fé, ao próprio Credo". O gênero humano, acrescentara em outra ocasião, "é uma mesma raça universal de pessoas. Não há lugar para raças especiais... A dignidade humana consiste em formar uma única e grande família, o gênero humano, a raça humana. Este é o pensamento da Igreja".

O arcebispo de Milão, o cardeal Schuster, definiria três vezes aquelas leis como "uma heresia".

Apesar disso, e apesar dos exemplos de coragem, de verdadeira fraternidade e até de heroísmo, a resistência de muitos cristãos às perseguições contra os judeus — mas também contra os "ciganos", os romanis, os sintis, as centenas de milhares de incapacitados e minorias —, "não foi a que a humanidade tinha o direito de esperar dos discípulos de Cristo", como depois diria são João Paulo II, pedindo perdão. E eu também, em 2014, pedi perdão pelas leis que perseguiram nossos irmãos evangélicos e pentecostais, como se fossem loucos que "arruinavam a raça"; entre os que perseguiram e denunciaram esses cristãos havia católicos, batizados, tentados pelo maligno, que não entenderam que a diversidade no Espírito, aquela diversidade que se faz harmonia na unidade, é pura riqueza.

Ainda em 2019, encontrando em Blaj a comunidade romani, senti no coração o peso das discriminações, das segregações e dos maus-tratos sofridos também por aquele grupo. A história nos diz que mesmo os cristãos, até os católicos, não são estranhos a tanto mal. Por isso, em nome da Igreja, pedi perdão ao Senhor e àqueles homens e àquelas mulheres: por os termos, no curso da história, discriminado, maltratado, olhado com o olhar de Caim e não com o de Abel, não sendo capazes de reconhecê-los, apreciá-los e defendê-los em sua peculiaridade. Caim não se importa com o irmão, e é na indiferença que se alimentam preconceitos e se fomentam rancores. Quantas vezes julgamos precipitadamente, com palavras que ferem, com atitudes que semeiam ódio e criam distâncias. Mas, quando alguém é deixado para trás, é toda a família humana que não avança. Não somos cristãos até o fundo, nem sequer humanos, se não sabemos ver a pessoa antes de suas ações, antes de nossos conceitos e preconceitos.

Façamo-lo hoje também, peçamos perdão por nosso tempo presente, e recordemo-lo a cada vez e em cada lugar em que vemos voltar a soprar esse vento traiçoeiro.

Vivemos tempos em que sentimentos que pareciam superados desde longa data parecem recuperar vida e se difundir. Sentimentos de suspeita, de temor, de desprezo, até de ódio nas relações entre indivíduos ou grupos julgados diferentes devido a sua pertença étnica, nacional ou religiosa. São sentimentos perigosos e degradantes, que inspiram ações de intolerância, discriminação, violência e negação da dignidade das pessoas e de seus direitos fundamentais. É preocupante que, no mundo da política, cedamos à tentação de instrumentalizar os medos ou as dificuldades objetivas para forjar promessas ilusórias e em prol de interesses eleitorais obtusos. E me preocupa também a triste constatação de que mesmo as comunidades católicas na Europa não estão isentas dessas reações, que procuram justificar com um "dever moral" difuso de conservar a identidade cultural e religiosa originária.

Basta ler a primeira epístola do evangelista João. "Se alguém disser: 'Amo a Deus', mas odeia o seu irmão, é um mentiroso; pois quem não ama seu irmão, a quem vê, a Deus, a quem não vê, não poderá amar?" (1Jo 4,20). Se somos incapazes de amar a Deus no plano concreto, isto é, em nossos irmãos, todos, não apenas os que nos são simpáticos ou que parecem mais semelhantes ou mais úteis a nós, não é verdade que amamos a Deus. Somos mentirosos. Somos como aqueles doces que se oferecem no Carnaval, sem nada dentro.*

Em piemontês, o dialeto com que minha avó Rosa me criou, a língua das suas lembranças, esses doces se chamam "*bugie*", mentiras, porque são cheios de ar, inconsistentes. Assim é o espírito do mundo: cheio de ar e de engano, porque é filho do pai da mentira. É um espírito de divisão, de ódio, que é preciso impedir que nos engane e nos tome, porque dilacera a alma.

---

* Francisco aqui se refere ao *chiacchiere*, palavra que em italiano também significa conversa vazia, tagarelice, boato. (N. T.)

Quando menino, minha avó me ensinou de cor o início de *Os noivos*, de Alessandro Manzoni, uma obra-prima da literatura italiana: "Aquele ramo do lago de Como, que vira ao sul, entre duas cadeias ininterruptas de montanhas...". Foi um grande presente. Li o romance quatro vezes e ainda o tenho aqui na escrivaninha, para folhear. Ele me trouxe muito. A certa altura, um frade capuchinho, o frei Cristóforo, homem que viveu, errou gravemente, sofreu e se converteu, que como franciscano aprendeu aquela ciência da concretude que é a verdadeira sabedoria e a verdadeira proximidade com o povo, diz ao jovem protagonista: "Podes odiar, e te perder; depois, com um sentimento teu, afastar de ti qualquer bênção. Pois, de qualquer maneira que as coisas corram para ti, qualquer fortuna que conheças, podes ter certeza de que tudo será castigo". Como é verdade... O ódio dilacera a alma.

Por tudo isso é preciso reagir com firmeza a qualquer mentalidade de enclausuramento, de xenofobia, de encerramento sobre si mesmo e, pior ainda, de ódio: assim escrevi aos jovens de todo o mundo na exortação que se seguiu ao Sínodo que lhes dediquei. O ódio, a separação e a vingança apenas envenenam a esperança e levam embora tudo o que, ao contrário, queremos proteger, que amamos.

E àquele que, como eu, já não é jovem e pôde ler muitas páginas do livro da história e da vida, agora escrevo: tudo isso não lhe lembra alguma coisa? Alguma coisa da qual se precaver, para que não se cumpra o pior? Alguma coisa da qual, cedo ou tarde, todos precisam fugir?

4. Quase no fim do mundo

"*Al mal tempo, buena cara*", diz um provérbio argentino. Apenas três anos haviam se passado desde que emigraram para o rio da Prata e meus avós tiveram de enfrentar mais uma queda e uma nova ressurreição. A enchente lamacenta da recessão de 1932 levara tudo embora, até o comércio dos tios-avós e a casa, e o desemprego no país atingia os píncaros. Vô Giovanni, vó Rosa e meu pai mais uma vez se viram, os três, sem trabalho e sem dinheiro. Mas a experiência na fábrica junto ao rio Paraná não foi em vão: até poucos meses antes meu pai fazia várias vezes a viagem entre a província de Entre Ríos e Buenos Aires, acompanhando pedidos e fornecedores; na capital, encontrava alojamento na grande casa salesiana da rua Solís, no bairro de Monserrat, o mais antigo da cidade. Sua proximidade de católico piemontês com a experiência e a família salesiana tornara aquela escolha natural e quase inevitável.

Foi lá que ele conheceu o padre Enrico Pozzoli, um sacerdote originário da Lombardia, de Senna Lodigiana, que fora enviado a Buenos Aires uns vinte e poucos anos antes, em 1906. Para ele também, como para meu pai, a travessia ao Novo Mundo foi um bilhete só de ida. Ambos continuariam na Argentina por toda a vida, papai e o sacerdote missionário salesiano que logo, desde 1929, se tornou seu confessor na basílica de María Auxiliadora y San Carlos Borromeo, no bairro de Almagro, e depois pai espiritual de toda a família. Permaneceram indissoluvelmente ligados até o final, até a morte que colheria ambos no mesmo ano, 1961, com menos de um mês de intervalo entre um e outro.

Aquele encontro com o padre Enrico foi importantíssimo na vida de papai, e mais tarde também na minha e na de todos nós. Foi ele quem, no momento de necessidade, quando meus familiares perderam tudo, com a solicitude de um pai por "seus meninos" que atravessavam um momento difícil, colocou-os em contato com a pessoa que lhes emprestou os 2 mil pesos com que meus avós puderam abrir um comércio no bairro de Flores, onde viviam principalmente emigrados italianos e espanhóis, no número 2280 da rua Francisco Bilbao: casa e loja, ambas no mesmo endereço. O Almacén Bergoglio vendia gêneros alimentícios variados, de farinha a feijões, de azeite a vinho, também a granel, desde que os clientes levassem garrafas e recipientes de casa. Como bom contador, meu pai cuidava das contas e se incumbia das entregas. Pelo menos até o momento em que, graças ao espírito empreendedor de minha avó, encontrou trabalho numa tinturaria industrial de calças e outros tecidos, sempre em Flores. Ao mesmo tempo, ajudava o sacerdote nas obras de assistência e participava das atividades da paróquia.

Foi ainda o padre Enrico, que também era um fotógrafo apaixonado e bom relojoeiro, que o apresentou aos Sivori, jovens como ele, que frequentavam os Círculos Católicos de Obreros. Primeiro ao irmão mais velho, Vincente, que tinha a mesma idade que ele e era muito próximo do sacerdote salesiano, com quem partilhava também a paixão pela fotografia. Nascidos em Buenos Aires, mas originários pelo lado paterno de Santa Giulia, um pequeno povoado nas alturas de Lavagna, no interior lígure, os Sivori também eram parte da multidão de italianos que partiram de navio, em busca de subsistência, abrigo ou fortuna, para as distantes Américas.

Foi assim que meu pai conheceu minha mãe, uma migrante argentina de segunda geração. Antes dela, seu pai Francisco já era nascido em Buenos Aires, onde meu bisavô Vincenzo desembarcara da Ligúria na segunda metade do século XIX; a mãe dele, Maria Gogna, era uma piemontesa nascida na província de Alessandria, filha de camponeses que zarparam de Gênova para *La Merica* quando era uma menininha de apenas quatro anos de idade.

Regina Maria Sivori, minha mãe, era uma moça reservada, miúda, de grandes olhos escuros e de uma elegância que parecia inata quando papai a viu pela primeira vez no oratório salesiano de Sant'Antonio, em Almagro, em 1934. Os dois se enamoraram e, no ano seguinte, quando decidiram se casar, foi o padre Enrico que celebrou as núpcias, em 12 de dezembro de 1935, sempre na basílica de María Auxiliadora y San Carlos Borromeo. Papai e mamãe, que pouco antes completara 24 anos, foram morar em Flores, na rua Varela, número 268, e lá, naquele pequeno apartamento alugado de um só andar, que em Buenos Aires chamam de "propriedade horizontal", às nove horas da noite de 17 de dezembro do ano seguinte nasci eu, o primogênito, Jorge Mario. Batizaram-me naquela mesma igreja pela manhã bem cedo, tendo como padrinho meu avô materno, Francisco, e como madrinha minha avó Rosa, no dia de Natal.

Por isso, para mim, o Natal sempre foi uma festa dupla: o batismo é realmente um grande dia. É um novo aniversário: o aniversário do renascimento. É o dia que nos ra-

Meus pais no dia de seu casamento, em 1935.

dica, em que se formam as raízes da nossa vida terrena e da vida eterna. O dia em que nascemos para sempre. Devemos sempre recordar esse dia, porque é uma chama que foi acesa e precisa ser alimentada. Se o Natal é também a época em que se trocam presentes, a mim foi dado o melhor presente que se pode receber: porque o batismo é um dom, é sempre um dom gratuito para todos. Meninos ou adultos, ninguém o recebe pronto; é um dom que precisa ser cultivado, para que a semente plena de vida crie raízes e dê frutos. É um dom que nos faz pertencer a Deus, nos presenteia com a alegria da salvação, nos diz que não estamos sozinhos andando às cegas na escuridão da história, nos imerge em seu povo. E nos pede que olhemos a vida como a olha Ele, que sempre vê em cada um de nós um núcleo irreprimível de beleza. A última palavra sobre a história da humanidade não é o mal, não é o ódio, não é a guerra e não é a morte. Tudo isso o batismo nos diz; é o primeiro encontro com Jesus, não com um personagem do passado, mas com uma pessoa que vive hoje: que não se conhece nos livros de história, mas que encontramos na vida. E se quisermos também nos oferecer um presente, comecemos por lembrar essa data e a festejá-la como se deve.

Foi naturalmente o padre Pozzoli que oficiou o rito, como depois faria com meus irmãos todos, à exceção do segundo, Oscar, porque naqueles dias, em 30 de janeiro de 1938, estava em missão em Ushuaia, na Terra do Fogo argentina, no extremo sul. "Quase no fim do mundo", escrevia nos cartões que enviava de lá, onde realizava sua obra entre os migrantes italianos e os indígenas. Ushuaia, aliás, significa de fato "baía rumo ao fim" na língua dos nativos que chegaram às margens do canal milhares de anos antes.

Um boletim salesiano daquela missão, da primeira década do século xx, contém um antiquíssimo mito do dilúvio narrado, bem nas proximidades de Ushuaia, pela população yagan, notável por seus exímios pescadores, extremamente hábeis com as canoas e donos de uma língua muito rica e musical: uma vez a lua caiu no mar, diz o mito, por isso a água se ergueu imensa e recobriu todas as coisas; homens e animais então correram para a ilha Gable que, desprendendo-se do fundo do oceano, ficou flutuando como uma grande barca, até que a lua voltou ao céu e a ilha se firmou novamente no fundo marinho. A relação com o mito é sempre importante: é um modo contemplativo que ajuda a pessoa a se abrir ao mistério da realidade. E é por isso que diferentes povos, separados por milhares de anos na geografia e na história, às vezes partilham mitos que apresentam semelhanças; o verdadeiro mito interroga a fundo e escava a experiência humana para chegar à essência e à verdade.

Que espetáculo desolador é hoje ver a destruição das matas e das grandes florestas, dos territórios que as populações nativas souberam respeitar e preservar por séculos e milênios. Hoje essas terras e esses povos estão devastados pela voragem de um progresso equivocado. Os rios que viram as brincadeiras das crianças e deram de comer a seus avós e a seus pais estão poluídos, contaminados, mortos. E os povos originários talvez nunca tenham estado tão ameaçados em seus territórios como estão agora. Em minhas viagens apostólicas a Temuco, entre o povo mapuche, e a Puerto Maldonado, entre os povos da Amazônia, e à conferência de Aparecida, respirei a sabedoria, os conhecimentos e também as profundas feridas daqueles homens e daquelas mulheres que sabem se relacionar em harmonia com a natureza, que a respeitam como fonte de alimento, casa em comum e altar do compartilhamento. No entanto, com excessiva frequência e de modo sistemático e estrutural, esses povos são incompreendidos e excluídos da sociedade, tendo seus valores, sua cultura, suas tradições considerados inferiores. Muitos, enfeitiçados pela cobiça de poder e de dinheiro, despojaram-nos de suas terras, depredaram--nas, contaminaram-nas, violentaram-nas. Nas palavras da cantora e poeta chilena Violeta Parra: "*Arauco tiene una pena que no la puedo calar, son injusticias de siglos que todos ven aplicar*"; Arauco — a região dos mapuches, o Povo da Terra — tem uma dor que não posso calar, são injustiças de séculos que todos veem aplicar. Essas dores, esses lutos, essas injustiças são coisas pelas quais a humanidade inteira deve pedir perdão.

* * *

Confundir unidade e uniformidade é uma tentação diabólica. A unidade não é um simulacro de integração forçada nem de marginalização harmonizadora: é uma diversidade reconciliada. A unidade com quem se ouve e se respeita é a única arma que temos contra o desmatamento e, em primeiro lugar, contra o desmatamento da esperança e da consciência. A verdade, uma verdade dramática e premente, é que hoje temos enorme necessidade dessa sabedoria, desses conhecimentos e mesmo do doloroso tesouro dessas feridas. Por isso digo aos jovens dos povos originários: não se resignem com o que está acontecendo. Não renunciem à sua vida e aos seus sonhos. Preparem-se, estudem, mas, por favor, não renunciem à herança de seus avós, de seus antepassados. Porque o mundo tem uma tremenda necessidade de vocês, e temos necessidade de vocês como vocês são. Tornem-se nossos mestres: a crise ambiental que vivemos, uma das maiores da história, e suas raízes humanas e sociais afetam e desafiam todos nós. Não podemos mais fazer de conta que nada está acontecendo.

Algum tempo atrás, um jovem jesuíta que pertence à cultura maia me fez uma pergunta sobre a aculturação. Perguntou o que eu pensava de uma formação que ofusca e encobre a identidade, e de quem, mesmo religioso, não se sente mais em sintonia com o povo do qual vem. Lembrei-me mais uma vez de minha avó Rosa, que me contava a história de um jovem camponês que deixou sua terra para ir à universidade e por muitos anos não voltou, a ponto de esquecer até os nomes e os objetos cotidianos de suas origens. Essa história pitoresca, que sempre me fazia sorrir, dizia que quem se esquece da sua cultura, das raízes de onde vem — de uma família de camponeses como vínhamos nós, por exemplo —, cedo ou tarde vai levar uma pancada que o fará lembrar, assim como acontecera com o tal rapaz desmemoriado depois de pisar incautamente nos dentes do rastelo. É terrível quando a consagração a Deus é considerada um meio de ascensão social. Eu disse ao jovem jesuíta: não enfarpele sua alma, por favor! Seja maia até o fim. Jesuíta e maia até o fim. Inculturar-se não quer dizer de forma nenhuma esquecer a cultura de origem: pelo contrário, quer dizer fazê-la crescer. Devemos nos inculturar até o fim.

Na Terra do Fogo havia muito a fazer, e o padre Enrico, que passou a vida inteira a serviço dos outros, construiu, com o coração e com as mãos, até o campanário e o relógio da igreja. Foi por toda parte um autêntico operário do Reino, com sua longa túnica negra e a máquina fotográfica sempre a tiracolo.

Para todos nós Bergoglio, até para meus sobrinhos que não o conheceram em pessoa, mas tiveram contato com ele pelos relatos dos genitores e dos tios, ele sempre representaria uma referência constante, sábia e discreta, em muitas páginas da existência, agradáveis ou difíceis, e por vezes cruciais. Devemos muito a ele, sobretudo o fato de ter sabido semear e cultivar fundamentos da vida cristã em nossa família. Presenteou-nos com a joia da gratidão que, conforme os anos avançam, a cada dia saboreio mais e mais.

"Agradeço" é uma palavra fundamental da existência, desde a vida em família. Ao lado de "com licença" e "desculpe", é uma chave que abre o caminho para viver bem, para viver em paz. Devemos imaginar essas três palavras como placas na porta de entrada das nossas casas e das nossas vidas. Podem parecer simples, mas, na realidade, sabemos que não são coisas simples de pôr em prática. Todavia, contêm uma grande força: a força de proteger a casa, mesmo entre as dificuldades e as provações; sua ausência, de maneira inversa, aos poucos aumenta as fissuras que enfraquecem a estrutura e podem até fazer com que ela desmorone.

Às vezes parece que nossa sociedade deseja se passar por uma civilização de péssimas maneiras e de palavras hostis, como se tais coisas fossem um símbolo de emancipação. Notamos isso não só na esfera privada, mas mesmo no discurso público. A gentileza, a atenção, a capacidade de agradecer são muitas vezes vistas como sinal de fraqueza, despertam desconfiança e por vezes até hostilidade. Devemos combater essa tendência em todo lugar, a começar pelo núcleo originário da sociedade, desde o regaço da família. É preciso sermos peremptórios na educação para a gratidão, para o reconhecimento: a dignidade da pessoa e a justiça social, ambas partem juntas daí. Se a vida familiar descuida desse costume, se nós mesmos descuidamos dele, a vida social e pública também o perderá. Principalmente para um fiel, a gratidão está no próprio cerne da fé: um cristão que não sabe agradecer é só uma pessoa que esqueceu a língua de Deus.

Pedir licença, portanto, é uma atitude de delicadeza, a solicitação para poder entrar na vida do outro com cuidado, respeitando sua autonomia. Muitas vezes encontrei essa atitude no padre Enrico. Há uma bela expressão nos *Fioretti* de são Francisco: "Saiba que a cortesia é uma das propriedades de Deus... e a cortesia é irmã da caridade, que extingue o ódio e preserva o amor". Se a realidade que vivemos se mostra violenta e arrogante, quer dizer que há necessidade de ainda mais cortesia: começando pelas famílias, começando por nós.

Foi este também, simplesmente, o significado de meu "boa noite" a cada irmão e a cada irmã quando, em 13 de março de 2013, apareci pela primeira vez na sacada da basílica de São Pedro como bispo de Roma, um bispo que meus irmãos cardeais tinham ido buscar quase no fim do mundo. Assim os saudei porque essas pequenas palavras, que quase nem percebemos, significam declarar nossa solicitude, nossa atenção, em suma, o amor pelo outro. Literalmente significa desejar a salvação ("salve!") e, portanto, lembrar-nos mutuamente das prioridades da vida, demonstrando nossa alegria pelo encontro, a felicidade de que o outro exista. Tudo isso está presente em cada simples expressão de saudação; é um compromisso, não uma fórmula vazia. Estamos aqui nesta terra, irmãos e irmãs, e todos temos necessidade de salvação. Por isso, logo depois pedi que todos orássemos juntos, o bispo com a comunidade e a comunidade por seu bispo, a fim de iniciar aquele caminho de fraternidade.

Da mesma forma, onde não se pede desculpas o ar falta. Muitas feridas dos afetos, muitas lacerações começam com o esquecimento dessa palavra tão preciosa e necessária. Não é à toa que, na prece ensinada por Jesus, o Pai-Nosso, que resume todos os pedidos essenciais para nossa vida, temos a frase: "E perdoa-nos as nossas dívidas como também nós perdoamos aos nossos devedores" (Mt 6,12). Reconhecer que erramos e que queremos retribuir o que faltou — respeito, sinceridade, amor — torna-nos dignos do perdão.

É assim que se detém a moléstia.

Se não perdoamos, não seremos perdoados; se não nos esforçamos em amar, não seremos amados. "Como também perdoamos aos nossos devedores": é Jesus que insere nas relações humanas a força do perdão. Na vida, nem tudo se resolve com a justiça. Sobretudo onde é preciso conter o mal, é necessário amar mais do que o devido para recomeçar uma história de graça e gratidão. Bem sabemos que o mal conhece suas vinganças: se não é detido, ameaça se alastrar, sufocando o mundo inteiro.

Tenho um profundo afeto e mais de uma dívida para com o padre Pozzoli. Várias belas recordações. E dois episódios dolorosos, que gostaria de poder viver outra vez, para agir de modo diferente. Um está ligado à morte de meu pai, em 24 de setembro de 1961, quando eu ainda não completara 25 anos. O padre Enrico vem à câmara ardente, quer tirar uma foto de papai com seus cinco filhos... Mas eu me envergonho e, com a presunção dos jovens, faço com que não consiga. Creio que ele percebeu minha atitude, mesmo não dizendo nada. O segundo ocorreu meros vinte dias depois, quando ele mesmo estava para morrer. Fui visitá-lo poucos dias antes no Hospital Italiano. Ele está dormindo. Não deixo que o acordem. Saio do quarto e fico conversando com um padre que está ali. Pouco depois, outro sacerdote sai e diz que o padre Pozzoli acordou; avisaram-no da minha visita e ele pergunta se ainda estou lá. Mas digo que lhe respondam que já fui embora. Não sei o que me deu, se era timidez, incapacidade ou dor, a dor pela morte de meu pai que se juntava a essa nova ocasião de luto ou o quê. Mas uma coisa é certa: muitas vezes senti profunda dor e pesar por essa mentira. Como gostaria de poder refazer aquela cena...
Ainda hoje esse homem é um ponto de referência em minhas jornadas, e nunca deixo de relembrá-lo, mesmo nas orações.

Junto com minha avó Rosa, outra grande dádiva que o padre Pozzoli me deixou, e pela qual nutro um profundo sentimento de gratidão, é a devoção a Maria. Muitas vezes, em sua igreja no bairro de Almagro, parei para rezar diante do ícone de Maria Auxiliadora, que foi abençoado pelo próprio d. Bosco e transferido de Turim para Buenos Aires. Naquela mesma igreja, o grande Carlos Gardel cantava no coro quando menino, e ela sempre foi a paróquia do beato mapuche Zeffirino Namuncurá, o indígena santo da Patagônia.

Vivi eu mesmo, em minha pele, a experiência de que o olhar materno de Maria é capaz de iluminar a escuridão e reacender a esperança. É um olhar que sabe infundir confiança e transmitir ternura — outra palavra que hoje tantos gostariam de eliminar do dicionário e que, porém, é poderosa e revolucionária. Esse olhar nos ajuda a fincarmos raízes na história e na Igreja, a cuidarmos realmente de nós mesmos e uns dos outros. Um mundo que vislumbra o futuro sem o olhar materno é tão somente míope: poderá gerar lucros, mas estes não serão para todos, pelo contrário, serão para poucos, porque esse mundo não saberá mais ver os homens como filhos. Moraremos na mesma casa, mas não como irmãos. Talvez tenhamos um hoje, muitas vezes rancoroso e envenenado, mas não um amanhã. Acreditaremos ser livres e seremos prisioneiros.

Um dia, quando minha infância já estava mais de vinte anos no passado, encontrei num congresso na Bélgica um casal de catequistas, ambos professores universitários. Tinham uma bela família e discorriam muito bem sobre Jesus Cristo. A certa altura, perguntei: e a devoção a Nossa Senhora? "Ah, superamos essa etapa. Conhecemos tanto Jesus que não temos necessidade de Nossa Senhora." O que me veio à mente e ao coração foi: "Oh... pobres órfãos!". Vó Rosa e padre Enrico me ensinaram com seu testemunho que Nossa Senhora não é de forma alguma um acessório. Não é uma cortesia espiritual, mas uma exigência da vida cristã. Porque a família humana se funda justamente sobre esse olhar: funda-se sobre as mães.

Pouco depois que nasci, meus pais se transferiram para um pequeno apartamento no número 542 e depois, no ano seguinte e em definitivo, para o número 531 da rua Membrillar, logo atrás do armazém dos meus avós, sempre em Flores. Era um bairro palpitante, cujo nome vinha da basílica de San José de Flores, dedicada a são José, outra das grandes devoções do padre Enrico. Por toda a volta, edifícios art nouveau, casas de tijolos vermelhos e uma pequena praça, a *plazoleta* Herminia Brumana, onde os meninos jogavam bola. Aquela atmosfera íntima, familiar, lembrava a meus avós e a meu pai o ambiente dos vilarejos do Piemonte. De alguma forma, acabamos nos tornando uma única família ampliada, e minha avó, que, para ajudar minha mãe à medida que as incumbências e os filhos aumentavam, muitas vezes cuidava de mim, firmou-se como um centro de gravidade da minha infância e uma das pedras angulares da minha existência.

5. Se somos muitos, muito melhor

Admiro a pontualidade, é uma virtude que aprendi a prezar. E considero chegar no horário um dever meu, um sinal de educação e respeito. Mas era minha primeira vez e já estava atrasado. Havia se passado uma semana e eu ainda não me decidira. Gostava também de estar com mamãe. Felizmente a *partera*, a sra. Palanconi, era uma mulher competente e experiente, que então festejaria 50 mil nascimentos. Quando percebeu que não se devia esperar mais, mandou chamar o médico da família, que veio correndo. Encontrou mamãe no quarto, estendida na cama: o dr. Scanavino a examinou, a tranquilizou... então, e este se tornou um episódio muito relembrado nas reuniões de família, se sentou na barriga dela e começou a pressionar e a dar pulinhos para induzir o parto. Foi assim que vim ao mundo, no dia de são Lázaro de Betânia, o amigo que Jesus ressuscitou dos mortos. Saí pesando quase cinco quilos, e mamãe cerca de 44: em resumo, foi uma trabalheira.

Maria Luisa Palanconi acompanharia a chegada de todos nós irmãos e, mais tarde, até de um filho da minha irmã.

Não tenho lembrança do nascimento do segundo, meu irmão Oscar Adrián, que recebeu o nome de um tio por par-

Eu, com poucos meses e com um ano de idade.

te de mãe, porque em 30 de janeiro de 1938 eu tinha pouco mais de um ano de idade. Mas recordo o de minha irmã Marta Regina, em 24 de agosto de 1940. E principalmente o do quarto de nós: uma cena íntima, familiar, que tenho diante dos olhos como se estivesse ocorrendo neste momento. Estamos doentes, com gripe, Oscar e eu em nosso quarto e minha irmãzinha no dela. O dr. Rey Sumai chega e examina nós três, então se dirige com passos firmes pelo corredor até a biblioteca, onde mamãe está. Entra, pousa uma das mãos na barriga e exclama: ah, falta pouco! Poucas horas depois chega a sra. Palanconi, com sua maleta grande. Papai e meu tio estão na cozinha. Mamãe e a parteira se fecham na biblioteca, e nos amontoamos espremendo a orelha junto à porta tentando escutar, captar o momento em que chegaria o novo irmãozinho, seu primeiro grito à vida. Os adultos ficavam falando sobre a cegonha, que — sabe-se lá por quê, talvez porque era daquela cidade que, desde a Grande Exposição Universal do fim do século anterior, pareciam vir todas as coisas mais novas e modernas — devia chegar de Paris, mas Oscar e eu já tínhamos entendido como eram as coisas. Sabíamos como nascem as crianças. E naquela noite, 16 de julho de 1942, Alberto Horacio nasceu. A turma estava quase completa.

Uma família comum, digna. O ensinamento da dignidade esteve sempre presente nas palavras e nos gestos dos nossos genitores.

Desde meu segundo ano de vida até completar 21 anos, sempre morei no número 531 da rua Membrillar. Uma casa térrea, com três dormitórios, o de meus pais e os dois que nós, irmãos e irmãs, dividíamos, um banheiro, uma copa-cozinha, uma sala de jantar mais formal, uma varanda. Aquela casa e aquela rua foram para mim as raízes de Buenos Aires e de toda

Com mamãe e meu irmão Oscar, em 1938.

a Argentina. Uma morada simples num bairro simples, de casas térreas; lá se respirava um ar tranquilo e pacífico, um ambiente de confiança nos outros e no futuro. Se minha mãe fosse voltar para casa um pouco mais tarde e temia que nós já tivéssemos chegado da escola, deixava as chaves com o guarda do bairro, que ficava na esquina; mas na verdade, como se costuma dizer, podia-se dormir de porta aberta.

Um bairro de classe média no coração de uma cidade em contínua transformação e de um grande país, um dos maiores do mundo. O censo nacional de 1869 contara uma população ainda distante dos 2 milhões de habitantes, mas em 1936, quando nasci, já eram 12 milhões, número que crescia exponencialmente, e a capital se tornara uma das maiores metrópoles do planeta. Esses números iriam mais do que triplicar. Um país jovem, nascido numa planície remota e sem fim de uma das colônias mais distantes e suburbanas — sem a atração faiscante dos metais preciosos — do vasto império espanhol, e que condensou sua história complexa, trágica e maravilhosa em pouco mais de dois séculos e um punhado de gerações. Minha pátria, pela qual continuo a sentir igual amor, grande e intenso. O povo pelo qual rezo todos os dias, que me formou, me preparou e depois me ofereceu aos outros. Meu povo.

Foi a partir daquelas quatro paredes que meu mundo de menino começou a se irradiar. A cinquenta metros ficava a casa de meus avós paternos, e pegada a ela a tinturaria onde meu pai retomaria seu trabalho de contador. Um pouco mais adiante, na direção do Boedo, viviam meus avós maternos. Então, seguindo pela rua Francisco Bilbao até o parque, o jardim de infância do Colégio de Nossa Senhora da Misericórdia, que comecei a frequentar aos quatro anos. E logo virando a esquina, a pracinha aterrada para onde eu escapava com Oscar e meus amigos para jogar bola, com as mangas arregaçadas e, muitas vezes, os joelhos ralados. As bolas eram quase sempre de pano, a *pelota de trapo*, pequeno prodígio de artesanato de reaproveitamento, já que ainda não existia plástico e as bolas de couro eram caras demais para nós, os meninos da *plazoleta* Brumana.

Éramos uma bela turminha, um pequeno grupo de meninos. Mas meninos de carne e osso, certamente não anjos. Os adultos do bairro eram uma espécie de paternidade e maternidade difusa e compartilhada, ficavam de olho em nós, nos orientavam, às vezes nos tiravam das encrencas. A pracinha, a rua, o bairro eram também nossa assembleia, o lugar onde aprendíamos as coordenadas uns dos outros, a nos compreender, a discordar e concordar, a conhecer limites. Um de meus amigos do peito se chamava Nenè, e viria a morrer aos vinte anos num acidente de carro. Vez ou outra surgia alguma briga, algum tumulto; geralmente fazíamos as pazes dez minutos depois.

Sem dúvida, recordo também algumas cenas que não são propriamente de dar orgulho. Na esquina da pracinha ficava a casa onde morava uma senhora que fora casada com um funcionário do banco. O homem tinha morrido e, após o período de luto — representado com roupas pretas pesadas, véus sobre o rosto e chapéus escuros —, havíamos percebido que a viúva recebia sorrateiramente na casa um dos policiais do bairro. Nós meninos, eu devia ter uns dez anos, íamos até a janela do quarto e começávamos a gritar, a chamar, a bater nas vidraças... em suma, a fazer arruaça. Relembrar isso me constrange um pouco, e um pouco me faz sorrir, mas é como foi. Éramos o próprio Gian Burrasca à moda latina.

* * *

Durante o Carnaval — tínhamos entre sete e nove anos —, saíamos em desfile pelas ruas do bairro, todos fantasiados, e cantávamos: canções picarescas e burlescas, algumas totalmente irreproduzíveis, que um libanês que morava no bairro nos ensinava, e das quais ainda me lembro de cor. Uma vez me vesti de tirolês, com chapéu, pluma e tudo o mais. Em outra ocasião, eu devia ter onze anos e Oscar nove, fui de marido e meu irmão de esposa. Enquanto desfilávamos, um rapazinho teve a infeliz ideia de dar uma palmada no traseiro de Oscar; então ele se virou de repente, como que atingido por um raio, ergueu a saia comprida e começou

Amo o Carnaval. Com papai e Oscar, em 1940.

a persegui-lo como um doido para lhe pespegar uma bofetada. Até hoje rio dessa história.

No bairro, fazíamos a *murga*, um desfile colorido e ruidoso que se encarna na filosofia popular de que "se somos muitos, muito melhor!". Dançava-se ao ritmo dos instrumentos de percussão, o *bombo*, o tambor, os pratos, cantava-se em troca de uma moedinha, completava-se a festa atirando generosos jorros de água durante boa parte da tarde. Logo mais, à noite, entrava em cena o enorme desfile de grandes carros e máscaras ao longo da avenida Rivadavia e da avenida de Mayo. Adorávamos o Carnaval, era uma grande festa. Um retrato da integração, uma folia saudável, pura e livre — não por acaso, a ditadura iria proibi-lo por decreto em 1976.

Teve também o dia em que todos os garotos foram ver Charlie Chaplin: um filme em que Charlot usava seu guarda-chuva como paraquedas. Voltando para casa, tivemos a ideia, não muito brilhante, de reproduzir a cena. Fomos ao terraço. Quem é o primeiro? Eu, disse resoluto meu irmão Alberto, o menor: abriu o guarda-chuva e, sem hesitar, pulou. A aterrissagem não foi de forma alguma tão tranquila quanto a do filme; foi mais como nas histórias em quadrinhos, com aqueles *bam!* e *crash* que aparecem nos balões, mas Alberto se ergueu de pronto, com algumas feridas, uns arranhões. Quando chegamos em casa, papai e mamãe providenciaram o resto. Protestamos um pouco, mas, a bem dizer, não achamos que o castigo fosse mesmo injusto.

Situada na zona meridional da capital, fruto exuberante da explosão demográfica de uma área originalmente destinada à agricultura e à criação de gado anexa ao território de Buenos Aires até o final do século XIX, Flores era um caleidoscópio de etnias, religiões e profissões, que se manifestaram com a criação de templos, escolas, hospitais, círculos esportivos, jornais. Era um pequeno e variegado mundo que se abria a outros mundos.

Muitas vezes eu ia com minha avó e minha mãe fazer compras na feira e, entre todas as barracas, a que mais me fascinava era a do açougueiro: seu avental branco amarrado nas costas e o facão enfiado no bolso largo sobre o ventre, como um canguru, no qual também guardava o dinheiro. Era um verdadeiro espetáculo assistir aquele homem cortar a carne em pedaços, com golpes rápidos e precisos, e também me parecia que fazia um dinheiro bom. Assim, naquela época, quando me perguntavam o que eu queria ser quando crescesse, respondia: açougueiro! À medida que crescemos, as vocações se tornam mais claras.

Foi uma infância tranquila. Tudo parecia acontecer com extrema naturalidade, as brincadeiras, a escola, os estudos, assim como a educação religiosa. Os ensinamentos da fé vinham com a mesma simplicidade natural: era como uma língua, aprendia-se a falar e aprendia-se a crer. Por isso gosto de dizer que a transmissão da fé se faz em dialeto, não com a artificialidade acadêmica ou livresca, mas da maneira como se dá a comunicação em família, vivendo-se dia a dia. "Fale da mesma maneira que come", costuma-se dizer, e assim também poderíamos aconselhar, "Reze". Aos domingos, às dez da manhã, íamos todos juntos à missa no Colégio de Nossa Senhora da Misericórdia, onde minha irmã Marta viria a estudar, e o resto era consequência. Lembro-me das procissões da Sexta-Feira Santa, à noite, com as velas; ficávamos na área de pedestres, no cruzamento dos trilhos do bonde, e esperávamos a passagem do Cristo deitado. Minha avó então fazia com que nos ajoelhássemos e dizia: "Olhem bem, meninos. Está morto... mas amanhã vai ressuscitar!". E então no sábado, que era o dia da Missa de Ressurreição, tão logo soavam os sinos todos iam lavar o rosto para ver o mundo de outra maneira, com um novo olhar. Dessa raiz profunda, dessas preciosas lembranças brota também minha ligação com a religiosidade popular.

A avó Rosa era talvez a figura mais religiosa, mas todos, papai e mamãe, contribuíam para o ensino da fé a nós filhos.
O domingo inteiro tinha uma sacralidade familiar própria. De volta em casa, os almoços eram cerimônias longuíssimas e ruidosas, que se estendiam até tarde avançada. Às vezes em nossa casa, outras na casa dos avós, quando podíamos ser bem uns trinta. Refeições infindáveis e maravilhosas, com cinco, seis pratos. E os doces. Não vivíamos na fartura, pelo contrário; papai tinha um bom salário, mas havia muitas bocas para alimentar, e em casa nunca se jogava nada fora: uma camisa rasgada de papai, uma calça puída eram remendadas, cortadas, recosturadas e viravam roupa para algum de nós. Éramos dignamente pobres, mas, na cozinha, fiéis à tradição italiana.
Tanos: é assim que nos chamam na Argentina. Entre os primeiros imigrantes italianos que chegaram ao Prata, se destacavam os genoveses, tanto que *Xeneixes* se tornou a maneira de designar quase todos eles. Entre os do Norte, muitos tinham o sobrenome Battista, e então *Bachicha* se tornou um apelido comum para os italianos. Por fim, quando se acrescentou a grande imigração do Sul da península — calabreses,

siciliano, apulianos e campaneses —, e os desembarcados, quando lhes perguntavam de onde vinham, passaram a responder "*Soy napulitano*", *Tanos* passou a ser o nome que indicava a parte pelo todo; nós, os comedores de macarrão.

Em casa fazia-se massa fresca, cappeletti, e me lembro de um dia em que os vi serem feitos às centenas, enrolados com o dedo mindinho. Mamãe dizia que, antes de se casar com papai, não sabia nem fritar um ovo. Mas depois, graças também às orientações das avós, tornou-se uma excelente cozinheira.

O bairro era um microcosmo complexo, multiétnico, multirreligioso e multicultural.

Sempre tivemos ótimas relações com os judeus, que em Flores chamávamos de "os russos" porque a maioria vinha da região de Odessa, lar de uma numerosíssima comunidade judaica atingida por um medonho massacre por parte das forças de ocupação romenas e nazistas na Segunda Guerra Mundial. Vários clientes da fábrica onde papai trabalhava eram judeus, atuantes no setor têxtil, e muitos eram amigos nossos.

Da mesma forma, também em nosso grupo de garotos tínhamos vários amigos muçulmanos, que para nós eram "os turcos", visto que em sua maior parte tinham desembarcado com o passaporte do Império Otomano. Eram sírios e libaneses, e depois iraquianos e palestinos. O primeiro periódico em língua árabe em Buenos Aires data justamente do começo do século xx.

Também devido a esse meu costume relacional, enraizado desde a infância, sempre dei grande atenção, em todas as fases do pontificado, às relações com o mundo muçulmano: acredito que devemos e podemos fazer muito juntos. Ainda na minha viagem apostólica a Jacarta, em setembro de 2024, em frente ao túnel da fraternidade que liga a catedral de Nossa Senhora da Assunção à mesquita Istiqlal, a maior do Sudeste Asiático e uma das maiores do mundo, tive a oportunidade de assinar uma declaração conjunta com o Grande Imã Nasaruddin Umar sobre princípios e valores comuns: devemos olhar profundamente para o que de fato nos une além das diferenças e zelar por nossos laços, repelindo intransigências, fundamentalismos, extremismos e a instrumentalização da religião. Somos responsáveis por isto: é urgente contrapor os muitos sinais de ameaça, os tempos sombrios, a desumanização, o abuso da Criação com o gesto da fraternidade.

Nos Emirados Árabes Unidos, em 2019, eu tinha acabado de celebrar a missa em um estádio lotado, a primeira de um papa na região, e seguia de carro até o aeroporto para retornar ao Vaticano quando o motorista me apontou uma mesquita, entusiasmado: "Veja de quem é o nome", ele disse. Li a placa: "Maria, Mãe de Jesus". Lembrei-me então de um bispo africano, que me contou que por ocasião do Jubileu de 2016, assim que abriu sua catedral pela manhã todos entraram: os cristãos para rezar ou se confessar e os muçulmanos rumo ao altar de Nossa Senhora. A devoção a Maria é uma ponte que nos une, e a do diálogo é a que somos chamados a salvaguardar e promover; seja no frenético caldeirão indonésio como numa rua de Flores no final dos anos 1940.

O turco está? O russo também vem? No bairro da minha época mais tenra, as diferenças eram normais e respeitadas.

Uma senhora muito querida, viúva com dois filhos, fazia os serviços domésticos numa casa onde todos viviam juntos, e duas vezes por semana vinha à nossa casa para ajudar mamãe a lavar e passar roupa. Concepción Maria Minuto era uma mulher enérgica e afiada como a fome que sofrera. Emigrara da Sicília para a Argentina com as crianças, trazendo pouco ou nada, depois de perder o marido na guerra, e conseguira com uma extraordinária força de espírito sustentar a família. Aquela era uma geração de mulheres destemidas; para dar à luz em plena guerra, Concetta, aos primeiros sinais do trabalho de parto, percorreu sozinha todo o trajeto ao longo dos trilhos da ferrovia até chegar ao hospital. Em seu castelhano misturado com italiano, aquela senhora simples e forte nos ensinou muitas coisas. Falava-nos da "*bedda Sicilia*" (a bela Sicília), dos campos cultivados. Mas nos contava principalmente sobre a guerra, seu horror, as privações, os lutos.

Foi o grito de outra mulher do bairro, Mari, que tinha uma filha com o mesmo nome a quem, para não confundir, chamávamos de Mari *Chica*, que atravessou o ar de um dia de abril anunciando a todos, à minha mãe em primeiro lugar, que o pesadelo havia terminado: "Acabou! Regina, acabou!". A rádio acabava de transmitir a notícia da Libertação.

Éramos muito ligados a Concetta, mas, quando meus pais se mudaram, depois que entrei no seminário, perdi-a de vista.

Passaram-se vinte anos e, quando eu era diretor no Colégio de San Miguel, ela e a filha ficaram sabendo e foram me procurar. Mas eu estava muito atarefado naquele dia e, com uma ligeireza pela qual não me perdoei, mandei dizer que não estava.

Quando me dei conta do que havia feito, chorei.

Rezava para reencontrá-la, para que me fosse permitido sanar aquela injustiça, uma injustiça que, agora eu compreendia, tinha cometido em relação aos pobres.

Por anos.

Até que, quando eu já era cardeal, um padre veio me visitar. Mal entrou na arquidiocese, disse: sabe que o taxista que me trouxe aqui me falou que a mãe dele trabalhou na casa de vocês, na Membrillar? Tinha até deixado o número do telefone! Liguei imediatamente para Concetta, e por dez anos não nos deixamos mais. Alguns dias antes de morrer, ela tirou do bolso uma medalhinha do Sagrado Coração e me entregou: "Quero que fique com você". Toda noite pego-a do pescoço e beijo, e no dia seguinte, quando a ponho de volta sob a túnica, aparece-me a imagem daquela mulher. Morreu serena, aos 92 anos, com o sorriso nos lábios e a dignidade de quem trabalhou.

Tal como a feira, o bairro era uma concentração de humanidade variada: laboriosa, sofredora, devota, alegre.

Havia quatro "solteironas", as srtas. Alonso, devotas de origem espanhola, que eram bordadeiras habilidosíssimas, da técnica mais refinada. Um ponto e uma prece, uma prece e um ponto. Mamãe lhes enviou minha irmã para aprender, mas Marta se entediava mortalmente e protestava: "Mamãe, aquelas lá nunca falam, não dizem uma palavra, rezam e só!". Eram mulheres muito bondosas, e volta e meia caíam nas garras de nossas brincadeiras de garotos. No dia da minha ordenação sacerdotal, Carmen, Fina, Maria Ester e Maria Elena Alonso me deram um cartãozinho que guardo até hoje. Olho-o e todas as manhãs sou eu que agora rezo por elas.

Um pouco mais adiante, morava uma família que tinha uma filha linda. Um dia a moça se casou e ouvi dizerem que ela não queria ter filhos "para não estragar o corpo". Embora eu fosse apenas um menino, que não entendia bem aqueles comentários, a coisa me bateu como um tabefe no coração.

Quase na esquina da nossa rua, havia uma *peluquería* com um apartamento anexo; a cabeleireira se chamava Margot e tinha uma irmã que era prostituta. Combinavam a atividade com corte, permanente e lavagem com xampu. Eram gente muito boa, e às vezes mamãe ia fazer o cabelo lá. Um dia Margot teve um filho. Eu não entendia quem era o pai, e aquilo me espantava e me deixava curioso, mas o bairro não parecia dar importância ao assunto.

Naquele mesmo número, num outro apartamento, um homem se casara com uma mulher que tinha sido dançarina de teatro de revista, também ela com fama de prostituta: ainda jovem, morreu de tuberculose, decorrência da vida difícil que levara. Lembro-me da apressada tristeza daquele funeral: o marido se mostrava intratável e distante, retraído no seu egoísmo, preocupado apenas que a doença não o contagiasse, e já com a nova mulher que substituiria a finada. A mãe da falecida, Berta, era francesa; também tinha sido dançarina e diziam que se exibira nos cabarés de Paris. Agora trabalhava como doméstica, em exaustivas jornadas, mas conservava um porte e uma dignidade impressionantes.

Desde menino, conheci também o lado mais sombrio e cansativo da existência, ambos juntos, no mesmo quarteirão. E também o mundo da prisão: as escovas que usávamos para as roupas eram feitas à mão por detentos do presídio local. Foi assim que me dei conta pela primeira vez da existência daquela realidade.

Outras duas moças do bairro, também irmãs, eram prostitutas. Mas de um nível mais exclusivo: marcavam os encontros por telefone, vinham buscá-las de automóvel. Eram chamadas de Ciche e Porota,* e conhecidas por todos ali.

Passam-se os anos, e um dia, quando eu era bispo auxiliar de Buenos Aires, toca o telefone no bispado: é a Porota me procurando. Eu a perdera totalmente de vista, não a via desde menino. "Ei, você não se lembra? Eu soube que virou bispo, quero te ver!". Continuava um rio transbordante. Venha, respondi, e a recebi no bispado. Ainda vivia em Flores, era por volta de 1993. "Sabe", ela me confidenciou, "fui prostituta por tudo quanto é canto, até nos Estados Unidos. Ganhei bem, depois me apaixonei por um homem mais velho, que acabou se tornando meu amante. Quando ele morreu, mudei de vida. Agora estou aposentada. Vou dar banho nos velhinhos e nas velhinhas das casas de repouso que não têm ninguém que cuide deles. Não frequento muito a missa e com meu corpo fiz de tudo, mas agora quero cuidar dos corpos que não interessam a ninguém." Uma Madalena contemporânea. Ela me contou que a irmã, Ciche, também tinha mudado de vida e passava o tempo na igreja: "Virou uma papa-hóstias! Diga você também a ela que tire a bunda da cadeira e vá fazer alguma coisa pelos outros!". Tinha uma linguagem pitoresca e imagética: quatro imprecações a cada cinco palavras. Estava doente.

Algum tempo depois, quando eu já era cardeal de Buenos Aires, Porota me liga para contar que queria fazer festa com as amigas e me pergunta se posso ir rezar a missa para elas, na paróquia de Santo Inácio. Digo que sim, claro, perguntando-me quem seriam aquelas amigas. "Mas venha antes, porque muitas querem se confessar", ela acrescenta.

Naquele período, eu me encontrava frequentemente com o padre Pepe, d. Josè di Paola, um sacerdote jovem que co-

---

* Torta e Panqueca. (N. T.)

Com o padre Pepe na *villa* 31, em Buenos Aires.

nhecia desde o começo do meu episcopado e que desde 1997 era pároco na Virgen de Caacupè, na *villa* 21. É um homem de Deus, um dos que desde sempre fizeram sua obra nas *villas miserias*, as favelas que constelam Buenos Aires, cerca de trinta só na capital e de mil na província como um todo.

As *villas* são uma concentração de humanidade, formigueiros com centenas de milhares de pessoas, famílias na maioria vindas do Paraguai, da Bolívia, do Peru e do interior do país. Nunca viram o Estado por lá, e quando o Estado se faz ausente por quarenta anos, não dá moradia, luz, gás ou transporte, não é difícil que, em seu lugar, crie-se uma organização paralela. Com o tempo, as drogas começaram a circular de forma maciça, e, com as drogas, a violência e a desagregação familiar. O *paco*, a "pasta de coca", o resto que sobra do processamento da cocaína para os mercados ricos, é a droga dos pobres: um flagelo que multiplica o desespero.

Lá, naquelas periferias que, para a Igreja, devem ser cada vez mais um novo centro, um grupo de leigos e sacerdotes como o padre Pepe vive e dá testemunho do Evangelho todos os dias, entre os excluídos de uma economia que mata. Quem diz que a religião é o ópio do povo, uma narrativa que só serve para alienar as pessoas, faria bem em dar uma volta pelas *villas*: veria como esses lugares progrediram de maneira inimaginável, mesmo entre imensas dificuldades, graças à fé e a esse empenho pastoral e cívico. Conheceria, também, uma grande riqueza cultural. E perceberia, por fim, que, tal como a fé, todo serviço é sempre um encontro, e que somos principalmente nós que podemos aprender com os pobres. Quando alguém me acusa de ser um papa *villero*, apenas rogo para que seja sempre digno disso.

Encontrar o padre Pepe sempre faz bem à minha alma e à minha vida espiritual. Com o tempo, tornamo-nos cada vez mais amigos. Naquele ano, creio que 2001, Pepe era um *cura villero* já fazia algum tempo e estava vivendo um período complicado, de crise em sua vocação sacerdotal, que mais tarde ele mesmo explicaria. Falou com franqueza a seus superiores, pediu para ser dispensado do exercício do sacerdócio e foi trabalhar numa fábrica de sapatos. Quando me contou, eu simplesmente lhe disse: venha me ver quando quiser. E ele começou a vir. Mais de uma vez, encerrado seu expediente, andava duas horas pela estrada e vinha até a catedral. Eu o esperava, abria-lhe a porta, ouvia-o e conversávamos. Sempre com liberdade. Um encontro após o outro, um mês após o outro, o tempo ia passando até que, uma noite, ele veio e me disse: "Padre, aqui estou eu... Gostaria de celebrar a missa". Abraçamo-nos. Que tal celebrarmos juntos em 20 de julho, o dia da Festa do Amigo? Ele ficou feliz. Então façamos na Santo Inácio, disse eu: vou rezar a missa lá, uma senhora de Flores me pediu.

E assim fomos juntos. Partimos da arquidiocese, seguimos pela Bolívar e chegamos à igreja: eram todas ex-prostitutas e prostitutas "sindicalizadas". E queriam se confessar. Foi uma celebração lindíssima. Porota estava contente, quase comovida.

Ela viria a me chamar uma última vez, algum tempo depois, já hospitalizada: "Pedi que viesse para me trazer a unção dos enfermos e a comunhão, pois, sabe, dessa vez não me safo". Tudo entre uma imprecação contra um médico e uma estrilada a uma outra paciente; não tinha perdido a fibra, nem mesmo agora, extenuada. *"Genio y figura hasta la sepultura"*, como se diz na Argentina.

Partiu bem, como "os publicanos e as prostitutas", que nos "precederão no Reino de Deus" (Mt 21,31). E muito bem eu lhe quis. Até hoje não esqueço de rezar por ela no dia da sua morte.

6. Como uma corda estendida

Meus avós maternos moravam em Almagro, numa casa ampla, no número 556 da rua Quintino Bocayuva. Na memória, ainda hoje posso vê-la: entro por um saguão, depois sigo o pequeno corredor, então vêm uma porta e mais outra, que se abre para o pátio, e dali para uma saleta, uma grande sala de jantar, a cozinha, o banheiro e dois dormitórios que me parecem enormes. Lá fora, outras construções e o jardim, cheio de flores, confinando de um lado com um galinheiro e de outro com a oficina onde meu avô, o *señor* Francisco Sivori, fazia seus trabalhos de marceneiro e entalhador, como o irmão. Mobílias finas, marchetaria e placas, executadas e finalizadas com perícia e uma paciência de beneditino.

Um amigo do meu avô era vendedor itinerante de anilinas, os corantes para madeira, e vinha todas as semanas à oficina. Sentavam-se no pátio e ficavam conversando longamente, entre profundos sorvos de chá misturado com vinho. Para mim, era apenas um senhor gentil, de roupas escuras e barba branca comprida, que tinha maneiras elegantes e não parecia transbordar saúde.

Fiquei surpreso quando os adultos me contaram que aquele homem, que se apresentava simplesmente como d. Elpidio, tinha sido vice-presidente da nação e depois ministro do Interior de Hipólito Yrigoyen, no governo da Unión Cívica Radical que, em 1930, seria o primeiro a ser derrubado numa longa série de golpes militares. Chamava-se Elpidio González. Ficou preso por dois anos e, quando saiu da prisão, em absoluta pobreza, recusou qualquer pensão ou indenização vitalícia. Dormia num albergue da pior categoria na 9 de Julio, que depois, quando se decidiu que aquela rua devia ser transformada em avenida, viria a ser derrubado. A maioria dos albergados foi transferida para o Hotel de Inmigrantes, que parecia uma ratoeira ainda pior. Quando chegou o dia do despejo, d. Elpidio juntou suas poucas coisas, enfiou numa valise velha, saiu e começou seus giros de agente comercial, como sempre. Contaram que, um pouco antes, um emissário do novo presidente, provavelmente preocupado com os constrangimentos políticos que poderiam advir daquela situação, se apresentara no albergue com um envelope gordo cheio de cédulas bancárias para o *señor* Elpidio; eram tantas que daria para comprar uma casa em Buenos Aires. Mas ele rejeitara resolutamente, assegurando ao interlocutor que, se tentassem outra vez, iria denunciar aquele gesto como uma tentativa de silenciá-lo. Da mesma forma, quando o Congresso Nacional aprovou uma lei permitindo que todos os ex-ocupantes de cargos executivos se beneficiassem de uma significativa pensão, ele recusou. Morreu pobre, numa manhã de outubro de 1951, três anos depois do amigo Francisco. Meu avô recorria frequentemente à história de d. Elpidio para pregar o dever da honestidade na política.

Como González, meu avô também era um *radical* e um homem de ardorosa paixão política. Esteve na primeira leva a cumprir serviço militar na Argentina, no final do século XIX; enviaram-no para Curumalal, nos pampas. Até sua mor-

No centro, meus avós maternos, Francisco e Maria.

te, em 26 de julho de 1954, lembro-me dele sempre magro, bem cuidado e elegante: creio que nunca o vi sair de casa sem gravata, colete, bengala e muitas vezes até de polainas, que então se usavam na altura das panturrilhas. Nascera em Buenos Aires oitenta anos antes, em 12 de março de 1874, de genitores do leste lígure, da região de Cogorno, o primogênito entre os três filhos.

Sua mulher, d. Maria Gogna, minha avó, era por sua vez uma emigrada de primeira geração, filha de um sapateiro e de uma camponesa. Veio ao mundo em 3 de junho de 1887 naquela parte do Piemonte que já tem o perfume da Ligúria, no ponto em que as duas regiões são unidas e divididas pela verdejante fronteira montanhosa dos Apeninos, no número 1 de Teo, um minúsculo setor da comuna de Cabella onde hoje vive apenas uma dúzia de pessoas, tendo chegado a Buenos Aires nos primeiros anos da infância. Quando se casaram, em 4 de abril de 1907, na paróquia de San Carlos Borromeo, tinha dezenove anos, e meu vô 33. O dia de festa, contudo, foi tragicamente entristecido pela morte da mãe da jovem esposa, minha bisavó. No coração de minha avó firmou-se ainda mais o nome da mãe, Regina: não tinha dúvida de que o daria à primeira menina que viesse à luz.

Antes de se casar, a avó Maria tinha trabalhado como doméstica para uma família parisiense em Buenos Aires. Por isso, além de saber fazer praticamente tudo em casa, falava muito bem aquela língua; ensinava-nos canções francesas que de vez em quando ainda me pego cantarolando. Era uma mulher robusta, calada e cheia de energia, grande trabalhadora, que soubera instruir-se — como governanta naquela família francesa, teve oportunidade de ler bastante. E sabia mandar; todas as figuras femininas da família, aliás, tinham esse ar resoluto, sempre mulheres fortes, cada uma à sua maneira. Vivia batendo boca com o marido, mas meu avô não dava importância demais: baixava a cabeça e trabalhava.

Do casamento nasceram cinco filhos, três homens e duas mulheres, assim como seria depois em nossa família; mamãe foi a terceira da prole, a primeira menina. Veio ao mundo em 28 de novembro de 1911 e foi batizada em 27 de abril de 1913, sempre na San Carlos. Morou na casa da rua Bocayuva até se casar com papai.

Com a morte do avô Francisco, porém, quando eu estava com dezessete anos, essa parte da família rompeu: sobrevieram brigas, e um clima rancoroso e doloroso de ruína e sofrimento se instaurou. Minha avó foi morar com a irmã de mamãe, tia Catalina, a caçula; até a morte, muitos anos depois, sofreu a dor pela família dividida.

* * *

    Regina Maria Sivori, minha mãe, era também franca e sincera. Uma mulher prática que sempre teve a ambição de fazer com que a família progredisse, inclusive socialmente. Com cultura e instrução, acima de tudo: todos nós tivemos que aprender piano, e quanto a Alberto, que não queria nada com as teclas, fez com que se entendesse com o violino. Uma mulher ambiciosa que por vezes sofria com as restrições econômicas que a vida inevitavelmente apresentava, mesmo que nós, crianças, fôssemos felizes e não sentíssemos falta de nada. Nas casas dos avós, tanto maternos quanto paternos, não havia geladeira — um bloco de gelo na despensa de madeira e chapa de alumínio bastava — e nunca tivemos carro. Mas me lembro bem da confusão nas ruas de Buenos Aires num domingo de 1942, quando o sentido das ruas mudou de mão e passou da esquerda, como é no Reino Unido, para a direita, como se faz na Europa e sobretudo nos Estados Unidos. Os veículos pareciam se olhar atravessado, quase se farejando, cautelosos e confusos, como numa aposta duvidosa.
    Apesar das dificuldades, mamãe sempre dava um jeito e fazia sua contribuição. Se apenas anos mais tarde chegou um aparelho de televisão, e se na época não tínhamos vitrola, ainda assim havia o rádio, que servia de instrumento para aprendermos e ficarmos juntos. Todos os sábados, às duas da tarde, a Radio del Estado transmitia uma ópera lírica. Mamãe então reunia os três mais velhos e nos contava os libretos, explicava os personagens, as vozes, até em suas mais leves nuances. Eis Desdêmona, preparando-se para a noite, tomada por um triste pressentimento. Agora, por uma porta secreta, entra Otelo, aproxima-se, beija-a, mas... Prestem

atenção, meninos: vai matá-la! Tínhamos um sobressalto. E aqui está o jovem guerreiro Radamés, que retorna vitorioso; atenção, escutem: começa a marcha triunfal! Podíamos ver claramente aqueles guerreiros egípcios, parecia que iam aparecer de uma hora para outra à nossa frente, com as albardas, as bandeiras e todo o resto. Ficávamos arrebatados.

Tanto é que, desde jovenzinhos, começamos a ir sozinhos à ópera, eu com uns dezesseis anos e minha irmã Marta com dez. Subíamos ao *"gallinero"*, o "poleiro" do teatro, e dali, por um ou dois pesos, conseguíamos ver quase tudo. Eu estava presente, no meio de um verdadeiro mar de gente, no grande concerto de Tito Schipa a céu aberto, uma das últimas aparições de um dos maiores segundos tenores da história da ópera. Meio milhão de pessoas absortas ouvindo "La Traviata" e "O Elixir do Amor".

Havia também a música popular: lembro-me bem do ano em que Carlo Buti chegou à Argentina, um porta-bandeira do chamado bel canto à italiana que atravessou a primeira metade do século XX. Mais de 200 mil pessoas reuniram-se em 1946 para ouvi-lo cantar no Casinò de Buenos Aires. Eram apenas as cançonetas da época, de antes e de depois da guerra, mas, em nossa casa, ouvi-lo era como ir à missa: algo sagrado. Se sua presença era anunciada no rádio, não se admitiam deserções, pelo motivo que fosse; naquelas ocasiões, entre "Non ti scordar di me", "Regina della pampa" e uma canção napolitana qualquer, eu via papai como que renascendo. Foi assim que aprendi de cor "'O sole mio": *"che bella cosa na jurnata 'e sole, n'aria serena doppo na tempesta..."*. Ao ouvir um coro de rapazes cantá-la durante minha visita pontifical a Nápoles, revivi uma emoção familiar.

A música popular sempre foi uma ligação entre dois mundos, mesmo nos anos futuros, como uma corda estendida de um lado a outro do oceano; mais tarde chegariam a *"parole parole"* de Mina e a *"zingara"* de Iva Zanicchi, a quem se estende a mão para que leia a sorte.

De maneira inversa, houve luto, e não só na comunidade piemontesa de Buenos Aires, quando, em maio de 1949, chegou a notícia da tragédia de Superga: o avião que transportava o time do Torino, um dos mais combativos do mundo e a base da seleção de futebol italiana, bateu contra o paredão da basílica e todos morreram. Muitos anos depois, eu iria visitar pessoalmente o local do acidente, detendo-me sob a lápide com os nomes das 31 vítimas. A corda não se rompera; aquela dor popular só fortaleceu os laços.

Como mamãe, adorávamos Beniamino Gigli e Maria Caniglia, os cantores talvez mais populares da época, e, como papai, adorávamos mamãe. Em janeiro de 2015, ao voltar da visita apostólica ao Sri Lanka, quando estava respondendo de improviso aos jornalistas sobre a relação entre os direitos de liberdade religiosa e de liberdade de expressão, ambos sacrossantos, e defendendo a prática da brandura, acrescentei algo como "Mas, se alguém ofende sua mãe, é normal que se espere um soco", frase que despertou certo espanto. Eu me referia tão somente ao respeito que sempre se deve aos sentimentos e às convicções mais profundas dos outros. Como as fés. E como o amor visceral por uma mãe.

Meu pai sempre foi muito apaixonado por ela, levava-lhe flores, comprava pequenos presentes, lembrancinhas. Era um homem quase sempre alegre. Uma figura normativa, a autoridade da casa, mas sem nenhum machismo. Conosco, os filhos, bastava um olhar: o olhar de reprovação de

Eu, mamãe, Marta e Oscar, em 1941.

meu pai era uma flecha capaz de acabar com qualquer um. Uma bofetada seria melhor.

Nós, irmãos, éramos vivazes no geral. No entanto, junto com a exuberância da infância e a capacidade natural que as crianças têm de se meterem em alguma aventurosa travessura, às vezes eu sentia nostalgias imprevistas e me lembro bem daquele desconforto interno que vem com o crescimento. Não tanto tristeza, mais uma melancolia.

A melancolia sempre foi uma companheira de vida, não contínua, claro, mas ainda assim boa parte da minha alma, um sentimento que me acompanhava e que aprendi a identificar. Muitas vezes me reconheci nos poemas de Paul Verlaine: *"Les sanglots longs/ Des violons/ De l'automne/ Blessent mon coeur..."*, os soluços longos dos violinos do outono ferem meu coração... Lembro-me de um aniversário, quando eu estava completando dez ou onze anos: meus avós maternos haviam chegado em casa e os paternos já iam chegar, e eu estava na varanda fazendo não sei o quê, brincando, mas sozinho. Minha irmã Marta veio me avisar: os avós chegaram, venha. Sim, sim, respondi. Mas não me decidia a ir. Sentia que estava melhor sozinho, mais um ano de aniversário me punha em dificuldades, era um desafio, o que vai acontecer agora, e o desafio vinha acompanhado de uma estranha melancolia pelo tempo que se estendia e passava.

Às vezes a melancolia volta, vez ou outra é um lugar onde me vejo e que aprendi a reconhecer. E que é útil: para me fazer parar, para aclarar as coisas. A névoa, o nebuloso da existência, é um lugar instrutivo. Se entro nele, é importante, é um sinal que me diz para ficar atento, que algo está acontecendo e a vida pede uma resposta. Aprendi também a dar o passo adiante. É por isso que os românticos sempre me agradaram muito, tanto na música quanto na literatura. Hölderlin me preenche e me dá alegria: "Ó natureza feliz! Não sei o que me acontece quando ergo o olhar diante de tua beleza, mas toda a alegria do céu está nas lágrimas que verto diante de ti, como o amante diante da amada...". E o belíssimo poema que ele escreveu para o aniversário de sua avó, aquele que termina com as palavras: "Possa o homem cumprir a promessa do menino que foi".

Quando Maria Elena nasceu, também na casa da rua Membrillar, em 17 de fevereiro de 1948, depois de mamãe, nesse meio-tempo, ter perdido um bebê no começo da gestação, a turma ficou completa — com o acréscimo de Churrinche, um cachorrinho de raça indefinida e indefinível, que assim batizamos em homenagem a outro indômito quatro patas dos pampas que pertencera a meus avós maternos.

Mamãe dizia que nós cinco éramos como os dedos da mão, cada um diferente do outro; todos diferentes e todos igualmente seus: "Pois, se espeto um dedo, sinto a mesma dor que sentiria se espetasse outro".

O último parto não foi simples, e deixou consequências: mamãe teve uma espécie de paresia e só depois de um ano inteiro conseguiu se recuperar por completo. Foi quando aprendi a cozinhar. Estava com quase doze anos, era o mais velho, por isso a tarefa cabia principalmente a mim: na volta da escola, encontrávamos mamãe sentada na poltrona, com os ingredientes já organizados em volta. Começava então a aula, para mim e para Oscar: agora ponham isso ali, aquilo outro lá, façam o refogado, panela em fogo baixo, atenção, baixo... O curso intensivo se mostrou bastante útil quando fui diretor no Colégio Máximo de San Miguel, em 1972, já que nossa cozinheira folgava aos domingos e eu precisava cozinhar para os alunos. Minha irmã diz que as lulas recheadas que eu preparava eram especialmente gostosas. De minha parte, posso apenas assegurar que ninguém passava mal com a minha comida.

Tal como os dedos da mão, nós irmãos sempre fomos muito unidos. Com Maria Elena, instaurou-se uma relação especial. Quando meu pai morreu, ela era ainda uma menina, mal chegada à adolescência.

Papai estava no estádio com meu irmão Alberto quando, exultando com um gol do San Lorenzo, sofreu um infarto. Socorreram-no e o levaram para casa. Eu estava com os jesuítas em San Miguel: fui avisado e voltei às pressas. Dois dias mais tarde, quando estava convalescendo, com os médicos indo e vindo, ele teve um segundo ataque cardíaco.

No casamento de tio Vicente com meus irmãos (Oscar e Marta, à esquerda; Alberto, à direita, de pé; e Maria Elena, abaixo).

E então um terceiro, logo depois, quando eu já estava à sua cabeceira. Foi o último. Nesses vinte dias, a situação era grave, os acontecimentos se sucederam de forma nefasta, mas há coisas que os filhos custam a dizer a si mesmos, custam a aceitar: coisas como a morte de um pai. Mesmo àquela altura foi um choque para nós. Ele tinha apenas 53 anos; era 24 de setembro de 1961.

Foi um duro golpe para todos, um trauma para a família. Naquele ano, de irmão mais velho de Maria Elena inevitavelmente transformei-me um pouco numa espécie de pai. Ficar longe da minha irmã é talvez uma das minhas maiores renúncias, e também por isso, até hoje, telefono para ela todos os domingos à noite.

Algum tempo depois, o coração de mamãe começou a falhar e foi preciso operá-la. Substituíram sua válvula mitral por uma prótese de tecido animal, provavelmente de porco, uma técnica cirúrgica que se iniciara justamente no começo dos anos 1960. Ela seguiu por algum tempo sem maiores problemas, mas por fim a prótese se desgastou e os coágulos cuidaram do resto. Morreu vinte anos depois de papai, aos 69 anos, em 8 de janeiro de 1981.

Depois disso, em 15 de junho de 2010, Alberto, o último de meus irmãos, também se foi. Oscar o precedera em 25 de outubro de 1997, e dez anos depois partiu Marta, em 11 de julho, um dia de neve cerrada. Ficamos apenas Maria Elena e eu.

E uma exuberante ninhada de sobrinhos e sobrinhos-netos.

7. Brincando sobre a superfície da terra

Sempre gostei de jogar futebol, e pouco importa se eu não era grande coisa. Em Buenos Aires, os que jogavam como eu eram chamados de *"pata dura"* — algo como ter dois pés esquerdos. Mas jogava. Muitas vezes ficava como goleiro, que considero uma ótima posição: ensina a encarar a realidade, a enfrentar os problemas; talvez a gente não saiba bem de onde veio aquela bola, mas de qualquer modo precisa tentar pegá-la. Como acontece na vida.

Jogar é um direito, e existe o sacrossanto direito de não ser campeão. Por trás de toda bola rolando sempre há um garoto com seus sonhos e suas aspirações, com seu corpo e seu espírito. Está tudo envolvido, não só os músculos, mas também a personalidade inteira em todas as dimensões, mesmo as mais profundas. De fato, quando alguém se empenha muito em alguma coisa, dizemos: "Está dando a alma".

O jogo e os esportes são uma grande ocasião para aprender a dar o melhor de si, mesmo com sacrifício, e, principalmente, não sozinho. Vivemos hoje uma época em que é fácil se isolar, criar ligações apenas virtuais, à distância. Na teoria em contato, mas na prática sozinhos. A beleza de jogar bola é, justamente, o corpo a corpo, passar a bola um para o outro, aprender a construir os lances, crescer como indivíduos e nos harmonizar como equipe... Então a bola se torna não apenas uma ferramenta, mas um instrumento, convidando pessoas reais a partilhar uma amizade verdadeira, a se reencontrar num espaço concreto, a se olhar de frente, a se confrontar e pôr à prova as habilidades de cada um. Muitos definem o futebol como "o jogo mais bonito do mundo", e para mim era mesmo. Vivido dessa maneira, como uma atividade que ensina sobretudo a sociabilidade e a gratuidade, ele realmente faz bem ao corpo todo, não só às pernas, mas também à cabeça e ao coração.

Rapazes e moças sabem disso, percebem sem que ninguém precise explicar. Não à toa são João Bosco, inventor dos espaços sociais e recreativos anexos às igrejas, dizia a seus educadores: "Vocês querem jovens? Joguem uma bola para cima e, antes que ela chegue ao chão, verão quantos já se aproximaram!". Era verdade em 1841, quando surgiu o primeiro desses espaços nas igrejas, e é verdade ainda hoje, de outra forma, numa sociedade em que tantas vezes impera exasperadamente o subjetivismo, isto é, a centralidade do próprio eu, quase como princípio absoluto.

"Eu [...] todo o tempo brincava em sua presença: brincava na superfície da terra", diz a Sabedoria no Livro dos Provérbios (Pr 8,30-1). Antes de tudo. Antes que qualquer outra coisa fosse criada. Milhões de meninos e meninas do mundo inteiro imaginam que ele estava jogando bola.

O grande escritor latino-americano Eduardo Galeano conta que um dia um jornalista perguntou à teóloga protestante Dorothee Sölle: "Como você explicaria a um menino o que é a felicidade?". Ao que ela respondeu: "Não explicaria. Eu lhe daria uma bola para jogar".

Não existe melhor maneira de explicar a felicidade do que deixar feliz. E jogar nos deixa feliz, pois podemos expressar a liberdade pessoal, competir de maneira divertida, viver o amadorismo, simplesmente... Porque é possível perseguir um sonho sem precisar obrigatoriamente ser campeão. Ficamos felizes mesmo sendo *patas duras*.

Se bem que, pelo que contava minha mãe, que era uma Sivori, em nossas veias também corria um pouco do sangue dos campeões: o avô de Omar Sivori, que se tornaria um dos maiores atacantes da história do futebol, era originário da mesma região da Lavagna, no interior lígure, de onde todos provinham. Omar, que foi o primeiro a ter a alcunha de *El pibe de oro*, quando Maradona ainda estava no regaço de Deus, nascera na Argentina no mesmo ano que eu, apenas alguns meses antes, e, depois de vencer o campeonato com o River Plate, se transferira para a Itália, primeiro para o Juventus e depois para o Napoli. Em casa, quando falávamos dos Sivori e da Argentina, e às vezes se mencionava o jogador, mamãe dizia que, de fato, éramos todos parentes, mesmo que distantes, e que ao longo dos anos tínhamos nos espalhado por vários lugares do país. Omar Sivori vestiu a camisa das duas seleções nacionais, e no começo dos anos 1960 seria premiado também com a Bola de Ouro. Tínhamos a mesma idade e compartilhávamos um relativo parentesco, mas certamente não os dois pés esquerdos.

Sivori era um campeão, mas não poderia ter sido meu herói quando menino; afinal, nós dois éramos crianças e eu torcia pelo San Lorenzo! No bairro de Boedo, não muito longe da casa de meus avós maternos, o *azulgrana* do San Lorenzo de Almagra era a cor mais familiar: coloria as ruas, se agitava nas sacadas, emoldurava janelas. Nessa sociedade poliesportiva criada no início do século por um sacerdote salesiano também de origens piemontesas, o padre Lorenzo

Massa, a partir do vermelho e do azul do véu de Maria Auxiliadora, meu pai Mario, que era um homenzarrão, jogava basquete. Eu também gostava de basquete e praticava um pouco. Esse esporte também pode ser uma ótima escola. Ainda hoje, quando falo em bases sólidas da existência e da necessidade de se cultivar um eixo, uma imagem que tenho muito presente e gosto de utilizar é a do jogador de basquete que firma o pé como apoio no chão e gira para proteger a bola, até encontrar um espaço para passá-la ou tomar impulso e arremessar à cesta. Para todos nós cristãos, e quero dizer em especial para nós sacerdotes, esse pé firme no chão, o eixo em torno do qual precisamos girar na construção da nossa existência de cada dia, é a cruz de Cristo.

Entre todos os esportes, porém, o futebol ficava com a parte do leão no clube esportivo. E eu, se deixava a desejar como jogador de futebol ou de basquete, era um torcedor incontestável. Sempre ia assistir, com papai e meus irmãos Oscar e Alberto, o San Lorenzo no Viejo Gasómetro, o estádio ninho de todos nós, *cuervos*, apelido com que fomos batizados pelos torcedores rivais por causa da roupa preta dos salesianos. Mamãe também ia muitas vezes. Era um futebol romântico, para famílias; os piores palavrões que se ouviam nas arquibancadas eram "vendido" ou "desgraçado", pouco mais do que isso. Íamos para o estádio levando dois grandes frascos de vidro e, durante o percurso, papai parava numa pizzaria e fazia a encomenda. Na volta, pegávamos aqueles dois frascos, agora cheios de caracóis ao molho de tomate picante, acompanhados de uma pizza fumegante assada na pedra. Ou seja, fosse qual fosse o resultado da partida, depois era sempre uma festa.

Ainda consigo sentir o aroma daquela pizza: é um pouco, talvez, minha madeleine de Proust. E, para falar a verdade, uma das pequenas coisas das quais mais sinto falta é sair para comer uma pizza. Sempre gostei de caminhar. Quando cardeal, ficava encantado em andar a pé pelas ruas e pegar o metrô. Alguns achavam estranho, insistiam em me acompanhar, ou que eu tomasse um carro, mas às vezes a realidade é simples assim: sou um apreciador da caminhada. A rua me diz muito, aprendo muito na rua. E gosto da cidade, de uma ponta a outra, das ruas, das praças, das tavernas, da pizza numa mesinha ao ar livre, que tem um sabor totalmente diferente do da pizza entregue em casa: sou um citadino de coração.

O Viejo Gasómetro do San Lorenzo não existe mais. Em 1979, a ditadura militar obrigou o clube a jogar sua última partida no estádio, que depois foi destruído para a especulação imobiliária. O San Lorenzo foi expulso de seu bairro, o Boedo. Por uns quinze anos, o time perambulou entre vá-

Desde jovem, e já arcebispo, sempre gostei de viver na cidade.

rios campos da cidade, até que foi construído um novo estádio. Mas o desejo de voltar ao Boedo sempre permaneceu no coração dos *cuervos*. Em 2019, o Club Atlético San Lorenzo de Almagro anunciou que recuperara os terrenos do velho estádio e o Gasómetro foi reconstruído. Disseram-me que o novo estádio quase se chamou Papa Francisco, o que não me agradou muito.

Assisti a quase todos os jogos disputados em casa do campeonato de 1946, que venceríamos poucos dias antes do meu décimo aniversário, e, passados bem mais de setenta anos, ainda tenho aquela equipe diante dos olhos, como se fosse hoje: Blazina, Vanzini, Basso, Zubieta, Greco, Colombo, Imbelloni, Farro, Martino, Silva: os magníficos dez. E também... também havia Pontoni. René Alejandro Pontoni, o centroavante, o goleador do San Lorenzo, que puxava o *Huracán*, era meu preferido. Não tinha dois pés esquerdos. Jogava com o direito e o esquerdo quase indiscriminadamente, era hábil no drible, criativo, forte na cabeçada, acrobático na cambalhota. Sabia fazer seus gols de todas as maneiras, e de todas as maneiras o vi marcar.

"Vamos ver se algum de vocês tem coragem de fazer um gol como o do Pontoni...", falei ao encontrar os jogadores das seleções da Argentina e da Itália, capitaneadas por Messi e Buffon, para uma partida beneficente, pouco depois de ser eleito papa. Os rapazes sorriram um pouco perplexos, provavelmente não sabiam do que eu estava falando, mas eu trazia impresso na cabeça aquele gol — aquele *tac, tac, tac, gol* — como muitas das coisas que capturam a memória de um menino, quando os olhos são uma esponja, e então ficam ali para sempre.

É outubro de 1946, o campeonato está chegando ao fim e o San Lorenzo joga contra o Racing de Avellaneda: cruzamento vindo pela esquerda, Pontoni de costas para o gol controla no peito e, sem deixar a bola tocar o chão, ergue-a para trás, dá um chapéu no defensor que corre em sua direção e então, no limite da área, desfere uma flecha à direita do goleiro. Gooooooooool! Pois, se todo gol na América do Sul tem mais O do que na Europa, se todo gol, mesmo quando é um golzinho, se torna um *golazo*, imaginem só como foi esse. Abraço meu pai, abraço meus irmãos, todos se abraçam. Pontoni era para mim, quando menino, a verdadeira representação daquele jogo, daquele futebol, do estar em grupo, do amor por um esporte que não era só dinheiro no banco — tanto que, em vez das sereias milionárias que o queriam na Europa, ele preferiu seu clube, preferiu ficar perto da família, dos amigos, das pessoas a quem queria bem. Era grande e continuaria a ser, mesmo depois da grave contusão numa partida que, cerca de dois anos mais tarde, assestou um duro golpe em sua carreira. Perambulou um pouco pela América do Sul, Colômbia, Brasil, e por fim voltou ao San Lorenzo antes de pendurar as chuteiras e abrir uma cantina. Teve uma bela vida.

Seu filho, que se chama René como o pai, veio me visitar no Vaticano um par de anos depois da eleição.

Não vejo televisão desde 1990, em respeito a um voto que fiz à Virgem do Carmo na noite de 15 de julho daquele ano. Naquela noite eu estava em Buenos Aires, assistíamos à TV e na tela apareceu uma cena miserável, que me atingiu duramente; então me levantei e saí. No dia seguinte seria transferido para Córdoba. Foi como se Deus me dissesse que a televisão não era para mim, não me fazia bem. Na missa, fiz um voto a Nossa Senhora e desde então essa promessa teve raras exceções: o Onze de Setembro, por exemplo, ou quando houve o acidente aéreo em Buenos Aires em 1999, mas pouco mais que isso.

Assim, faz trinta anos que não vejo uma partida do San Lorenzo pela TV. Um dia, até me perguntaram numa entrevista se, entre os papas, eu me sentia "mais próximo de um Messi ou de um Mascherano", e falei que não podia responder, que não sabia distinguir o estilo dos dois, porque, embora Messi tenha vindo ao Vaticano em algumas ocasiões oficiais, faz muito tempo que não assisto ao futebol. De todo modo, tenho certeza de que nenhum dos dois é *pata dura* como eu! Mas me informo, naturalmente. Sobre assuntos diversos e também sobre o San Lorenzo. Um dos guardas suíços me deixa na mesa, todas as semanas, os resultados e a classificação. No ano em que fui eleito para o trono de Pedro, os *azulgrana* venceram o campeonato e depois, pela primeira vez em sua história, a Copa Libertadores. Alguns dias mais tarde, quando a delegação veio me visitar com a taça dos campeões da América, eu lhes disse ao final da audiência geral: "Vocês são parte de minha identidade cultural". Como escreveu um grande cronista do futebol, Osvaldo Soriano, ele também um *cuervo* do Boedo: "No futebol não se escolhe um vencedor. Ser do San Lorenzo é um encargo que se insinua na vida com tanto transtorno e orgulho quanto ser argentino". Junto com a mão do meu pai que me levou ao estádio quando menino, o bairro, sua gente, a pracinha, os amigos, os sonhos de nós, crianças...

Ouvi um treinador de equipes juvenis dizer que é preciso andar na ponta dos pés em campo para não pisar nos sonhos sagrados dos garotos. É igualmente importante não

Em 2011, um cardeal feliz com a camisa *azulgrana* do San Lorenzo.

oprimi-los com formas de chantagem que bloqueiam a liberdade e a imaginação. Bem como não ensinar atalhos que só fazem a pessoa se perder no labirinto da existência. É triste quando mães e pais protegem demais seus filhos, ou se transformam em meros gestores, como infelizmente às vezes acontece. Ser grandes na vida: esta é a vitória de todos nós, a única que realmente importa.

Para mim, ainda hoje os jogos de futebol mais bonitos são os que se dão numa pracinha, quer se chame Herminia Brumana, como a da minha infância, quer tenha outro nome, no cascalho, na grama de um jardim ou num aterro poeirento e batido pelo sol, em qualquer canto do mundo. "Por mais que os tecnocratas o programem nos mínimos detalhes, por mais que os poderosos o manipulem e o transformem em mercadoria, o futebol continua a pertencer ao povo e ao imprevisto", como disse Soriano.

Vamos então fazer o sorteio e ver quem forma os times; dois riscos na terra marcam as traves; talvez o mais *pata dura* fique de goleiro ou então todo mundo reveza um pouco. Todos juntos a perseguir e dominar uma bola, não importa como você se chama, quem são seus pais, de onde você vem. Será sempre essa a verdadeira beleza do jogo. É assim que crescemos.

8. A vida é a arte do encontro

É típico da atividade esportiva unir em vez de dividir. Construir pontes, não muros. Toda atividade social genuína combate o obscurantismo da separação e do preconceito e favorece a cultura do encontro, que corresponde à qualidade mais íntima e profunda do nosso ser, orientado naturalmente para a relação, a interação, a descoberta do outro. Como escreveu Romano Guardini, grande teólogo nascido na Itália mas desde menino emigrado na Alemanha: "O homem é criado de modo a ser antes de tudo entregue a si mesmo em 'forma-de-início', numa abertura e predisposição ao que vier a seu encontro. Se ele se bloqueia e se enrijece, se fica fechado em si mesmo, se nunca corre o risco de se pôr em atitude de atenção à realidade, então se tornará sempre mais rígido e infeliz. Ele 'conserva sua alma para si' e assim sempre a 'perde' mais e mais".

Em 1860, quando a fachada da catedral de Buenos Aires foi restaurada e concluída, optou-se por copiar o do Palácio Bourbon de Paris, em estilo neoclássico, mesmo que não tivesse nada a ver com o barroco do templo, e, visto que era o momento da reorganização nacional e se buscava a unidade da nação, decidiu-se esculpir no frontispício a cena do encontro de José com seus irmãos. Essa imagem sempre me impressionou, em parte por minha própria história familiar e em grande medida pela graça de Deus.

Na minha família, houve também uma longa história de desavenças. Tios, primos, brigados e separados, na Argentina e entre a Argentina e a Itália. Até que por fim a situação se pacificou. Quando se falava sobre algum desses casos ou algum conflito ameaçava ocorrer, eu menino chorava muito, escondido, e às vezes fazia alguma promessa para que esse tipo de coisa não acontecesse. Ficava mesmo muito triste. Graças a Deus, papai, mamãe e nós cinco irmãos em casa vivíamos em paz; mas penso que esses episódios me marcaram e intensificaram em meu coração a vontade de fazer com que as pessoas não entrem em disputa, se mantenham unidas. E que, se brigarem, depois façam as pazes.

Se revisito meus medos de infância, é exatamente isso que me volta à mente. Quando percebia que papai e mamãe tinham alguma desavença, em geral por coisas banais, então sim eu sentia medo. Era uma angústia sem nome, irracional, que me acometia no íntimo. Lembro-me de um dia em que eles brigaram, não sei bem por quê, não era algo comum: foi durante o almoço, depois papai se retirou para descansar um pouco antes de voltar ao trabalho e mamãe pegou a bolsa e o casaco e saiu, provavelmente para fazer compras. Mas meti na cabeça a ideia de que ela tinha ido embora. E se tivesse ido para sempre? Então comecei a chorar, desci até o jardim e explodi num pranto desbragado, que me parecia inconsolável. A tal ponto que a filha da vizinha, que já tinha mais de vinte anos, veio ver o que estava acontecendo; falei para ela, entre um soluço e outro, ou melhor, contei o que eu tinha confusamente imaginado, e ela me abraçou e, com uma calma maternal, aos poucos conseguiu me tranquilizar.

Hoje sempre digo aos casais que encontro: briguem, até quebrem uns dois pratos se acharem que adianta; até certo ponto é absolutamente normal, mas desde que nunca na frente das crianças e que procurem fazer as pazes antes do fim do dia. O verdadeiro perigo é a guerra fria do dia seguinte.

Creio que nessas histórias há uma espécie de germe daquilo que, com os anos e de forma conceitual, vim a chamar de cultura do encontro. É, no fundo, uma ânsia e uma aspiração que trago dentro de mim desde menino.

A cultura do encontro requer que estejamos dispostos não só a dar, mas também a receber dos outros, e nos pede que saiamos de nós mesmos e sejamos peregrinos. Se priorizarmos o encontro, a caminhada juntos e mesmo o confronto, ainda que duro, porém respeitoso, será mais fácil deixar as diferenças de lado e superá-las. O poeta e compositor brasileiro Vinicius de Moraes escreveu: "A vida é a arte do encontro embora haja tanto desencontro pela vida". Esses versos fazem parte de um samba, um gênero musical que, aliás, surge justamente do encontro de culturas, diferenças e instrumentos: os ameríndios da Bahia, os afro-brasileiros, e mais tarde os "ciganos", os poloneses e muitos, muitos outros imigrantes, que juntos formavam a classe trabalhadora na dura realidade dos canteiros de obras. Aproximar-se realmente dos outros, aceitar, significa não ter medo de entrar nem mesmo em suas trevas.

Além do futebol e do basquete, eu gostava de colecionar selos, uma paixão transmitida por meu tio Oscar Adrián, o quarto irmão de mamãe, que morreria num acidente. Eu podia viajar com a imaginação, conhecer os personagens emoldurados naqueles quadradinhos de bordas denteadas, os diferentes animais, flores, plantas, as mais variadas construções, alcançar tempos remotos ou aventurar-me em locais distantes e exóticos. Traziam o mesmo fascínio dos personagens dos livros da minha infância.

Pois, acima de tudo, eu gostava de ler. E lia em qualquer lugar. Mesmo na beira do campo de futebol que tínhamos, meus companheiros e eu, marcado na terra. Para meus pais, a cultura era uma exigência a ser incentivada e atendida, natural como comer ou beber. Lembro-me de uma coleção enciclopédica para jovens, em vinte volumes, intitulada *O tesouro da juventude*; milhares de meninos na Argentina tinham esses livros porque eram vendidos de porta em porta, em pequenas prestações. A edição um pouco mais luxuosa vinha com uma pequena estante de madeira, que acondicionava os volumes. Era um verdadeiro tesouro, que continha excertos dos clássicos, narrativas de aventuras, histórias, fotografias, relatos dos avanços científicos e das maravilhas da natureza e da criatividade humana.

Mais tarde, fizeram com que todos nós irmãos lêssemos *Coração*, que para mim foi uma educação para a sensibilidade. Enrico, Silvia, Antonio, Stardi, Luigi, Garrone e mesmo Franti, "*el infame*", todos os garotos daquela escola primária de Turim do ano de 1881 narrada no romance de De Amicis, se uniram e se fundiram com meu grupo de amigos e companheiros. Mas lia um pouco de tudo, e claro que também os quadrinhos — desde *Patoruzú*, talvez a historieta cômica mais popular na Argentina, sobre as vicissitudes de um rico cacique de Tehuelche com grandes propriedades imobiliárias na Patagônia, de força física sobre-humana e coração caridoso, porém ingênuo, até *Superman*. Eu era um leitor curioso e voraz.

Mas não um "*secchione*", como se diz na Itália,* nem o primeiro da classe ou o representante da turma. Mesmo que fosse bem na escola, ficava entre os melhores, mas nunca era o primeiro: talvez o terceiro, o segundo.

Fiz o *nivel inicial*, ou jardim de infância, no colégio católico de Nossa Senhora da Misericórdia, onde mais tarde fiz a primeira comunhão, com a professora irmã Dolores Tortolo, e, se gosto da escola, é em primeiro lugar graças a ela. A irmã Dolores me fez perceber que não se cresce sozinho, que há sempre um olhar do outro que ajuda a crescer. Nunca a esqueci. Amei a escola porque essa mulher me ensinou a amá-la.

Depois, no primário, o equivalente hoje às escolas de ensino fundamental I e II, meus pais me matricularam na escola pública Coronel Pedro Cerviño, na rua Varela, uma travessa da via Directorio, também não distante de casa. E daí que não tínhamos carro? Eu fazia o caminho a pé num instante. Naqueles anos, Flores era o pulmão verde da cidade, muitas ruas ainda eram de terra e, para atravessá-las correndo, eu tirava o avental branco para não sujar. Quase todas as casas tinham um pátio ou um jardinzinho, vivíamos ao ar livre, todos se conheciam e se cumprimentavam.

Lembro-me de todos os meus professores. A primeira se chamava Stella Dora Quiroga de Arenaz, com quem estabeleci uma relação bonita e profunda. Fiz com ela os dois primeiros anos. Depois vieram a sra. Elvira Rosa Morales, a professora Lia Julia Peluffo e então o professor Roberto Brusa. Um dia, no quarto ano, não recordo o motivo, a professora Lia me repreendeu; e eu, no calor do momento, não encontrei saída

---

* Ou um nerd, em termos mais atuais. (N. T.)

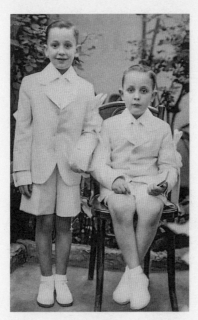

Com meu irmão Oscar no dia da nossa primeira comunhão.

melhor do que mandá-la para aquele lugar. A professora não perdeu a compostura: pegou meu caderno e escreveu que queria falar com minha mãe, e claro que mamãe se apresentou logo no dia seguinte. Conversaram intensa e rapidamente, e então me chamaram. Entrei de orelhas baixas e os olhos ainda mais baixos, e mamãe me repreendeu. Peça desculpas à professora, ordenou ela, e pedi. Dê um beijo na professora, e dei. A professora me disse para voltar à sala de aula, então fiquei feliz porque achei que tinha me safado. Mas o segundo ato entrou em cena quando voltei para casa depois da escola...

Foi uma educação muito humana. Essa defesa do papel da educadora e da instituição escolar foi importante. É algo que deve ser considerado fundamental ainda hoje, talvez principalmente hoje.

A professora era uma figura de referência, como uma segunda mãe. No primeiro ano, quando a mãe da professora Stella faleceu, vi-a voltar inteiramente vestida de preto, e entendi pela primeira vez o que era o luto. Nunca viemos a nos perder de vista, durante toda a vida. E agora viúva, aos 94 anos, irei acompanhá-la até o último passo.

Assim como não tínhamos carro, tampouco tirávamos férias; ou melhor, íamos para a casa dos nossos avós, e era muito bom. Verões longuíssimos, de quase três meses. Os irmãos eram repartidos: dois ficavam com os avós paternos e três com os maternos. No ano seguinte era ao contrário; quem tinha ido para um lado agora ia para o outro. Enquanto isso, papai e mamãe ficavam em casa, sozinhos, e tomavam um pouco de fôlego. É provavelmente por causa dessa falta de hábito que ainda hoje tiro minhas férias "em casa", como sempre fiz. Mesmo que hoje a casa seja Santa Marta, no Vaticano.

Uma vez li um livro interessante, publicado por um psiquiatra estadunidense nos anos 1930, Louis Edward Bisch; o título era *Rallegrati di essere nevrotico*.* Os neuróticos, escreveu o estudioso, se dividem em duas categorias: os infelizes e os felizes. A diferença é que os primeiros se sentem culpados por sua diversidade, o que acarreta uma hipersensibilidade, uma vida interior assoberbante e complexa. Os segundos, por sua vez, se dão conta de que isso nada mais é que um recurso e o utilizam e se realizam. Numa tirada, poderíamos dizer: é preciso tratar bem as neuroses! Oferecer-

* *Be Glad You're Neurotic* é o título original. Foi publicado no Brasil como *A arte de dominar seus nervos*. (N. T.)

-lhes um mate todos os dias... A expressão da espiritualidade de santo Inácio, "buscar e encontrar Deus em todas as coisas", se aplica até a nossas mínimas neuroses, se permitirmos que elas se iluminem com a Sua misericórdia.

Também eu tenho as minhas: uma delas é que sou um pouco apegado demais ao meu canto. A última vez que tirei férias "fora de casa" foi cinquenta anos atrás, com a comunidade jesuíta, em 1975. Mas, apesar disso, tanto naquela época quanto agora, realmente tiro férias: mudo o ritmo. Se durante o ano costumo acordar antes das cinco, nas férias durmo um pouco mais, rezo ainda mais, leio as coisas que me agradam, ouço música... E tudo isso me descansa e me regenera.

A música clássica é uma flor que cultivo desde menino, e é também um presente e uma herança de mamãe. Schubert, Chopin, que tanto me agradava quando jovem, Wagner, Beethoven, mesmo o senso trágico da nostalgia, os grandes românticos, o *Erbarme Dich* de Bach, que a cada vez me parece mais sublime, e Mozart, obviamente: o *Et Incarnatus est* de sua Missa em Dó Menor consegue nos tomar pela mão e nos conduzir a Deus.

Algum tempo atrás, encontrei uma citação de Gustav Mahler, o grande compositor e regente de orquestra romântico tardio, que me agradou muito: "A tradição não é o culto às cinzas, mas a preservação da chama". Ou seja, a tradição não é um museu. A ideia de voltar continuamente às cinzas é a nostalgia dos integralistas, mas não deve ser este o verdadeiro sentido da palavra: a tradição é, pelo contrário, uma raiz, indispensável para que a árvore possa sempre dar frutos novos.

O contato com a música erudita é constante, que intercalo sempre e de maneira natural com a música popular.

Com Edith Piaf, por exemplo, outra grande paixão da minha mãe. Ou com o tango e a milonga. Carlos Gardel dizia que não basta ter a voz mais melodiosa para cantar um tango; é preciso senti-lo, porque o tango vem de dentro. Para nós argentinos, sobretudo os *porteños*, é o que acontece.

O tango fala sobre muitas coisas, e também sobre a derrota: algo que deu errado ou talvez se perdeu. "*Saber perder es la sabiduría*", diz um verso do poeta jesuíta argentino Osvaldo Pol. Existe um belo tango que se chama *Rencor* e fala de um "ódio maldito que trago nas veias", que torna "a vida amarga como uma condenação", "uma ferida aberta que enche o peito de raiva e amargura". Cabe escavarmos também essas profundezas, que dizem algo sobre nossa fraqueza, nossas misérias humanas, nossas contradições... E apresentam uma escolha: ou escolhemos a vida ou escolhemos a morte.

Há sempre uma sabedoria oculta nos fracassos. Saber perder "*es la sabiduría*". A sabedoria dos verdadeiros lutadores, de quem sabe que as quedas acontecem, mesmo desastrosas, mas o importante é não ficar por terra. Uma bela canção dos Alpes diz: na arte da subida, a vitória não consiste em não cair, mas em não permanecer caído. E a força, como bem sabem os grandes alpinistas, não é um dom da natureza: você a desenvolve ao longo do caminho.

Sem o fracasso, aliás, não haveria sequer a história da salvação: o "fracasso" da cruz, conduzida até o fim, é o fundamento da nossa vida nova.

A sabedoria é de quem se reergue. De quem segue adiante. De quem não passa o tempo se lamentando, mas volta à ação. De quem não endurece o coração no ressentimento e no egoísmo, mas abraça a vida. Sempre.

Isso tudo também ecoa na música popular. Aliás, dizem que não sou o primeiro pontífice a ouvir tango no Vaticano:

ao que parece, Casimiro Aín, dançarino argentino que fez fortuna na Europa — *El Vasquito*, como o chamavam —, nos anos 1920 dançou tango diante de Pio XI.

Julio Sosa, a orquestra de Juan D'Arienzo, as milongas de Astor Piazzolla e Amelia Baltar, Ada Falcón, que mais tarde se retirou em um convento na província de Córdoba, e Azucena Maizani, que morava perto de nós e a quem, poucas semanas depois de me ordenar sacerdote, dei a extrema-unção no hospital... também eles têm me acompanhado, também eles são o pilar sonoro da minha existência.

O tango pode ser dramático, mas jamais pessimista, porque reverbera igualmente tormento e impulso, evoca da mesma forma nostalgia e esperança. É fibra, é força, é caráter, um diálogo emotivo, visceral, que vem de longe, de uma raiz antiga, e comporta tanto o guiar quanto o ser guiado, a ternura e a responsabilidade de cuidar do outro. "Dá um passado a quem não o tem e um futuro a quem não o espera", como se diz. Um belo tango sabe fazer até o silêncio dançar.

9. O dia corria com pressa

Meus irmãos e eu sempre estudamos em escola pública, mas depois da última gravidez de mamãe era preciso poupar sua saúde ao máximo; então, naquele ano, os três mais velhos foram para um colégio interno. O padre Pozzoli encontrou vaga para mim e Oscar no internato salesiano Wilfrid Barón dos Santos Anjos, em Ramos Mejía, na zona metropolitana de Buenos Aires, onde cursei o sexto ano em 1949.

A vida no internato era uma plenitude. Mergulhava-se em uma única trama e o dia corria com pressa, sem que houvesse tempo de se entediar. Eu me sentia submerso em um mundo que, embora todo preparado com cuidado pedagógico, não tinha nada de artificial. Tomávamos café da manhã, íamos à missa, assistíamos às aulas, brincávamos durante o recreio, tudo era natural e sem sobressaltos. Os diversos aspectos da vida eram vividos não de modo compartimentado, mas sim como uma única experiência formativa. O colégio promovia uma cultura católica que não era nem um pouco carola ou desorientada. E criou em mim uma consciência não só moral e cristã, mas também humana, social, lúdica, artística... O estudo, os valores do convívio, a atenção aos mais carentes, aos desamparados — lembro que aprendi ali a privar-me de algo para dar a quem era mais pobre que eu —, o esporte, a competência... tudo parecia real e formava hábitos, e esses hábitos, em sua totalidade, moldavam um jeito de ser.

Vivia-se totalmente nesse mundo, que era, porém, aberto à transcendência do outro mundo. E buscava-se fazer todas as coisas com um propósito. Nada parecia sem sentido, ao menos na ordem fundamental; porque obviamente havia gestos de impaciência de algum professor, ou pequenas injustiças cotidianas, uma ou outra briga entre os rapazes. Não quero cair na psicologia de ex-aluno, abraçar uma atitude nostálgica, proustiana, que seleciona com a memória apenas o florido e nega as partes mais limitadas ou frágeis. Havia deficiências no colégio, obviamente, mas a estrutura educativa não era deficiente. E nunca, pelo menos que me lembre, barganhava-se a verdade. O caso mais típico foi o do pecado. O sentido do pecado faz parte da cultura católica, e lá, no colégio interno, aquilo que eu levava de casa se fortaleceu, ganhou materialidade. Alguém até podia bancar o rebelde, o ateu... mas no fundo o senso de pecado estava ali: uma verdade que não podia ser jogada fora para que tudo fosse mais fácil.

A pior mentira, a maior e a mais perigosa, é "a verdade menos um", como disse Lanza del Vasto, amálgama de escritor, filósofo, pensador cristão e ativista não violento contra a guerra e as armas nucleares, um artesão da paz. Não a verdade, mas a sua sombra adulterada, a sua distorção cômica ou dramática: uma atitude que torna o falso verossímil, o erro aceitável, que faz o inábil ser arrogante, transforma o ignorante em sábio, torna o incapaz poderoso. Judas é o mestre do artifício, do mexerico. E o mexerico e o artifício são os adversários menos confiáveis da verdade das coisas. Sempre existe algo de demoníaco no mexerico e na calúnia.

No Colégio Wilfrid Barón (sou o quarto a partir da esquerda, na segunda fila).

No colégio interno aprendi, quase inconscientemente, a buscar o sentido e a verdade das coisas. E aprendi a estudar. As horas de estudo, em silêncio, criaram um robusto hábito de concentração, de domínio da distração. Aprendi um método de aprendizagem que antes não conhecia e até algumas técnicas de memorização.

Mas jogávamos também, e muito. O esporte era parte fundamental daquela experiência. E tanto no estudo como no esporte, a dimensão da competição tinha sua importância: ensinava-se a competir bem, a jogar limpo. Com o passar dos anos me aconteceu de ouvir algumas críticas em relação a esse aspecto competitivo da existência... Curiosamente, porém, na maior parte das vezes elas vinham de cristãos que se diziam "livres" desse aspecto pedagógico mas que, na vida cotidiana, massacravam-se por dinheiro ou por poder... de uma forma bem pouco cristã.

Uma dimensão que se desenvolveu bastante nos anos posteriores ao período no colégio interno foi a minha capacidade de "sentir": e percebi que a semente foi plantada justamente naquele ano do internato. Em Ramos Mejía me ensinaram o sentimento. Não me refiro ao sentimentalismo, mas ao sentimento como valor do coração: não ter medo de sentir e de dizer a si mesmo o que está sentindo. A educação da piedade era outra dimensão fundamental: uma piedade vigorosa, adequada à juventude. Estreitamente ligado ao amor e ao sentimento, por sua vez, estava o amor pela pureza. A esse propósito, em geral, há uma incompreensão muito grande. Não sei como foi para os outros, em outros colégios internos, ou em outras fases escolares, mas me ensinaram a amar a pureza sem nenhum tipo de condicionamento obsessivo. Não existia obsessão sexual no colégio interno; só fui conhecê-la bem mais tarde com certos educadores ou psicólogos que ostentavam seu laissez-passer mas no fundo interpretavam todo tipo de comportamento sob uma ótica freudiana, que via sexo em todo lugar.

Havia também o momento do boa-noite. Era uma atividade conduzida pelo diretor, o padre Emilio Cantarutti, embora algumas vezes nos tenha sido oferecida também pelo inspetor, d. Miguel Raspanti. Lembro-me bem de uma em particular, em outubro de 1949, em que o padre Raspanti tinha acabado de voltar de Córdoba porque sua mãe havia falecido... Foi a noite em que nos falou sobre a morte. Tantos anos depois, reconheço nessa breve reflexão noturna o ponto de referência que persistiu em toda a minha vida a respeito desse assunto: naquela noite, sem medo, senti que um dia eu morreria, e isso me pareceu uma coisa muito natural.

Sem nos darmos conta, crescíamos em harmonia, algo que com certeza ninguém teria expressado naquele momento, mas posteriormente, sim. Os salesianos me prepararam, em suma: para a escola secundária e para a vida.

Me volta à mente também um episódio ligado a esse ano em Ramos Mejía que pode parecer pequeno, mas para mim decerto não foi. Um dia emprestei minha bicicleta a um colega, e ele sofreu um acidente e a quebrou. Eu lhe disse, então, que teria que consertá-la, e ele assim fez: sua mãe precisou pagar. Com certeza com algum sacrifício, porque não era uma família rica. Carreguei essa culpa por anos. De verdade, por anos. Senti que havia sido injusto, que tinha cometido um gesto nada generoso, e esse sentimento me acompanhou por muito tempo.
Nunca mais vi esse rapaz.
Até que muitos anos depois, em 2009, quando eu era cardeal, uma juíza de Buenos Aires me informou que fora encontrado um documento indicando um considerável risco de atentado contra mim e portanto precisavam manter-me sob custódia, com uma escolta. Tentei me opor, mas a juíza foi irredutível: era sua estrita responsabilidade, replicou. Disseram-me que seria necessário um colete à prova de balas, mas a esse respeito eu que fui irredutível: nem sequer considerei usá-lo. Durou três meses. Nos primeiros dias os agentes da escolta ficavam mais na deles, depois perceberam que eu queria viver aquela experiência do modo mais normal possível, com simplicidade, e começamos a conversar sobre assuntos variados. Um dia contei que tinha estudado no colégio interno de Ramos Mejía. "O meu pai também estudou lá", disse um dos rapazes. E como você se chama?, perguntei. "Peña", ele disse. E seu pai se chama José Valentin? "Sim." Era o filho do colega da bicicleta! Pedi que me

desse o número de telefone e liguei para ele. Finalmente lhe pedi desculpas, muitas vezes, e pude me libertar daquele remorso que havia me acompanhado por 59 anos.

Certa vez me perguntaram quando acaba a infância, quando uma pessoa deixa de ser criança. Acho que sei bem quando a minha acabou.

Tinha acabado de terminar a escola primária no colégio interno, era o verão de 1950, estava com quase catorze anos, e papai me chamou: agora são três meses de férias, disse, você vai para a casa dos seus avós como sempre, mas não vai ficar três meses, vai ficar um só; nos outros dois vai trabalhar. Foi bem nesse dia que, de algum modo, percebi que o tempo da infância tinha acabado, que outra fase começava. Vivi plenamente a minha infância, por isso ela não me faz falta. No máximo, sinto falta do tempo para reparar algumas coisas que gostaria de ter feito diferente quando criança.

Já fizera pequenos trabalhos na loja dos meus avós, desde os meus dez anos, mas eu gostava mesmo era de bisbilhotar no depósito e surrupiar algumas balas. Era uma loja movida a confiança: as compras eram entregues, ficava tudo anotado em um livrinho e as pessoas só pagavam no final do mês. Era o trabalho dos meus avós, e para mim, no fundo, uma brincadeira.

Agora as coisas ficavam mais sérias. Papai encontrou um trabalho para mim em uma fábrica de meias, de um cliente seu, um judeu grego que se chamava Mosè Nahmias, um bom homem que mais tarde compareceria à minha investidura de seminarista. Trabalhei durante as férias nessa fábrica, por três anos, fazendo faxina: com um grupo de mulheres e de rapazes limpava o chão e os banheiros, intercalando essa atividade entre algumas atribuições administrativas que eram confiadas a mim.

Quando terminei a escola primária, achei que queria ser médico. Tinha feito a pré-matrícula em um liceu perto de casa, na rua Carabobo, bem em frente ao prédio onde morava um jogador de futebol que, na juventude, se divertia desafiando os rapazotes que passavam por ali naquelas partidas de todos contra todos que iam até que a noite chegasse, e que mais tarde se tornaria um dos maiores jogadores de todos os tempos: Alfredo Di Stéfano. Enfim, eu pensava que frequentaria o liceu clássico General Urquiza por cinco anos e depois a universidade. Mas um domingo, em um almoço na casa dos meus avós maternos, tio Luigi e tio Vicente me disseram: e depois? Vai sair de lá e vai ser uma enciclopédia capenga, que sabe um pouco de tudo e tudo de nada; melhor escolher uma escola técnica, leva um ano a mais, seis em vez de cinco, mas você sai com um futuro, pode ser químico, mecânico, construtor, vai poder assinar projetos... Quem se formava nessas escolas podia assinar projetos de construção de prédios de até dois andares.

Me convenceram. Poucos meses antes tinha sido aberto um instituto público de química com especialização em ciência dos alimentos. Era uma escola experimental, modelo, que selecionava alguns alunos todo ano para ir à universidade até mesmo em Chicago — já naquele tempo, e ainda hoje, um dos maiores centros mundiais de estudo e pesquisa. Então me inscrevi.

Em março de 1950 comecei meus estudos na Escuela Técnica Especializada en Industrias Químicas Nº 12, no número 300 da rua Goya, no *barrio* Floresta, que hoje se chama

Com os companheiros da Escuela Técnica (sou o primeiro de pé, à direita).

Escuela Técnica Nº 27 Hipólito Yrigoyen — o presidente da República cujo vice foi amigo do vovô Francisco, d. Elpidio. Éramos catorze, todos homens, porque naquele tempo as escolas ainda eram separadas por gênero. Papai se tornou o primeiro presidente da Associação Cooperativa do instituto.

Foi uma formação séria, exigente, que alternava prática e teoria entre a manhã e a tarde, dando espaço, nos primeiros três anos, também às disciplinas humanísticas, como literatura espanhola, história e inglês. Mas sobretudo, e obviamente, era uma escola científica. Os textos de química inorgânica do terceiro ano eram os mesmos que se estudavam nos cursos universitários; uma vez formado nessa escola, era possível pular o primeiro ano da universidade e fazer direto as provas para entrar no segundo.

A partir do quarto ano a parte prática era feita na fábrica ou no laboratório. Fiquei com o segundo, um laboratório especializado em indústria alimentícia. Fazíamos análises bromatológicas para determinar o valor nutricional dos alimentos, exames organolépticos; uma vez tive de fazer uma análise de chocolates e, entre um experimento e outro, confesso que comi muitos pedaços. No laboratório Hickethier-Backman, na rua Azcuénaga, entre a Arenales e a Santa Fé, no centro da cidade, entrava às sete da manhã e trabalhava até a uma da tarde; depois percorria um caminho de uma hora até a escola, das duas às seis ou sete da noite, todos os dias. Era um compromisso forte, acelerado, mas se aprendia muito e o trabalho era remunerado: eu recebia duzentos pesos, um bom salário para um principiante.

O clima entre os colegas, em geral, era bom, mas vez ou outra havia contrastes e rusgas. Sobretudo com dois rapazes, que, de modo superficial, considerávamos lentos, ineptos. Não se tratava propriamente de bullying, era mais um tipo de menosprezo, de desdém.

Com um deles houve uma briga. Por muito tempo isso me pesou, porque não foi uma coisa limpa da minha parte. No confronto físico eu o derrubei no chão, e ao cair o rapaz bateu a cabeça e chegou a perder os sentidos; para piorar, eu havia agido de modo covarde e me senti humilhado. Meu pai então me levou à casa dele. Eu o encontrei na cama, me desculpei, as coisas aos poucos se ajustaram, o rapaz se integrou ao resto do grupo... mas o peso por esse meu gesto, pelo meu sentimento injusto, não me abandonava.

Muitos anos se passaram, e eu era arcebispo de Buenos Aires quando o reencontrei: havia se tornado pastor evangélico, com uma sólida família e cinco filhos. Me pareceu um homem de grande bondade, que mais uma vez me ensinou uma bela de uma lição. Desde então nunca mais nos perdemos de vista.

Outro dos meus ex-colegas, Alberto, de origem napolitana, veio me visitar no Vaticano com toda a família. Telefonou um dia, quando eu era bispo de Buenos Aires: por favor, pediu, venha ver minha mãe, ela não está bem mas não quer morrer porque diz que se preocupa comigo, que tem um peso no coração e sente uma grande responsabilidade sobre seus ombros. Fui então ao encontro dessa mulher, de mais de noventa anos, que me contou seus tormentos num sussurro. Fique tranquila, senhora, seu filho está bem, eu lhe assegurei. "Posso partir?" Sim, senhora. E no dia seguinte, com o coração em paz, a mãe de Alberto se foi.

Ainda somos quatro os vivos daquela turma, e 65 anos depois continuamos a manter contato: no Dia do Amigo, 20 de julho, trocamos cartas, contamos as novidades, enviamos votos uns aos outros, brincamos um pouco também. Na medida do possível, a turma permanece unida.

Mas não se formaram todos juntos, no fim de 1955, aqueles catorze rapazes que no mês de março, seis anos antes, puseram o pé pela primeira vez na Escuela Técnica Especializada en Industrias Químicas Nº 12 cheios de esperança. Não todos, infelizmente.

Um de nós, tragicamente, ficaria pelo caminho.

10. Reconheceram-se de longe

Era filho de um policial. E provavelmente, sob muitos aspectos, o mais inteligente e talentoso de todos: entusiasta e profundo conhecedor de música clássica, com uma cultura literária tão grande quanto sua habilidade musical... Aquele rapaz, grande e robusto, o mais corpulento entre nós, era um gênio. Um gênio.

Mas a mente do ser humano às vezes é um mistério insondável. E num dia que parecia como outro qualquer esse rapaz pegou a pistola do pai e matou um jovem, amigo seu do bairro.

A notícia, também para nós, foi como um disparo de pistola. Ficamos em choque.

Ele foi detido na seção penal de um manicômio, e eu quis visitá-lo. Foi a minha primeira experiência em uma prisão, um encarceramento duplo, porque era também um lugar de contenção para doentes mentais. Pude cumprimentar meu amigo apenas de uma janelinha minúscula, do tamanho de um selo, cortada em quatro por uma grade e emoldurada por uma pesada porta de ferro. Foi terrível, fiquei profundamente abalado.

Voltei a visitá-lo com alguns colegas. Dias depois, no entanto, ouvi na escola um funcionário e alguns rapazes de outra turma conversarem sobre o assunto em tom de escárnio. Fiquei transtornado. Falei um monte para eles, e então procurei o diretor para expressar minha reprovação: disse que coisas do gênero não poderiam se repetir, que era ainda mais grave que um funcionário estivesse envolvido, que aquele rapaz já estava sofrendo bastante entre o manicômio e a prisão. Essa reação enfurecida me conferiria uma certa fama, na escola, de ser um homem justo, não sei em que medida merecida; com a fama é sempre assim. Mais tarde, meu amigo foi enviado a um reformatório e continuamos a nos escrever. Ele se salvou da prisão perpétua porque na época do crime era menor de idade. Foi solto alguns anos depois.

Após a formatura, já noviço, recebi um telefonema de um ex-colega que havia conseguido entrar em contato com a irmã do rapaz. A moça, aflita, contou-lhe que, pouco depois de sair do reformatório, ele havia se suicidado. Devia ter 24 anos.

Às vezes, como diz o salmo, o coração da pessoa é um abismo.

Foi uma tristeza, que me trouxe mais outra à mente e ao coração.

Eu estava no quarto ano quando um rapazinho do primeiro me abordou no ônibus. Acho que perguntou se eu podia lhe emprestar um livro de que ele precisava, respondi que sim, que o tinha em casa e que lhe traria, e assim começou a nossa relação. Era filho único, e na escola conhecido pelos problemas disciplinares que causava. Eu já tinha sentido o chamado em mim, percebia de modo intenso a minha vocação, embora não a tivesse expressado a ninguém. Notei que aquele rapaz não tinha feito ainda a primeira comunhão e, então, comecei a me aproximar, a conversar com ele, a cuidar dele como podia. Também fui à sua casa conhecer seus pais, duas boas pessoas, a família Heredia, mas... Mas no fim das contas, quando eu estava no sexto ano, o menino matou a mãe com uma faca. Devia ter quinze anos, não mais do que isso.

Lembro-me do funeral naquela casa, o rosto pálido do pai, sua dor duplicada, sem paz. Parecia o semblante de Jó: "Meus olhos se consomem irritados e todos os meus membros são como sombras" (Jó 17,7).

A notícia irrompeu na escola como um temporal. Eu poderia talvez até afirmar que nos inculcou a tragédia e a complexidade da vida. Jorge Luis Borges escreveu: "Tentei, não sei se com felicidade, a redação de contos diretos. Não me atrevo a afirmar que são simples; não existe na Terra uma única página, uma única palavra, que o seja".

É preciso humildade para representar a complexa experiência da vida.

Admirei e estimei muito Borges; me impressionavam a seriedade e a dignidade com que vivia sua existência. Era um homem sábio e profundo. Quando, ao completar 27 anos, me tornei professor de literatura e psicologia do Instituto de la Inmacolata Concepción de Santa Fé, ministrei um curso de escrita criativa e considerei enviar-lhe, por intermédio da sua secretária, que tinha sido minha professora de piano, dois contos escritos pelos meus alunos. Eu parecia ainda mais jovem do que era, tanto que os estudantes tinham me apelidado de "*Carucha*" (cara de menino), e Borges já era um dos autores mais célebres do século xx; no entanto ele os leu — naquele momento já estava praticamente cego — e gostou. Pediu-me que os reunisse em um livro, que depois foi publicado pela editora argentina Castellvì com o título *Cuentos originales*, para o qual Borges se propôs até mesmo a escrever um prólogo, texto que foi provavelmente seu prefácio mais generoso: "Este não é apenas o prólogo a este livro, mas também a cada uma das várias obras, ainda indefinidas, que os jovens aqui compilados podem escrever no futuro".

Também o convidei para dar algumas aulas sobre o tema dos gaúchos na literatura e ele aceitou: podia falar sobre qualquer assunto sem jamais ser prepotente. Aos 66 anos, pegou um ônibus em Buenos Aires e viajou por oito horas, à noite, para chegar a Santa Fé. Uma vez chegamos atrasados porque, quando fui buscá-lo no hotel, ele me perguntou se podia ajudá-lo a fazer a barba. Era um agnóstico que toda a noite rezava o pai-nosso porque tinha prometido à mãe, e que morreria com os confortos religiosos. Apenas um homem de espiritualidade poderia escrever palavras como estas:

Abel e Caim encontraram-se depois da morte de Abel. Caminhavam pelo deserto e reconheceram-se de longe, porque eram muito altos. Sentaram-se no chão, acenderam um fogo e comeram. Guardavam silêncio, à maneira das pessoas cansadas quando declina o dia. No céu assomava uma estrela que ainda não recebera o nome. À luz das chamas, Caim percebeu na testa de Abel a marca da pedra e deixou cair o pão que estava prestes a levar à boca. Pediu que fosse perdoado por seu crime.

— Tu me mataste ou eu te matei? — Abel respondeu. — Já não me lembro; aqui estamos juntos como antes.

— Agora sei que me perdoaste de verdade — disse Caim —, porque esquecer é perdoar. Procurarei também esquecer.

Além dos amigos da escola, depois vieram os da paróquia de San José de Flores. Começamos a conviver mais assiduamente quando terminei o terceiro ano: encontrávamo-nos, festejávamos, minha irmã Marta namorou um dos rapazes do grupo.

Também eu senti atração por duas moças naquele tempo, uma de Flores, da paróquia, e a outra do *barrio* Palermo, uma espécie de Little Italy de Buenos Aires, cujo coração é a Plaza Italia e, no meio da praça, o monumento equestre a Giuseppe Garibaldi. Conheci essa moça porque nossos pais eram amigos e as famílias começaram a se frequentar. Mas não houve compromissos oficiais, apenas saímos juntos, fomos dançar tango. Eu estava com dezessete anos, e dentro de mim já havia a inquietude da vocação e do sacerdócio. Hoje essas duas mulheres ainda estão vivas, e as reencontrei quando era bispo: uma delas trabalhava como dirigente de uma

Celebrando com amigos e parentes (minha irmã Marta é a primeira à esquerda, acima; eu estou na fila de baixo, à direita).

paróquia do *barrio* Caballito, com marido e filhos, e a outra em Palermo, com uma bela família. Antes ainda, quando eu era criança, houve uma paixãozinha infantil por uma menina de Flores, uma história terna que tinha esquecido e que me voltou à memória pouco depois de ser eleito papa.

Era uma colega de escola primária, Amalia Damonte. Escrevi-lhe uma carta em que dizia que nos casaríamos, seria ela ou mais ninguém, e para reforçar a proposta desenhei a casinha branca que compraria e onde um dia iríamos morar — um desenho que, por mais incrível que pareça, essa menina guardou por toda a vida. Vivia em uma casa na rua Membrillar a poucos metros da nossa, e sua família também era de origem piemontesa. A despeito das nossas origens comuns, sua mãe, aparentemente, tinha outros projetos para ela; e se me via por aquelas bandas, me expulsava agitando a vassoura.

Eram a normalidade e a simplicidade da vida afetiva e social, primeiro de uma criança e depois de um adolescente. A brincadeira, o estudo, a diversão, a amizade, os encontros, as primeiras pulsões amorosas.

Ao mesmo tempo, a complexidade da existência reservava episódios mais amargos e tristes, de injustiça e de dificuldades de viver, em pleno seio familiar. Como a história da tia Rosa.

Rosa Gogna era a irmã mais velha da minha avó materna. Morava em um quarto no jardim da grande casa da rua Bocayuva, bem ao lado da oficina de marcenaria de vovô. Um pouco antes de completar quarenta anos foi madrinha de batismo de Catalina, irmã mais nova de mamãe. Era uma mulher peculiar, solteirona desde sempre, que levava uma vida extremamente solitária e de certo modo apartada do resto da família: não participava nem das celebrações nem dos almoços ou festas familiares. Sofrera um derrame que lhe deixou como sequela uma paralisia parcial do rosto — e por isso, com a inconsequência e o desaforo das crianças, entre nós a chamávamos de Tia Settebello. Eu e meus irmãos a achávamos meio doidinha, e vez ou outra fazíamos algumas piadas.

Então crescemos. Na adolescência, quando estava com dezesseis ou dezessete anos, senti vontade de reencontrá-la. Ela havia saído da casa dos meus avós e alugado um quartinho, com um banheiro e uma pequena cozinha, que encheu com uma enorme quantidade de coisas, a maior parte inútil e esquisita; hoje em dia diriam que sofria de um distúrbio de acumulação, provavelmente algum tipo de disposofobia; mais tarde descobrimos que tinha escondido bolinhos com o dinheiro da sua aposentadoria nos rolos de papel higiênico. Eu ia visitá-la e sentia uma pena enorme ao vê-la tão sozinha e naquele estado. Era uma mulher que ao longo da vida não pôde conhecer o calor do carinho: naquela casinha vivia uma existência de abandono, rodeada por aqueles objetos que tinha amontoado e que continuava a acumular. Quando eu entrava, precisava abrir caminho, como um explorador, em meio às tralhas, caixas e tranqueiras, e depois que saía passava meia hora me coçando. Queria ajudá-la, me doía, mas não sabia como resolver a situação: minha avó Maria estava viva, e os seus cinco filhos também, mas tia Rosa tinha sido apagada da vida da família. Era a minha tia "vira-lata".

Um dia, em 1958, quando tinha 21 anos e estava fazendo o noviciado jesuíta em Córdoba, meu pai veio me visitar. Então pedi: por favor, façam uma visita à tia Rosa. Papai, que era um homem muito caridoso, me prometeu que iria, e foi mais de uma vez; me escreveu para contar, porque durante o noviciado não era permitido telefonar aos noviços. Então, quando veio de novo me visitar, sugeri: por que não a levam para ficar com vocês? Estavam já no número 8862 da rua Rivadavia, na grande casa onde nunca cheguei a morar e onde papai, três anos depois, morreria. E assim fizeram. Prepararam um belo quarto para ela, perto da escada, e tia Rosa foi viver com eles. E foi naquela casa, não mais na solidão, que desfrutou a última parte da sua vida.

Um dia, quando cursava o primeiro ano de filosofia e estava estudando ao som do *Messias* de Händel, o telefone tocou e recebi a notícia: era 15 de agosto, de 1962, acho. Tia Rosa morreu aos 83 anos e partiu serena. Por muitos anos sua vida foi uma injustiça, que, ao fim, a generosidade de meus pais conseguiu reparar.

11. Como o ramo da amendoeira

Em 21 de setembro de 1953 o compromisso estava marcado. Era segunda-feira, mas feriado: naquela parte do mundo, a minha, é celebrado o começo da primavera, e eu e meus amigos da paróquia falávamos dessa data havia bastante tempo.

El Día de La Primavera é também o Dia do Estudante, e portanto uma grande festa para os jovens. Todos se encontram, passeiam, fazem piquenique, estendem-se sob o sol da manhã para afugentar a umidade e o frio do inverno, tocam violão ou escutam música ao ar livre, e as ruas e as praças se enfeitam com as flores violeta do jacarandá. Em Buenos Aires, costuma-se ir ao Jardín Japonés, ou à Plaza Francia, ou aos Bosques de Palermo, alguns dos lugares mais belos da capital.

Em suma, tínhamos um combinado.

De manhã eu precisava fazer uma tarefa para minha mãe, ajudar uma senhora do *barrio* com as pendências para que recebesse sua aposentadoria, e depois encontraria meus amigos na estação. Mas antes de pegar o bonde, assim que passei em frente à igreja de San José ouvi como se alguém me chamasse, ou melhor: percebi que alguma coisa me puxava para entrar; alguma coisa forte e que eu nunca tinha sentido antes, e que encarei também com um pouco de superstição: se não entrasse, alguma coisa poderia acontecer... Então entrei, olhei para o fundo da longa nave da basílica, perto do altar, e vi um sacerdote vir em minha direção, um sacerdote que eu não conhecia, que nunca tinha visto antes, embora aquela fosse a igreja onde costumava ir à missa aos domingos. Naquele momento senti que devia me confessar. O padre se sentou em um confessionário, o último à esquerda do altar, e também entrei. Não consigo contar o que aconteceu de outra forma: evidentemente confessei meus pecados, e o sacerdote me tratou com uma gentileza amorosa... No entanto, sei que isso não é o suficiente para explicar. O fato é que quando saí não era mais o mesmo: tive certeza de que me tornaria sacerdote.

Antes daquele momento a ideia já tinha passado pela minha cabeça, confusamente, no ano no colégio interno entre os salesianos. Surgiu como uma possibilidade, mas não mais do que um pensamento de menino, algo que guardei dentro de mim, e assim como veio foi embora, com o verão, as férias e o trabalho na fábrica. Certamente não era o meu plano nem mesmo naquele dia de primavera. O pensamento nem sequer tinha me atravessado quando entrei na igreja. Mas então caí do cavalo; tudo tinha mudado.

Não me encontrei com meus amigos na estação naquela tarde, como tínhamos combinado. Até disseram que eu iria me declarar a uma namorada na ocasião, mas não é verdade: isso é história. Ocorre que não fui à estação. Uma coisa importante havia acontecido e não era possível fingir que a vida seguiria normalmente. Eu não sabia que já tinha um compromisso, mas, como ainda sentiria muitas outras vezes, o Senhor nos antecipa. Na Argentina usamos uma expressão um tanto rústica que traduz bem a ideia: *nos primerea*. É como o ramo da amendoeira mencionado pelo profeta Jeremias, que é o primeiro a florir na primavera (Jr 1,11). Você pensa que O está procurando, mas Ele já te encontrou. Você peca e Ele está te esperando para perdoá-lo.

Já estava lá, e entendi isso com espanto.

Ajudei a amiga da minha mãe, voltei para almoçar em casa e não saí mais.

Antes, porém, do lado de fora do confessionário, me detive um instante para conversar com aquele homem, que devia ter uns cinquenta anos: nunca o vi antes, o senhor não é daqui, certo, padre? Ele me contou que se chamava Carlos Duarte Ibarra e que era de Corrientes, uma província a oitocentos quilômetros de Buenos Aires, perto da fronteira com o Brasil.

Não lhe disse mais nada, com certeza não o que tinha sentido naquele momento, nem mencionei a ninguém nos anos da escola secundária. Mas deixei passar uma semana e então, nos meses seguintes, continuei a visitar o sacerdote, às vezes junto com um bom amigo meu, Luigi Maria Canton. E com o padre Duarte comecei a falar, a cada encontro, sobre um pouco de tudo e também sobre o que tinha me acontecido.

Ele era da cidade de Santo Tomé, a pequena capital de 20 mil habitantes que foi fundada como missão jesuíta e que é unida à cidade brasileira de São Borja pela ponte da Integração, e agora vivia na casa do Clero de Flores porque estava tratando um câncer no hospital militar, onde era capelão. Estava com leucemia. Era um convertido; antes de se tornar padre tinha sido artista de teatro, e via-se que era um homem culto. Fomos juntos ao teatro, à ópera. Um dia ele me convidou para assistir a um filme de ambientação cristã, um colossal estadunidense que fora um grande sucesso naquele ano, *O manto sagrado*, com Richard Burton, e que depois veria novamente com vovó Rosa. Os nossos encontros, em suma, iam adiante, e continuávamos a conversar. Ele me tranquilizava, com grande respeito e humanidade.

Até que, posteriormente, sua doença se complicou, e no curso de pouco mais de um ano o padre Duarte morreu. Eu estava com ele no hospital quando aconteceu. Chorei de angústia como não me lembro de ter chorado antes. Era a primeira vez que vivia aquele tipo de desespero. Me senti completamente perdido, sozinho, abandonado, quase com medo de que Deus também tivesse me abandonado já que a única pessoa com quem havia compartilhado meus pensamentos se fora, um homem que me fazia sentir a misericórdia de Deus.

E, em vez disso, mais uma vez me vi diante da Sua misericórdia.

Vinte e um de setembro é o dia de são Mateus. O Venerável Beda, ao comentar a conversão de Mateus, diz que Jesus olhou Mateus, o publicano, *"miserando atque eligendo"*. Essa frase se tornaria o meu mote episcopal, e mais tarde papal; uma expressão que não pode ser traduzida literalmente porque um dos verbos não tem gerúndio. A tradução literal seria "misericordiando e escolhendo", quase como um trabalho artesanal, como fazia vovô Francisco em sua marcenaria na rua Bocayuva. "Ele misericordiou." Anos depois, recitando o breviário latino, quando descobri essa leitura, me dei conta de que o Senhor havia me modelado artesanalmente com a Sua misericórdia. Toda vez que vinha a Roma e me hospedava na Via della Scrofa, ia à igreja de São Luís dos Franceses para rezar diante do quadro *A vocação de são Mateus*, de Caravaggio, essa cena tão simbólica, com personagens contemporâneos à época do artista, e dominada por uma espessa penumbra, na qual irrompe um raio de luz branca.

Não estou querendo dizer com isso que aquele dia de setembro ficou fulminado como uma coisa cristalizada, definitiva. Foi mais como um tipo de pensamento que marca, mas que desaparece e depois volta, uma ideia forte na qual se intrometem certos mecanismos, absolutamente humanos, de defesa e repressão; algo que é arquivado e depois reassume uma forma, e volta, volta cada vez mais intenso.

Quando leio o episódio da conversão de Paulo, aquele da estrada para Damasco no dia da queda do cavalo, penso que para ele também foi assim. Não acredito que tenha entendido tudo de imediato: foi ao deserto, depois à Arábia, então regressou a Damasco... os processos humanos são lentos, precisam de tempo para amadurecer.

Voltei à escola, evidentemente. Levei a vida adiante e permaneci no mundo: as aulas, os amigos, os passeios, os acampamentos, o trabalho no laboratório, as atividades da Ação Católica, a paróquia. Não conversava com ninguém sobre minha vontade de me tornar padre. Vivi a experiência da solidão, uma solidão passiva, dessas em que se sofre sem motivo aparente, não por causa de uma crise nem de uma perda. No entanto eu tinha caído do cavalo e outra estrada havia se aberto.

Meu primeiro documento de identidade, aos dezoito anos.

Até nos momentos mais sombrios, mesmo nos momentos de pecado, senti que o Senhor não me abandonou; que — e é isto que significa etimologicamente a palavra "misericórdia" — abriu seu coração ao miserável. Para mim esta é a verdadeira identidade de Deus, a misericórdia. Sempre me impressionou a história de Israel como é contada na Bíblia, no capítulo 16 do livro de Ezequiel: compara Israel a uma menina recém-nascida, de quem não foi cortado o cordão umbilical, e que é deixada suja de sangue, abandonada. Deus a vê enquanto se debate em meio ao sangue, limpa-a, unge-a com óleo, veste-a, e quando cresce enfeita-a com seda e joias. Mas ela, arrebatada pela própria beleza, se prostitui, sem cobrar, pagando, aliás, ela mesma a seus amantes. Deus, porém, não se esquece de seu compromisso e a põe acima de suas irmãs mais velhas, para que Israel se lembre e se envergonhe (Ez 16,63), quando lhe será perdoado tudo o que fez.

Esta, para mim, é uma das maiores revelações: continuará a ser o povo eleito, seus pecados serão perdoados. Jesus disse que não veio pelos justos, mas pelos pecadores. Não pelos saudáveis, que não precisam de um médico, mas pelos doentes. É isto: a misericórdia é profundamente ligada à fidelidade de Deus. O Senhor é fiel porque não pode renegar a si mesmo. São Paulo explica isso muito bem na Segunda Carta a Timóteo (2,13): "Se lhe somos infiéis, ele permanece fiel, pois não pode renegar-se a si mesmo". Você pode renegar a Deus, você pode pecar contra Ele, mas Deus não pode renegar a si mesmo. Ele permanece fiel.

Eu me lembro dos meus pecados e me envergonho deles, mas mesmo nesses momentos o Senhor não me deixou sozinho: Ele nunca deixa ninguém sozinho.

Sou um pecador. Essa é a definição mais correta. Não é um modo de dizer, um artifício dialético, um gênero literário, uma pose teatral. Sou como Mateus no quadro de Caravaggio: um pecador ao qual o Senhor endereçou Seus olhos. E foi o que disse quando me perguntaram se aceitava a eleição para pontífice: "*Peccator sum, sed super misericordia et infinita patientia Domini nostri Jesu Christi confisus et in spiritu humilitatis accepto*".*

Quando algumas pessoas se surpreendem que eu tenha enfatizado esse conceito diversas vezes, eu que me surpreendo com a surpresa: sinto-me um pecador, tenho certeza de que o sou, sou um pecador a quem o Senhor olhou com misericórdia. Como disse ao me apresentar aos detentos da prisão de Palmasola, em minha viagem apostólica à Bolívia em 2015: o que vocês estão vendo é um homem perdoado. Um homem que é e foi salvo de seus muitos pecados.

Deus me olhou com misericórdia e me perdoou.

Ainda hoje cometo erros e pecados, e me confesso a cada quinze ou vinte dias. E se me confesso é porque preciso sentir que a misericórdia de Deus paira sobre mim.

É preciso confiar em Deus e na Sua misericórdia, que tem a força de nos transformar. Sempre. Deus perdoa com um afago, não com um decreto. Se o cristão quiser que tudo seja claro e seguro, não vai encontrar nada. A tradição e a memória do passado devem nos ajudar a ter a coragem de abrir novos espaços para Deus. "Somos a novidade", escreveu d. Mazzolari, "mesmo se carregamos 2 mil anos de história nas costas. O Evangelho é a novidade." Aqueles que hoje procuram sempre soluções disciplinares, que tendem de modo exagerado à "segurança" doutrinal, que buscam obstinada-

---

* "Sou pecador, mas confio na misericórdia e na paciência infinita de Nosso Senhor Jesus Cristo e aceito-a com espírito de humildade." (N. T.)

mente recuperar o passado perdido, têm uma visão estática e involutiva. Dessa maneira a fé se torna uma ideologia entre tantas outras, não uma experiência viva.

Eu tenho uma certeza dogmática: Deus está na vida de todas as pessoas, Deus está na vida de cada um. Mesmo que a vida da pessoa seja um desastre, destruída por vícios, por drogas ou por qualquer outra coisa, Deus está em sua vida. Ele pode e deve ser procurado em cada vida humana. Mesmo que seja um terreno cheio de espinhos e ervas daninhas, sempre existe um espaço onde a boa semente pode crescer. E Deus não se limita a acalmar no nível psicológico, não é um ansiolítico. Faz muito mais: nos oferece a esperança em uma vida nova. A pessoa não fica aprisionada no passado, qualquer que seja, mas começa a olhar o hoje de uma forma diferente.

Somos todos pecadores. Se eu dissesse que não sou, seria o mais corrupto de todos. Na oração a Maria a chamamos de mãe de "nós pecadores", e assim é. Mas não dos corruptos. Ela não pode ser mãe dos corruptos. Porque os corruptos vendem a mãe, vendem o pertencimento a uma família, a um povo. Fazem uma escolha egoísta, satânica, eu diria: trancam à chave a porta pelo lado de dentro. Eles se fecham e dão duas voltas na chave. O corrupto não se reconhece como pecador, não tem humildade para isso, nunca teve, não assimila a culpa. A incapacidade de sentir-se em culpa é uma doença grave e generalizada, sobretudo no nosso tempo. Uma doença que assusta. Mateus, o publicano que Cristo transformou em apóstolo ao mudar-lhe o coração e o nome, era um traidor da pátria e um pecador, mas não um corrupto. Ele não havia fechado a porta por completo. Basta uma fresta para que Deus possa entrar; no meu caso, Ele assim o fez com Sua misericórdia.

12. Devoram meu povo como se comessem pão

Os estudos continuaram, e com eles, toda manhã, o trabalho no laboratório. Eu gostava. Minha chefe era uma grande mulher, Esther Ballestrino de Careaga, médica bioquímica farmacêutica que, entre alambiques, reagentes e microscópios, me ensinou não só a cultura do trabalho como também a meticulosidade que imprescindivelmente deveria alcançar. Ela suspeitava da pressa com que às vezes eu lhe levava os resultados de uma análise: mas você também fez aquele outro teste? Respondia que não via necessidade porque todos os outros feitos antes predeterminavam que o resultado seria aquele. Mas não está certo, ela replicava: a escrupulosidade e a precisão são tudo no nosso trabalho. As razões da ciência são sustentadas pela experiência empírica.

Essa mulher magnífica foi além: me ensinou a pensar. A pensar sobre política, a bem dizer.

Nasceu em 1918 em Encarnación, no Paraguai. Diplomou-se professora e se formou, tornando-se também ativista do Partido Revolucionário Febrerista, do Movimento Feminino Febrerista de Emancipación e dos trabalhadores rurais. Marxista, na mira das autoridades e dos latifundiários, e por isso perseguida durante a ditadura de Morínigo, escolheu se exilar na Argentina, onde se casou e teve três filhas, com as quais ainda mantenho contato.

Quando nos conhecemos, ela estava com 35 anos e eu ainda não havia completado dezessete; eram os anos do conhecido caso Rosenberg, o casal de judeus americanos condenado à morte nos Estados Unidos. Presos em pleno macarthismo, foram considerados culpados de ter entregado à União Soviética documentos relativos ao projeto da bomba atômica ao fim de um julgamento confuso, agitado e controverso. O caso envolveu profundamente a opinião pública mundial, tendo sido lançada uma campanha com numerosos apelos internacionais pela concessão da graça, apoiada por intelectuais e artistas como Dashiell Hammett, Bertolt Brecht, Pablo Picasso, Frida Kahlo, Jean-Paul Sartre, Albert Einstein e até mesmo pelo papa Pio XII. Foi inútil. No fim o casal foi enviado à cadeira elétrica na prisão de Sing Sing. Foi um dos primeiros assuntos de debate com Esther; ela me falava a respeito, me transmitia sua visão de ativista.

Ela me recomendou livros, me incentivava a ampliar meu conhecimento com outras leituras. Naqueles anos a *unidad básica peronista*, assim como o comitê radical e a sede socialista, eram ambientes de cultura política, muito incentivada. Eu gostava de ir a esses lugares. Também costumava ler *La Vanguardia*, a revista distribuída pela rua por militantes socialistas. E lia o jornal comunista *Nuestra Palabra* quando Esther me trazia um exemplar. Não concordava com tudo mas conversava com ela e me punha a pensar. Era uma mulher respeitosa, de forma alguma fanática, e com um grande senso de humor. Eu também me interessava pela arte social e pelo trabalho cultural e político do Teatro del Pueblo de Leónidas Barletta, cujas peças eram encenadas na estação Diagonal Norte.

Certa vez comentei que os comunistas roubaram nossa bandeira porque a bandeira dos pobres é cristã, o que é a mais pura verdade: o Evangelho, capítulo 25 de Mateus, protocolo sob o qual seremos julgados, é muito anterior a Lênin. Em todos os sentidos.

Quem acredita em Deus, quem acredita em Jesus Cristo e no seu Evangelho, sabe que o coração do Evangelho é o anúncio aos pobres. Basta ler. Jesus é extremamente claro quando diz de si mesmo: "Porque ele me consagrou pela unção para evangelizar os pobres; enviou-me para proclamar a libertação aos presos e aos cegos a recuperação da vista, para restituir a liberdade aos oprimidos [...]" (Lc 4,18). Aos pobres. Aqueles que precisam de salvação, que precisam ser acolhidos na sociedade. Ao ler o Evangelho, vemos que Jesus preferia os marginalizados: os leprosos, as viúvas, as crianças órfãs... e também os pecadores... E este é o meu consolo. Até porque o pecado também é uma pobreza a ser redimida; uma escravidão a ser alforriada.

Eu vinha de uma família radical: meu avô materno foi um "radical de 90", o grupo que deu vida à chamada Revolução do Parque, que no fim do século XIX provocou a deposição do presidente Miguel Juárez Celman. De certo modo também uma família elitista, mesmo que de forma um tanto incoerente, porque não éramos de fato ricos: apenas pobres que tinham subido no elevador social até a classe média, e em alguns momentos clamorosamente voltado para baixo. Em 1946, enquanto na Itália, para a alegria de vovô Giovanni, votava-se contra a monarquia e a República era instituída, na Argentina começava a longa, complexa e multiforme experiência do peronismo. E toda a minha família era antiperonista. O vice de Juan Domingo Perón se chamava Hortensio Quijano, e quando éramos crianças nos ensinaram a cantar: *"Perón, Quijano dos chanchos de la mano"*.*

Alguns anos mais tarde, quando entrei na adolescência, comecei a sentir curiosidade pelas reformas sociais que Perón vinha realizando, e passei a ter certa simpatia por elas. Lembro-me, devia ter uns quinze anos, de um almoço de domingo na casa de meus avós maternos: um tio meu estava lá, tio Guillermo, que era empresário, um homem bom, marido da tia Catalina, e ele falava, falava, falava mal de Perón, e não parava de falar. Então me cansei de ouvir aquele disco riscado e me irritei: você não tem direito, eu lhe disse; você é rico, não sabe nada dos pobres, dos problemas e dos sofrimentos dos pobres! Além do mais, ele não gostava de Evita: é uma mulher de vida fácil, dizia, porque tinha sido atriz de cinema. E eu: mas ajuda os pobres, e você ajuda os pobres?! Insultos foram trocados, a discussão degringolou. Até que peguei a torneira e espirrei água na cara dele. Minha tia me levou para fora e então, é necessário esclarecer, a poeira baixou. Depois pedi desculpas, naturalmente. Mas aquilo foi uma espécie de batismo público da minha paixão política, mesmo que a água não tenha respingado em mim. De fato, na primeira formulação da doutrina peronista existe uma ligação com a doutrina social da Igreja. E Perón entregava ao monsenhor Nicolás de Carlo, naquele tempo bispo de Resistencia, no Chaco, seus discursos para que os lesse e lhe dissesse se estavam de acordo com a doutrina.

---

* Em tradução literal, algo como: "Perón, Quijano, os dois de mãos sujas", numa clara referência à desonestidade. (N. T.)

Sempre fui um inquieto da política, sempre. Na ex-Iugoslávia se dizia que "com dois eslovenos se forma um coro, com dois croatas, um parlamento e com dois sérvios, um exército". Na Argentina, a cada duas pessoas se forma um conflito interno.

Acima de tudo, aquela foi a minha primeira reação declarada em defesa dos pobres. Uma tensão, uma parte do social que mais tarde procurei e reencontrei cada vez mais na Igreja, na sua doutrina que nos convida a lutar contra todas as formas de injustiça sem nos deixarmos levar nem pela colonização ideológica nem pela cultura da indiferença.

Esther Ballestrino de Careaga era uma mulher extraordinária; eu a admirava muito. Quando começou a *guerra sucia*, o violento programa de repressão que fez estourar no país todo tipo de dissenso no ambiente cultural, político, social, sindical e universitário, o cerco ao seu redor começou a se fechar. Depois do golpe de Jorge Rafael Videla e dos generais, de 24 de março de 1976, Esther solicitou ao Alto-Comissariado das Nações Unidas o reconhecimento da sua condição de refugiada, mas nem isso bastou para protegê-la: sua casa foi revistada muitas vezes, e seus familiares foram presos.

Em 13 de setembro de 1976, seu genro Manuel Carlos Cuevas, marido de sua filha Mabel, foi sequestrado. Em 13 de junho de 1977, sua filha Ana Maria foi presa: tinha apenas dezesseis anos e estava grávida de três meses. No mês seguinte, Esther foi à redação do *Buenos Aires Herald* para denunciar a prisão e o desaparecimento, e todos disseram que ficaram impressionados com o olhar firme e a autoridade com que aquela mulher falava. Um olhar e uma autoridade que eu conhecia muito bem. Em outubro, depois de quatro meses de horrores, Ana Maria voltou para casa. Tinha ficado presa no Club Atlético, um galpão de abastecimento da polícia que foi transformado em um campo de detenção clandestino. Contou que ficou acorrentada junto com outros prisioneiros, enquanto alto-falantes transmitiam hinos nazistas e discursos de Hitler no último volume para encobrir os gritos dos seviciados. Relatou que foi encapuzada, despida, espancada, que davam choques elétricos em seu corpo, que foi pendurada pelas pernas e pelos braços, que teve o rosto sufocado com sacos de plástico, que foi queimada com cigarros. Depois dos primeiros dias foi mantida em um corredor, algemada e encapuzada. O estupro era parte da rotina, mas Ana Maria conseguiu escapar desse suplício graças a um golpe do acaso: quando os carcereiros tiraram suas roupas, viram que ela estava com uma micose. O que você tem aí?, perguntaram-lhe. A jovem não levantou o olhar. Mas era esperta. Tenho vergonha de dizer, respondeu. O que você tem?, gritaram: fale! Lepra, ela disse, então, com uma voz fraca. Você é leprosa? Sim, ela confirmou. Acorrentaram-na de volta.

No entanto, do cunhado, levado meses antes, não foram encontrados vestígios. É um entre os 30 mil "desaparecidos" argentinos.

Foi depois da libertação da filha que Esther me procurou. Naquele tempo, eu era provincial dos jesuítas e lecionava no Colégio Máximo de San Miguel de Córdoba. Ela me telefonou e disse: "Minha sogra está doente, está muito mal e quero que você lhe dê a extrema-unção. Pode passar na minha casa?". Não eram religiosos, embora a sogra fosse até bastante devota, mas de todo modo aquilo me pareceu estranho. Entendi que não era esse o motivo e fui até lá num furgãozinho. Assim que cheguei, Esther me revelou a verdadeira razão da urgência: tinha uma biblioteca completa de obras que havia lido, folheado, sublinhado, apreciado e estudado, textos de sociologia, de política, muitos livros marxistas. E que agora podiam aumentar seus problemas, já que estava sendo vigiada. Ela me perguntou se eu teria um lugar para esconder e guardar sua biblioteca, e eu disse que sim. Carregamos tudo na *camioneta* e os levei ao depósito do Colégio Máximo.

Esther levou a sogra idosa e as três filhas primeiro para o Brasil e então para a Suíça, onde Ana Maria teria sua filha em segurança. As jovens pediram à mãe que ficasse com elas no exílio, mas Esther se recusou. Quem pôde conhecer essa mulher incrível não se surpreendeu: "Vou ficar até que todos sejam encontrados, porque todos os 'desaparecidos' são meus filhos". Participou das reuniões das Mães da Praça de Maio desde o começo, e desde o primeiro instante colaborou com as associações das famílias dos presos políticos e dos "desaparecidos".

Em 8 de dezembro de 1977 Esther foi sequestrada por funcionários da polícia política em frente à igreja de Santa Cruz. Tinha 59 anos. Nenhuma das pessoas que a amavam jamais tornou a vê-la viva.

Encontrei duas das filhas de Esther, Ana Maria e Mabel, na Nunciatura de Assunção, no Paraguai, no decurso da minha viagem apostólica de julho de 2015. Depois de 1977, mantive uma relação epistolar com o pai delas, Raymundo Careaga, até sua morte. Ele voltou para o Paraguai em 1984, sob o regime ditatorial do general Alfredo Stroessner, e para que pudéssemos nos corresponder usava um nome falso, Nahir Leal.

Nos abraçamos. "Nossos jovens estão fazendo barulho, você também está", disseram-me. Respondi que para continuar assim precisaria sempre da ajuda delas. Deram-me de presente uma fotografia de Esther no laboratório Hickethier-Backman, ao lado dos funcionários, e entre eles, de jaleco branco, lá estava eu com minha cara de menino, o jovem Jorge. Junto com a fotografia, me deram um texto poético de Galeano:

> As mães da Praça de Maio, mulheres paridas por seus filhos, são o coro grego desta tragédia...
> — Acordo e sinto que está vivo — diz uma, dizem todas. — Vou-me esvaziando enquanto avança a manhã. Morre ao meio-dia. Ressuscita de tarde. Então torno a acreditar que chegará, e de noite caio dormindo sem esperança. Acordo e sinto que está vivo...
> São chamadas de loucas. Não se fala delas. Normalizada a situação, o dólar está barato e certa gente também. Os poetas loucos vão para a morte e os poetas normais beijam a espada e cometem elogios e silêncios. Com toda normalidade o ministro da Economia caça leões e girafas nas selvas africanas e os generais caçam trabalhadores nos subúrbios de Buenos Aires. Novas normas de linguagem obrigam a imprensa a chamar a ditadura militar de Processo de Reorganização Nacional.

A terceira filha ainda mora na Suíça. Tem o nome da mãe.

Muito tempo depois, seria descoberto um novo aspecto da operação que envolveu o sequestro de Esther: havia um espião, que conseguiu conquistar a confiança das famílias e dos ativistas que se reuniam na igreja de Santa Cruz. Chamavam-no de Gustavo Niño, o anjo, loiro, olhos azuis, que sempre falava sobre um irmão que também tinha desaparecido sabe-se lá em qual açougue dos militares. Às vezes se confessava com as próprias freiras.

Na verdade, se chamava Alfredo Astiz e era oficial da Marinha argentina. Um beijo na bochecha era o sinal convencionado para marcar as pessoas que seriam sequestradas. Junto com Esther, todo o grupo de Santa Cruz foi levado em dois dias: estavam com ela Azucena Villaflor e María Ponce, duas fundadoras das Mães da Praça de Maio, e duas freiras francesas das missões estrangeiras Notre-Dame de la Motte, Alice Domon, conhecida como irmã Caty, e Léonie Duquet, que tinham sido enviadas para trabalhar nas *villas miserias* de Buenos Aires. Uma sobrinha da irmã Léonie, a irmã Geneviève Jeanningros, das Pequenas Irmãs de Jesus, com quem mantive contato, vive há mais de cinquenta anos em um trailer num parque de diversões de Roma, que já visitei duas vezes como papa: um fogãozinho, muitos livros, papéis espalhados, um colchão fino no chão; uma discípula do Evangelho entre feirantes e artistas circenses.

Naqueles dias, o grupo preparava uma petição com o nome de muitos "desaparecidos" e solicitando ao governo que divulgasse os locais de detenção. A petição foi publicada no *La Nación* em 10 de dezembro de 1977, o mesmo dia do desaparecimento das duas freiras. Entre os signatários figurava o suposto Gustavo Niño. Ele seria condenado à pena de morte 34 anos depois.

Tentei de todas as maneiras obter informações, bem como em diversas outras situações, à medida que a gravidade do que estava acontecendo começava a emergir: por Esther, pelas duas freiras francesas, assim como por outro conhecido meu que também foi levado pela delação do falso Gustavo Niño. Chamava-se Remo Carlos Berardo: pintor, idealista, um rapaz excelente. Cresceu no *barrio* La Boca, onde todos o conheciam. Tinha cinco irmãos. Um deles, Amado, o mais novo, funcionário de um banco, desaparecera cinco meses antes: trabalhava com padre Carlos Mugica, assassinado com cinco tiros em 11 de maio de 1974 na frente da igreja portenha de San Francisco Solano, na *villa* 31, onde tinha acabado de celebrar a missa. Remo passara a frequentar o grupo de Santa Cruz em busca do irmão.

Mas todos tinham desaparecido.

Anos depois, testemunhas afirmaram que Esther, junto com as outras duas mães e as freiras francesas, passou dez dias de torturas desumanas no setor Capucha da ESMA, a Escuela de Mecánica de la Armada, atroz centro de detenção localizado em pleno centro de Buenos Aires. Em 17 ou 18 de dezembro as mulheres foram sedadas, levadas em um avião da Marinha e jogadas ao mar, vivas, próximo à costa de Santa Teresita, a duzentos quilômetros da capital, em um dos muitos voos da morte, uma prática criminosa habitual da ditadura. A morte se deu em decorrência do choque.

Batia-se em todas as portas, com raiva, dor, frenesi e grande frustração entre mentiras e pistas falsas.

Tentei de tudo por meio de dois sacerdotes jesuítas que haviam sido presos e detidos por quase cinco meses, o padre Orlando Yorio e o padre Franz Jalics. Até mesmo celebrei uma missa para Videla. Após um primeiro encontro formal e inconclusivo, no qual o general fez anotações e me disse que "iria investigar", percebi que precisava tentar outros caminhos. Quaisquer que fossem. Consegui descobrir qual capelão celebraria a missa na casa do comandante responsável, na qual estaria presente toda a família Videla, e lhe pedi: diga que está doente. Fui em seu lugar e depois da função solicitei resolutamente que Videla fizesse algo a respeito. E quando, em Flores, começou a circular o boato de que os dois sacerdotes haviam sido sequestrados por uma força--tarefa da Marinha, me dirigi duas vezes à casa de Emilio Massera, o almirante-chefe, para questioná-lo e agilizar a situação. Pediam tempo, negavam, faziam rodeios. Ao sair, furioso, bradei: quero que voltem vivos!

Por fim, e por sorte, voltaram.

Mas houve milhares de assassinatos, torturas, desaparecimentos. "Devoram meu povo como se comessem pão", diz o salmista (Sl 14,4). Estava-se muito perto de um fim como esse; a delação tinha sido institucionalizada pelo regime.

Foram anos terríveis, e de enorme tensão também para mim: transportar pessoas escondidas pelos postos de bloqueio na região do Campo de Mayo, ter suas vidas sob meus cuidados, resguardá-las. Ou, do mesmo modo, planejar a fuga de um jovem que me foi confiado por um sacerdote uruguaio porque corria risco em seu país.

Ele chegou a Buenos Aires de avião, com documentos falsos, e fui buscá-lo com meu carro. Pedi que se deitasse atrás, no espaço entre os bancos, cobri-o bem com uma coberta grossa e, escapando de três diferentes controles, dirigi até San Miguel. Assim que chegamos ao Colégio Máximo, falei que tirasse a aliança que usava no dedo, porque o rapaz já era casado, e o apresentei como um jovem que viera fazer os exercícios espirituais para avaliar a opção do sacerdócio: era prudente que ninguém mais fosse envolvido. Ficou lá uma semana, enquanto sua fuga para o Brasil era organizada.

Certa manhã, bem cedo, vesti-o de padre, entreguei-lhe um documento meu de identidade, porque o rapaz se parecia um pouco comigo, e o levei ao Aeroparque Newbery, onde o aguardava um voo para Foz do Iguaçu, a cidade brasileira do outro lado da fronteira. Sabia muito bem que teria sido assassinado se fosse descoberto, e que viriam atrás de mim em seguida. Deu tudo certo, graças a Deus: o rapaz foi salvo, esperou no Brasil que a ditadura acabasse e enfim pôde voltar para sua terra. Ainda está vivo e me escreveu no Vaticano.

Eram, contudo, situações emocionalmente difíceis de enfrentar. Por quase um ano uma psiquiatra me ajudou bastante com isso; era uma mulher judia muito sábia e preparada, que me ajudava a ler as provas de psicologia dos seminaristas. Eu a encontrava uma vez por semana, e suas indicações me foram muito úteis. Ainda me lembro delas, e até hoje me oferecem ensinamentos.

Embora mesmo a Igreja, naqueles anos de trevas, não estivesse a salvo das sombras — e foi por isso que, em nome de uma memória plena e íntegra, como pontífice, determinei a abertura dos arquivos do Vaticano da primeira e da segunda Seção da Secretaria de Estado e da Nunciatura de Buenos Aires —, muitos sacerdotes foram assassinados durante a ditatura. Até mesmo bispos. Um deles foi o monsenhor Enrique Angelelli, também filho de imigrantes italianos. Eu o conhecia bem porque tínhamos missionários jesuítas na diocese andina de La Rioja, da qual ele era o prelado. Pronunciou sermões em nosso retiro espiritual de 1973, poucas semanas antes de ser eleito provincial. Quando cheguei a La Rioja, acompanhado do padre Arrupe, encontramos uma igreja acossada, alvejada por pedradas, mas inteira: povo e pastor juntos.

Nessa ocasião ele deu a todos nós um conselho que cultivei vida afora como uma semente preciosa: "Um ouvido para escutar a Palavra de Deus e um ouvido para escutar o povo", disse. Três anos depois, enviou três seminaristas para estudar comigo em San Miguel, porque corriam riscos, e os acolhi. Com eles desenvolvi um laço de amizade que perdurou ao longo dos anos; um agora é bispo auxiliar em Santiago del Estero e os outros dois são párocos em suas dioceses. Nos dois anos seguintes, muitos outros jovens fizeram o mesmo percurso, sempre apresentados como participantes de um retiro espiritual ou estudantes.

Angelelli era um grande pastor, um homem de Deus, de oração, de imensa liberdade e de um amor maior ainda. Com o estímulo do Vaticano II deu um novo e corajoso impulso à sua diocese, denunciando a usura, as drogas, as casas de apostas e outras diversas formas de exploração por parte dos poderosos e dos latifundiários: "Não posso pregar a resignação. Deus não quer homens e mulheres resignados", dizia. Foi ameaçado muitas vezes, até pouco antes da sua morte, mas não se calou: "Claro que tenho medo, mas não podemos esconder o Evangelho debaixo da cama", confidenciou à família.

Foi brutalmente assassinado em 4 de agosto de 1976, quando voltava de El Chamical, onde celebrara uma missa em memória de dois padres e de um leigo que foram alguns de seus colaboradores mais próximos, os três executados — os cadáveres dos sacerdotes haviam sido encontrados poucos dias antes, crivados de balas, com terríveis sinais de tortura, os olhos vendados, mãos e pés amarrados. Bateram várias vezes no Fiat 125 de Angelelli até capotar; o sacerdote que o acompanhava, padre Arturo Pinto, só se salvou porque pensaram que tinha morrido. Embora a polícia, primeiro, e a magistratura, depois, apressadamente arquivassem o caso como um simples acidente, e uma condenação de morte para os dois altos oficiais do Exército que alguém viu desferir o disparo na cabeça do bispo só viesse a se concretizar 38 anos depois, todos entendemos de imediato o que realmente tinha acontecido.

* * *

Cada história escondia um drama. Cada drama contava uma história. Às vezes, com um final feliz.

Como a de um caríssimo amigo meu, Sergio Gobulin, um italiano que chegou a Buenos Aires aos quatro anos, foi seminarista e depois se casou. Assim que concluiu os estudos, se mudou para a *villa* de Mitre, em San Miguel, para ajudar os pobres, não muito distante do colégio interno dos jesuítas onde leigos também podiam estudar. Fui visitá-lo lá, em sua casa de chão de terra batida. E quando, em 1975, decidiu se casar com Ana, uma professora que conheceu no bairro, fui eu que celebrei o casamento. No ano seguinte, os militares vieram sequestrá-los. Ana escapou porque não estava em casa com a filha de poucos meses. Sergio foi levado enquanto construía com as próprias mãos uma rede hídrica, auxiliado pelos moradores da comunidade.

Diziam que estava detido em uma área sob alçada da Aeronáutica. Procurei o chefe da base aérea: parecia constrangido, tergiversava. Por fim eu lhe disse: o sangue desse homem vai te levar para o inferno. Em seguida, descrevi o inferno. Era um bom sujeito no fundo, o que chamamos de um "bom diabo". Dois dias depois me informou que meu amigo era inocente e seria solto naquela mesma noite. Mas havia um problema: não tinham vendado os olhos de Sergio e ele viu tudo e todos. Era preciso assassiná-lo, diziam.

Seguiram-se dias de angústia e desespero. Por fim foi liberado. Vendaram-no e o deixaram na rua, a um quilômetro de sua casa. Estava em um estado lastimável, espancado, cheio de feridas, físicas e psicológicas. Ele me contou depois que o torturaram por dezoito dias. Sua esposa foi avisada e consegui uma autorização para que Sergio fosse internado no Hospital Italiano, junto com ela e a criança pequena. Em seguida liguei imediatamente para o consulado e solicitei que lhe fosse concedido asilo político. Precisavam partir, mesmo que não quisessem, para não ter o mesmo fim dos outros "desaparecidos". Pouco depois, foram para a Itália de navio.

Sergio vive em Pordenone com a esposa, e até hoje mantemos contato. Uma vez, por telefone, ele me disse que, depois que fui eleito papa, não sabia mais como me chamar. Mas no cartório ninguém mudou meu nome, falei.

Em julho de 2005 uma equipe médica anunciou a identificação dos restos mortais de cinco mulheres do grupo sequestrado entre 8 e 10 de dezembro de 1977, enterradas às pressas, com a inscrição NN. Seus nomes: Azucena Villaflor, María Ponce de Bianco, Angela Auad, irmã Léonie Duquet e Esther Ballestrino de Careaga, grande mulher e boa amiga. O mar devolveu os corpos. Naquele momento eu era cardeal e me empenhei para que fossem sepultadas no jardim da igreja de Santa Cruz, onde se reuniam.

A uma mãe que sofreu o que sofreram as mães da Praça de Maio, eu permito tudo. Pode dizer o que quiser. Porque a dor de uma dessas mães não pode ser mensurada. "Nem ao menos ver o corpo do meu filho, seus ossos, saber onde foi sepultado, onde o jogaram..." O desespero de uma mãe da Praça de Maio é terrível, é uma memória física, de carne e osso. Vez ou outra perguntam: "Mas onde estava a Igreja nessa hora?". Eu fico quieto e a seu lado. Devemos ficar ao lado delas e respeitar essa dor, tomá-la nas mãos. Bem como a dos filhos.

Esther com as três filhas: uma grande e corajosa amiga.

Ana Maria Careaga, filha daquela grande batalhadora que lutou ao lado de tantas outras mães que perderam os filhos, ou que abriram seu coração ao drama de outras mães, hoje é diretora do Instituto de Direitos Humanos da Universidade Atlântida e lidera uma investigação sobre desaparecidos no departamento de La Costa. A bebê que levava na barriga quando foi sequestrada, Anita, veio me encontrar no Vaticano em agosto de 2024. É uma mulher agora. Não se renda, eu disse, mantenha a memória viva, a lembrança daquilo que vocês receberam, não só as ideias, mas também as testemunhas. Como sua mãe, como sua avó, cujo rosto se destaca num retrato que tenho pendurado no meu pequeno apartamento em Santa Marta, como outras mães da Praça de Maio que mostraram o caminho, continue a lutar pela justiça. Tenho certeza de que, além do reconhecimento de toda a humanidade, Deus zela com especial atenção por elas, todas elas, porque são combatentes. Rezo por elas, rezo por todos os homens e todas as mulheres de boa vontade que se empenham e lutam para construir um projeto de justiça e fraternidade.

Em 8 de junho de 2018 assinei o decreto de beatificação do monsenhor Angelelli, do padre Carlos de Dios Murias (um jovem cheio de vida da Ordem dos Franciscanos Conventuais), do sacerdote francês Gabriel Longueville e de Wenceslao Pedernera, catequista e organizador do Movimento Rural Católico. Ele foi atacado em casa, na frente da esposa e das filhas, por quatro encapuzados que bateram à sua porta, e liquidado com vinte disparos de arma de fogo: morreu no hospital perdoando seus assassinos. Perseguidos por promoverem a justiça e a caridade evangélica e assassinados pela ditadura movida pelo ódio à fé, os quatro mártires de El Chamical seriam agraciados juntos com as honrarias dos altares em abril do ano seguinte. Quem pensava em celebrar com o sangue deles o próprio triunfo, na verdade assistiu à própria derrota.

Os restos mortais de Alice Domon, a irmã Caty, até hoje não foram identificados.

Tinha trinta anos quando foi para a Argentina se dedicar aos cuidados e à catequese de crianças com deficiência. Junto com a freira Léonie, foi apresentada a Videla, na época ainda não general, que precisava de assistência para o filho Alejandro, que sofria de epilepsia e deficiência intelectual. O menino foi cuidado pelas duas freiras na Casa de la Caridad de Morón.

Nunca a encontraram.

13. Ninguém se salva sozinho

Enfim nos formamos. Em dezembro de 1955 a classe concluiu com sucesso os cursos e organizou um grande baile de despedida. O trabalho no laboratório também tinha acabado. O momento de decidir veio junto com o verão, e eu não sabia muito bem como abordar a questão com meus pais. Principalmente com minha mãe, que tinha certeza de que eu iria à universidade e me tornaria médico.

Não precisei tomar a iniciativa; ela mesma trouxe o assunto à tona. Certo dia de novembro, ela foi até o sótão, onde eu havia me instalado para conseguir estudar com mais tranquilidade, longe do caos do quarto que dividia com meus irmãos. Ela não tinha ido arrumar: nós, os próprios filhos, éramos responsáveis por essa tarefa. Foi guiada por uma intuição, curiosa, com a suspeita de alguma coisa que não conseguia compreender completamente, que lhe escapava e que talvez aquele sótão pudesse nomear. Encontrou um cômodo cheio de livros, e muitos deles não eram o que esperava: textos de teologia, principalmente, alguns em latim.

Estava me esperando quando cheguei em casa. Não parecia contente. "Você não dizia que queria ser médico?", perguntou. Respondi que estava pensando também em outra coisa.

Que ainda considerava ser médico, mas de almas. Essa resposta tampouco a deixou satisfeita. Queria que eu cursasse a universidade: primeiro você se forma e depois decide o que quer fazer, ela disse. Não foi uma briga, mas uma discussão franca e dura. Ainda assim ela não mudaria de ideia. A ponto de não me acompanhar ao seminário diocesano, nem de estar presente no dia da minha investidura de seminarista.

Não posso dizer que nossa relação tenha se tornado particularmente tensa, nem, claro, que eu havia deixado de ser um dos cinco dedos da sua mão: era apenas o seu jeito de dizer que não estava de acordo, fosse em relação à forma ou ao momento. De todo modo, eu tinha a liberdade de escolher por mim mesmo. Não brigávamos, mas só nos víamos quando eu voltava para casa: minha mãe nunca foi ao seminário. Ela enfim me acompanharia, junto com meu pai, quando fui a Córdoba e entrei para a Companhia de Jesus. Ainda assim, no início manteve suas ressalvas.

Com papai as coisas foram mais simples: ele disse que estava feliz por mim se eu realmente achava que aquele era o meu caminho. Mas era preciso que todos estivessem de acordo. Fui, então, procurar o padre Pozzoli e lhe contei tudo. Ele examinou minha vocação, me disse que rezasse e deixasse tudo nas mãos de Deus e me concedeu a bênção de Maria Auxiliadora.

Algumas semanas depois, alguém em casa teve a ideia que poderia pôr fim àquele impasse: por que não conversamos com o padre Pozzoli? Era o pai espiritual da família, o sacerdote que dezenove anos antes tinha me batizado... e eu, com a cara mais feliz do mundo, disse: claro, vamos.

Era 12 de dezembro de 1955, papai e mamãe comemoravam vinte anos de casados. Primeiro houve a celebração da missa em San José de Flores, só eles dois e nós, os cinco filhos, conduzida pelo padre Pozzoli. Depois fomos todos juntos tomar café da manhã na confeitaria La Perla de Flores, na avenida Rivadavia, no cruzamento com a Rivera Indarte, a meio quarteirão de distância da basílica. Papai também tinha convidado o padre Pozzoli, que, sabendo bem aonde queríamos chegar, aceitou sem hesitar.

Na metade do festejo, o prato principal da minha vocação é servido à mesa. Padre Pozzoli começa, cauteloso: claro que a universidade é uma ótima ideia, a universidade é sempre importante, mas é verdade também que as coisas seguem os desígnios de Deus... E, sem assumir um partido, passa a narrar diversas histórias de vocação, para ao fim concluir com a sua. Conta como em pouquíssimos anos se tornou subdiácono, depois diácono e sacerdote. E como essa escolha lhe trouxe muitas coisas que ele não esperava... Não finalizou recomendando a meus pais que me deixassem ir para o seminário, nem exigindo uma resposta deles. Não seria do seu feitio. Limitou-se a clarear as mentes e a suavizar os corações. *"Una de cal y otra de arena"*,* como se diz. E o resto apenas aconteceu.

Entrei no seminário diocesano Inmaculada Concepción de Villa Devoto no início de 1956. Não antes de contar às minhas avós, evidentemente.

"Sempre soube que você não se conformaria com uma vida medíocre, que tinha as ambições corretas", foram as palavras de vovó Maria. E me lembrou de uma vez que, muito

---

* Em tradução literal, "Uma de cal, outra de areia": expressão comum em espanhol para designar a alternância de pontos diversos ou contrários a fim de contemporizar uma questão. (N. T.)

Jovem seminarista em Villa Devoto.

pequeno, queria ler a todo custo um livro de Giosuè Carducci que tinha encontrado na biblioteca de papai: "Mesmo com dificuldade para entender, você não desistia".

Vovó Rosa, que embora já estivesse a par de tudo fingia nada saber, ficou muito feliz: "É boa coisa se ouviu Deus te chamar". Disse ainda que eu não esquecesse que a porta de casa estaria sempre aberta, mesmo se decidisse voltar atrás.

Como a vida no colégio interno, a vida no seminário era também uma completa imersão, um mundo: envolvia estudo — Juan Carlos Scannone, jesuíta, um dos maiores expoentes da teologia do povo, foi meu professor de grego e literatura —, celebrações eucarísticas, orações e jogar bola. Como internos, vivíamos em comunidade, e saíamos só nos fins de semana. Logo fui nomeado encarregado dos alunos mais novos, que entravam aos doze anos.

Gostava do seminário, no entanto o deixei. Ou melhor, fui levado embora de lá: sobre uma maca, à beira da morte. "Com o pé na cova", como se diz.

Em agosto de 1957, o instituto foi atingido por uma epidemia de gripe, a influenza asiática, que causou milhões de mortes em todo o mundo. Todos caímos de cama. Mas enquanto meus colegas se recuperam em quatro ou cinco dias, eu pioro cada vez mais. Uma febre altíssima, que não me deixa. O médico do instituto, que nós, seminaristas, convenientemente chamávamos de "Animal", só ministrava três tratamentos: laxante, para qualquer dor de barriga; tintura de iodo, para qualquer tipo de ferida; e aspirina, para todo o resto. O enfermeiro, um ex-ferroviário que dirigia locomotivas a vapor, estava plenamente de acordo com essas prescrições e essas posologias. Nesses dias meus avós paternos se preparavam para comemorar bodas de ouro, o aniversário de cinquenta anos de casamento, em 20 de agosto, mas eu não poderia participar da festa.

Foi o prefeito, um jovem sacerdote ordenado dois anos antes, que enfim tomou as rédeas da situação: "Vou te levar para um hospital", decidiu. Fui internado na emergência do Sírio-Libanês de *villa* Pueyrredón. Se vim ao mundo foi por causa de um navio perdido, o *Mafalda*. Mas se sobrevivi devo isso a uma freira.

Cornelia Caraglio, superiora das freiras do hospital, uma dominicana, assumiu meus cuidados. Cair em suas mãos foi uma verdadeira bênção. Era uma mulher madura, culta, que tinha sido professora na Grécia, e imediatamente se deu conta da gravidade da situação: chamou um especialista e logo me tiraram um litro e meio de água da pleura. Teve início então uma lenta e inconstante recuperação, no limiar entre a vida e a morte.

Para fazer uma endoscopia nos meus pulmões e evitar reflexos cardíacos, me encheram de morfina: o mundo parecia todo torto, as pessoas em tamanho miniatura; foi uma péssima experiência, uma parte daquele pesadelo. Sentia que minha condição era realmente grave; abracei minha mãe, que estava na cabeceira da cama: "Mamãe, me diga a verdade, o que eu tenho? O que está acontecendo?". Entendi que as palavras que me diziam eram piedosas mentiras.

Nesse hospital da comunidade libanesa havia médicos muito bons: o dr. Apud, o dr. De All, um jovem médico que reencontraria muitos anos depois quando era arcebispo, e o dr. Zorraquin, o tisiologista que fez minha drenagem torácica. Mas foi sobretudo a irmã Cornelia que salvou minha vida. Foi essa religiosa italiana, também de origem piemontesa, de Beinette, região de Coni, que, quando me foi prescrita uma certa dose de penicilina e de estreptomicina, assim que o médico saiu, disse, decidida: "Vamos dar o dobro". Tinha faro e experiência prática, além de coragem de sobra.

Os colegas do seminário vinham me visitar. Alguns doaram sangue para transfusões. Aos poucos, a febre decidiu ir embora e a luz começou a voltar.

Não foi a primeira vez que pude experimentar a força dessa experiência religiosa e humana, não foi a primeira vez que as freiras cuidaram de mim. Ninguém se salva sozinho, em nenhum sentido.

A primeira vez, aliás, coincidiu com o início da minha vida.

As Petites Soeurs de l'Assomption, estabelecidas na segunda metade do século XIX pelo padre Stefano Pernet, fundaram uma comunidade em Flores em 1932, esse *barrio* habitado em sua maioria por famílias da classe operária ou imigrantes. Elas se dedicavam a ajudar os pobres e doentes, além de atuar como empregadas domésticas: chegavam à casa de quem precisava, trabalhavam com paciência, acudiam, ajudavam, levavam as crianças à escola e preparavam as refeições. Depois, tão discretamente como tinham chegado, voltavam ao convento.

Com uma dessas irmãs, que então era uma jovem noviça, a irmã Antonia, eu manteria contato pelo resto da vida, até seu último dia. Ela, no entanto, participou da minha desde o primeiro, junto com irmã Oliva, uma colega irlandesa. Mamãe não conseguia me amamentar, eu só chorava, e por isso papai pediu-lhes que viessem à nossa casa. Eram enfermeiras capacitadas e experientes. Irmã Oliva pôs a mão no seio de minha mãe e constatou: "Minha cara, você não parece ter leite...". Imediatamente, se puseram a procurar leite de burra.

A família se tornou muito ligada a essas freiras, e costumávamos ir visitá-las. O convento ficava a cerca de dez quarteirões da nossa casa, numa região mais baixa que sempre inundava quando chovia, por isso os dois lados da rua eram ligados por pequenas pontes de ferro que se entrecruzavam. Nós as chamávamos de *las hermanistas del puente*. Meus pais e minha avó se tornaram membros ativos dos grupos de leigos associados à congregação.

Eram mulheres extraordinárias.

Depois da Guerra Civil Espanhola, que foi um ensaio geral da Segunda Guerra Mundial e da aliança entre Hitler e Mussolini, muitos republicanos se refugiaram na Argentina, e alguns deles se tornaram colegas de meu pai na fábrica. Um dia, um desses operários adoeceu gravemente, uma doença purulenta e infecciosa; seu corpo estava coberto de chagas e ele sofria muito. A esposa precisava trabalhar, eles tinham três filhos, e ninguém podia cuidar das crianças e do marido. Papai procurou as freiras e pediu ajuda, avisando que o homem detestava a Igreja e tinha a boca um tanto suja. "Eu vou", disse a superior, irmã Madeleine, que era francesa. Chegou à casa e o homem a recebeu com as piores palavras que se pode imaginar, nenhuma delas reproduzível no dicionário. Ela, porém, muito tranquila, pôs-se a cuidar dele. Entre um impropério e outro, medicava as feridas, arrumava a casa, ia buscar as crianças na escola e, quando a esposa voltava do trabalho, regressava ao convento assim como tinha chegado. Um dia depois do outro. Aos poucos, a docilidade amansou seu paciente: o homem se desculpou e com o tempo ficaram amigos. As coisas seguiram assim por um pouco mais de um mês, até que ele se recuperou e pôde retomar a vida normal.

Tempos depois, ao sair da fábrica com dois colegas de trabalho republicanos, avistaram duas freiras passando do outro lado da rua. Um dos operários começou a xingá-las, e só parou quando levou um soco que o derrubou no chão. Assim que o sujeito se levantou, o colega de meu pai ilustrou sua bruta lição: "De Deus e dos padres pode falar o que quiser, mas deixe Nossa Senhora e as freiras em paz!".

Havia outra comunidade de religiosas bastante próxima de nós, também geograficamente, visto que apenas algumas centenas de metros nos separavam: as freiras da Misericórdia. Irmã Dolores Tortolo foi minha professora no jardim de infância e minha primeira catequista. Me presenteou com um formação equilibrada e otimista, alegre e responsável. Sou muito grato a ela. Sempre fui visitá-la, por toda a vida, até sua morte, em 1986, já com mais de noventa anos. Sem saber de suas condições, voltei da Alemanha, para onde tinha ido passar um período de estudos na Philosophisch--Theologische Hochschule Sankt Georgen, em Frankfurt, bem no dia em que ela morreu.

Essas duas congregações de freiras tiveram grande influência na minha vida e na da minha família. Foram colegas e professoras em muitos momentos, felizes e delicados, da nossa existência.

Em setembro de 1957 o hospital Sírio-Libanês decidiu que minhas condições tinham melhorado bastante e eu podia convalescer em casa. Uma vez de volta, tornei a pensar em uma dúvida que já havia me passado pela cabeça antes de entrar no seminário; relembrei minha estadia em Villa Devoto e me veio a vontade de ser... não sei bem o quê: mais missionário, para começo de conversa. Eu não queria caminhar sozinho. Não me via como um padre solitário, um sacerdote secular. Precisava de uma comunidade, sempre senti essa necessidade: a sensação e a consciência de me sentir ligado, parte de uma trama, não um fio solto.

O sociólogo Zygmunt Bauman escreveu:

> A palavra "comunidade" sugere uma coisa boa: o que quer que signifique, é bom "ter uma comunidade", "estar numa comunidade" [...]. As companhias ou a sociedade podem ser más; mas não a *comunidade*. [...] produz uma sensação boa por causa dos significados que carrega — todos eles prometendo prazeres e, no mais das vezes, as espécies de prazer que gostaríamos de experimentar mas que não alcançamos. [...] é um lugar "cálido", um lugar confortável e aconchegante.

Ninguém se salva sozinho. A dimensão comunitária não é uma margem, mas parte essencial da vida cristã e da evangelização.

Assim que fui eleito, quando tomei posse dos aposentos pontificais, senti emergir dentro de mim um claro "não". O apartamento, no terceiro andar do Palácio Apostólico, não é luxuoso; antigo, construído com bom gosto, grande, mas não luxuoso. No final das contas parece um funil ao contrário: é espaçoso, mas o vestíbulo é realmente estreito. Você se sente entrando em um conta-gotas, e eu, este é o ponto, não consigo viver sem gente por perto.

Por isso decidi ficar na Casa Santa Marta, o edifício albergueiro à esquerda da basílica de São Pedro. No dia do conclave, eu estava hospedado, por sorteio, no quarto 207. O quarto onde viria a morar como papa, o 201, a poucos passos do outro, no segundo andar, era um cômodo para hóspedes. A vista dá para uma pracinha que leva à entrada dos fundos da basílica, e ali me sinto bem.

Evidentemente, no começo isso causou uma pequena confusão. Disseram que os sacerdotes que trabalhavam na cúria também precisavam ficar em Santa Marta, e se eu vivesse ali teria contato com eles. Estou muito acostumado a ficar perto dos meus padres, respondi.

Celebro a missa toda manhã às sete na capela, com uma pequena porção do povo de Deus. Faço minhas refeições com os outros hóspedes. O cristianismo, todo mundo sabe, tem uma especial vocação para o convívio. E é naturalmente ligado à comunidade e à família.

Quando, poucas semanas depois, um professor me perguntou, intrigado, quais eram as profundas razões da minha escolha, eu disse: veja, não posso morar no Palácio Apostólico por motivos psiquiátricos. É a minha personalidade. Preciso viver minha vida junto aos outros.

Nem mesmo um papa se salva sozinho. Ao longo de toda a minha vida, me beneficiei da presença de inúmeros santos na porta ao lado, na maioria das vezes gente simples, que talvez nem fosse à igreja, ou ia duas ou três vezes por ano, mas levava adiante uma vida de dignidade, ganhava o pão, cuidava dos outros. Esse tipo de devoção sempre me impressionou: Berta, Mari, as mulheres do *barrio*, os pais de família, quantas pessoas de extraordinária humanidade, espiritualidade, concretude. E aqui, agora, em Santa Marta, no Vaticano, também encontro muitos desses discípulos, todos os dias, homens e mulheres que trabalham com humildade, em recolhimento, com um verdadeiro espírito de caridade e serviço.

Por outro lado, desde jovem busquei fugir dos mexericos, de quem falava dos outros: sempre me pareceu uma doença grave, que anestesia o coração. A língua mata mais que a espada, diz o livro do Eclesiástico (Eclo 28,18), porque a intriga, a maledicência, não é em nada um hábito inocente: é na verdade uma doença que só causa separação e sofrimento.

Nos dias de convalescência o padre espiritual do seminário sempre vinha me visitar, e uma vez por semana me trazia a Comunhão. Ao mesmo tempo, a ideia de uma vida de sacerdote regular, de comunidade, voltava a ganhar espaço e se afirmava, com a indecisão entre escolher os dominicanos ou os jesuítas.

Em nenhum momento perdi a vocação ao longo do ano e meio que passei no seminário, e o casamento nunca passou pela minha cabeça. No entanto, ocorrera-me de me interessar pelo brilho intelectual e pela beleza de uma moça que conheci no casamento de um tio. Fiquei surpreso e por um breve instante, sim, mexeu com as minhas ideias. Tinha dificuldade até mesmo de rezar sem que sua imagem me aparecesse continuamente. Precisei tornar a avaliar a decisão, exaurir-me, e me deixar mais uma vez ser escolhido pelo caminho religioso.

Foi uma coisa normal; teria sido anormal, aliás, se não passasse por esse tipo de situação. Ainda hoje penso que se um rapaz ou uma moça sente um chamado especial do Senhor e não vivencia um pouco de incerteza, de medo... algo está faltando. Eu suspeito um pouco nesses casos. O Senhor chama para coisas grandes, e é saudável que o entusiasmo por esse chamado seja acompanhado também de um pouco de medo. Faz bem.

Quanto a mim, buscava alguma coisa a mais.

Gostava dos dominicanos e tinha amigos entre eles. Mas o seminário era gerido por jesuítas, portanto os conhecia bem. Três coisas chamavam minha atenção na Companhia: a comunidade, o caráter missionário e a disciplina. Sobretudo as duas últimas, mesmo nunca tendo partido em uma missão e sendo então vistosamente desobediente e indisciplinado. Aquela disciplina, a maneira de organizar o tempo, me fascinava. Sentia que precisava me empenhar profundamente, ser útil, realizar. O que me encorajou, acho, foi aquilo que hoje chamaríamos de disponibilidade para a Igreja: estar à disposição para tudo aquilo que me fosse ordenado.

Conversei sobre o assunto com o padre Pozzoli, que examinou minhas reflexões e meus sentimentos e ao fim endossou minha decisão. Precisaria ainda, contudo, encarar outras duras provas antes de poder iniciar o meu caminho.

No fim de outubro os médicos me disseram que eu tinha três grandes cistos no pulmão e era necessário intervir cirurgicamente o quanto antes. Em novembro voltei ao hospital e fui operado. Foi um sofrimento forte. Muito forte. Naquele tempo o procedimento envolvia uma incisão no tórax e a separação das costelas com um afastador Finocchietto, o que por si só já era um trauma. A seguir vinha a cirurgia propriamente, na qual removeram o lobo superior do meu pulmão direito.

A operação foi bem-sucedida, mas o tempo da dor estava longe de terminar. Passei muitos dias em uma câmara hiperbárica, com um cateter enfiado nos pulmões: toda manhã o médico vinha com uma grande seringa e injetava um líquido fisiológico para limpar a pleura; a cânula ficava presa em uma torneira pela qual a água corria, e a pressão dava conta de liberar a sonda. Era uma dor terrível. Familiares e amigos vinham me visitar, mas o que particularmente me tocou e me ajudou, bem mais que os votos de pronta recuperação, foi o que irmã Dolores me disse: "Você está imitando Jesus".

Aquilo me trouxe paz.

O sofrimento não desapareceu, mas assumiu um valor diferente, um significado.

A dor não é uma virtude; o modo como uma pessoa a vive, contudo, pode ser virtuoso. Nossa vocação é a plenitude e a felicidade, e a dor é um limite a essa busca. Por isso, só é possível entender realmente o sentido da própria dor através da dor do Deus que se fez homem, Cristo. Toda tentativa de alívio só alcançará resultados parciais se não estiver fundamentada na transcendência.

Quando finalmente saí do hospital a escolha estava feita: entraria como noviço na Companhia de Jesus.

Mas isso só aconteceria em março.

O padre Pozzoli não apreciava a ideia de que eu ficasse em casa todo esse tempo, ainda mais sendo o período de férias. Não sei como, falou com o inspetor e conseguiu autorização para que eu passasse o verão nas colinas de Tandil, onde os salesianos tinham uma grande casa de férias, Villa Don Bosco, rodeada por uma densa floresta. Seria bom também para os meus pulmões maltratados.

Em 25 de janeiro de 1958 entrei pela primeira vez em um avião e voei até o coração da *sierra*, a 360 quilômetros de Buenos Aires. Era um DC-3 bimotor à hélice, um dos símbolos da Segunda Guerra Mundial, digamos que não muito confortável. Durante o trajeto, uma senhora reclamou que estava com frio e o comissário prontamente se desculpou: "Veja, senhora, a questão é que peças da parte posterior do avião se soltaram". Peças não essenciais, ele se apressou a explicar.

Essas semanas também voaram. No dia 10 de março fiz as malas com apenas duas mudas de roupa, como solicitado, despedi-me dos meus irmãos e das minhas irmãs e fui com mamãe e papai à estação de Retiro, pegar o ônibus que me levaria a Córdoba, ao grande edifício que meio século antes os jesuítas tinham construído no antigo Bairro Inglês.

Bateria àquela porta no dia seguinte.

14. Ressoar com as vibrações mais profundas

O Noviciado da Sagrada Família era do tamanho de um quarteirão inteiro. Fora erguido havia quase meio século numa região cheia de córregos e aterros sanitários, ao norte de uma cidade que, como outras do país, se espalhava como uma mancha de óleo à medida que crescia e multiplicava seu número de habitantes. Passara a se chamar Pueyrredón, nome de um dos protagonistas da resistência de Buenos Aires e da independência argentina. Na manhã do dia 11 de março de 1958, eu, papai e mamãe nos aproximamos da porta dupla da grande casa. O irmão porteiro, Cirilo Rodriguez, nos recebeu e pediu que esperássemos na sala adjacente à portaria. Depois, muito calmo, foi chamar o professor dos noviços, o padre Gaviña.

Diante de nós então surgiu um homem de seus cinquenta anos que nos cumprimentou com uma breve recepção, lembrando a mim e a meus pais as regras do noviciado com relação a visitas nos dois anos seguintes: eram permitidas, mas deveriam ser curtas, de no máximo uma hora; meus pais ou meus irmãos seriam acolhidos ali, na sala de visitas, porque sem autorização especial não era permitido ter acesso ao resto da casa. E com exceção de casos graves ou particulares, eu não poderia voltar a Buenos Aires para encontrá-los. Dei adeus a papai e mamãe, nos despedimos e nos abraçamos, e quando o portão de entrada se fechou, um noviço do segundo ano me conduziu por todo o edifício, explicando-me sucintamente os hábitos e costumes da minha nova morada. Aquela tarefa, atribuída pelo professor, chamava-se "Anjo".

No primeiro andar ficavam os quartos dos sacerdotes. Em outra ala, os nossos, os quartos dos noviços. Eram cômodos muito grandes e particularmente frios no inverno. Ele me mostrou minha cama, no quarto que dividiria com outros dois irmãos. Conheci a enfermaria, as duas capelas, a biblioteca, o salão de conferências, com as escrivaninhas para vinte estudantes, o depósito, e depois, saindo, a cozinha, o grande refeitório com a enorme mesa em forma de U que podia receber até uma centena de pessoas, um pátio e depois outro edifício com uma quadra de basquete e uma de futebol, de terra batida. No fundo ficava a grande igreja da comunidade, onde era possível entrar também pela parte externa, e que por falta de recursos nunca foi concluída, tanto que o teto, passados trinta anos, ainda era provisório.

O padre Candido Gaviña, professor dos noviços, era um homem reservado e sério. Bondoso e delicado também, mas... como dizer: não nos bicávamos. De tal maneira que, mais adiante, um dia me diria: "Mas por que você não pensa em voltar para casa, formar uma boa família...". Não, não era uma possibilidade. Realmente não nos entendíamos: eu era muito argentino, muito direto; já ele, que se formou na Colômbia e lá viveu por muitos anos, tinha uma personalidade extremamente colombiana e muito formal. Era como se um piemontês chegasse à Sicília e quisesse impor sua mentalidade e seus hábitos.

Mas em julho o padre Gaviña foi eleito provincial dos jesuítas, substituindo o responsável nos anos anteriores, o padre Francisco Zaragozi, que a partir de então seria o novo professor dos noviços na grande casa de Córdoba. Tinha, então, 54 anos e se tornaria um pai para mim, tanto que mais tarde o escolheria para ser meu padrinho na ordenação sacerdotal.

Nós, os noviços, éramos cerca de vinte. A vida era muito austera, pontuada por uma rotina rígida, escandida por regras, estímulos, exercícios plenos de significado, horários rigorosos e muito silêncio.

O silêncio era a chave.

O ambiente era agradável e comecei a me sentir bem.

Depois do despertar às seis fazíamos, de joelhos, a primeira meditação em nossos quartos, iniciando assim o dia. Em seguida íamos em silêncio à capela para a oração comunitária e a missa; então tomávamos café da manhã e passávamos aos chamados *trabalhos humildes*, as tarefas atribuídas aos noviços: varrer as escadas e os corredores, limpar os banheiros, lavar os pratos e as panelas ou atribuições diversas na cozinha. Somando todos nós, devemos ter descascado algumas toneladas de batatas. Depois começavam as aulas, que no primeiro ano incluíam latim e no segundo também grego, além de retórica. Havia um intervalo para um exame de consciência individual e então era hora do almoço no grande refeitório — também o almoço envolvia regras precisas, sendo uma delas a do silêncio, exceto nos feriados. Em seguida fazíamos uma breve visita à capela, uma pequena recreação e tirávamos meia hora de *siesta* antes da oração comunitária a Maria e das aulas da tarde. E então o lanche e, três vezes por semana, as partidas de basquete ou de futebol: tirávamos a batina e vestíamos calças pretas e um avental escuro. Eu havia me recuperado bem da cirurgia e jogava com todos os outros, em geral basquete, ou como goleiro. Até a hora que o bedel gritava: "Todos para o banho!" e corríamos para o chuveiro. Nem sempre era um momento feliz: o aquecedor à lenha do noviciado tinha pouca capacidade, e no inverno a água era invariavelmente fria. Depois vinham as leituras espirituais e a oração na capela, e então o jantar, sucedido por quinze minutos de lazer e por fim um segundo exame de consciência. Às dez da noite, todo mundo estava na cama. Por mais dura que fosse, me sentia à vontade naquela rotina, e agradecia à Providência por ter me conduzido até ali.

Todas as quintas-feiras, e durante semanas inteiras no verão, íamos à Quinta del Niño Dios, a propriedade agrícola da Companhia. Soava a buzina do caminhão e subíamos na caçamba até chegar à fazenda. Colhíamos frutas e plantávamos árvores, perfurando as rochas do terreno, por horas: as mudas de então são hoje grandes acácias, espinilhos, *chañares*, eucaliptos, pinheiros... um bosque que se tornou uma reserva municipal. No verão fazíamos grandes caminhadas até o dique de San Roque, saíamos em excursões pela *sierra*, nadávamos no rio...

Nos sábados e nos domingos ensinávamos catequese. Saíamos em busca de rapazes, meninos e meninas do bairro, nos arredores do hospital Tránsito Cáceres, que então era uma espécie de favela: atravessávamos fossos cavados pela água, moitas e pedregulhos e chegávamos a casas precárias e muito pobres. Depois de conversar com os pais, reuníamos as crianças em grupos de sete ou oito, e em um pátio, ou debaixo de uma árvore, começávamos as aulas de doutrina pela manhã. Às vezes levávamos balas, mas nem sempre porque não tínhamos dinheiro para comprá-las. E depois da aula, no tempo que restava antes do almoço, jogávamos bola todos juntos. Me lembro até hoje dessas crianças. Havia uma família de origem siciliana, os pequenos irmãos Napoli, Antonio José e Pedro, e também os Zanotte; todos moravam na rua Pringles, a alguns quarteirões de distância do noviciado. Naquele tempo essa região era chamada de "barranco".

Eu gostava da catequese com as crianças, e também depois, quando estive no Chile; foram experiências que me trouxeram ensinamentos para o resto da vida. O Reino de Deus pertence a quem é como elas (Mc 10,13-6). Ninguém deve fazer mal aos pequenos.

Desde o começo do meu pontificado, me senti interpelado a assumir a responsabilidade por todo o mal cometido por alguns sacerdotes, muitos em número, embora poucos se considerarmos a totalidade dos consagrados. Mas este não é o ponto: se um único caso de abuso na Igreja fosse revelado, representaria por si só uma monstruosidade. Com vergonha e arrependimento, a Igreja deve pedir perdão pelo terrível dano que esses consagrados causaram com o abuso sexual de crianças, um crime que gera profundas feridas de dor e impotência, nas vítimas em primeiro lugar, mas também nas suas famílias e na comunidade como um todo. "Se um membro sofre, todos os membros compartilham o seu sofrimento" (1Cor 12,26).

Quanto ao Chile, especificamente, nos meses que se seguiram à minha viagem apostólica de 2018 tive a real dimensão dos numerosos abusos da diocese de Osorno, que resultaram na expulsão do responsável e na aceitação da renúncia de alguns bispos do país. Nenhum silêncio ou omissão pode ser tolerado quanto a esse assunto, nem fora da Igreja muito menos dentro dela. Esse não é um assunto aberto a negociação.

Quando eu era vigário episcopal em Flores, creio que em 1993, relataram-me um episódio relativo a um diácono que viera do exterior a fim de se formar para o sacerdócio. Esse jovem tentou aproveitar-se de um menino paraplégico; nada aconteceu porque o menino era deficiente mas nada submisso: reagiu com energia e... deu ao diácono o que ele merecia. Eu intervim imediatamente. Chamei o diácono e disse-lhe: você vai embora imediatamente, e informei o bispo do seu país sobre o ocorrido.

Devemos sempre levar denúncias como essas extremamente a sério, sem qualquer sombra de hesitação ou subestimação. Da mesma forma, somos impelidos a discernir, a evitar armadilhas. Também em Flores me recordo de um caso, que muito me doeu, de uma calúnia, uma tentativa de extorsão contra um excelente padre: uma família ameaçou prestar queixa de abuso apenas para obter dinheiro. Investigamos, a polícia instalou uma câmera e no fim foi constatada a mentira, aquele infame golpe, com todas as devidas provas.

Ao longo do pontificado, diversas medidas foram tomadas nesse sentido também no âmbito do Estado laico em relação a ex-cardeais, como no caso do arcebispo de Washington Theodore McCarrick, mas com certeza isso não é o suficiente. Cada caso deve e será tratado com a mais absoluta severidade. A dor dessas vítimas é um lamento que sobe aos céus, que toca a alma e que por muito tempo foi ignorada, escondida ou silenciada. Na justificada raiva do povo a Igreja vê o reflexo da ira de Deus, traído e pisoteado por esses consagrados desonestos. Em certa ocasião falei que o eco do grito silencioso das crianças que, no lugar de protetores e guias espirituais, encontraram carrascos, fará tremer os corações anestesiados pela hipocrisia e pelo poder. Mesmo que as estatísticas globais mostrem que a maioria dos abusos ocorre dentro da própria família ou na vizinhança, e que esta praga é uma tragédia que afeta todas as áreas da sociedade, tal consideração jamais deve nos libertar do nosso compromisso e da nossa responsabilidade: esta é a nossa vergonha e a nossa humilhação, declarei na minha viagem à Bélgica em setembro de 2024; outros devem pensar na parte que lhes cabe. Olhando o passado, nada será o suficiente para perdoar e reparar o dano causado. Olhando o futuro, nunca será pequeno o que se puder fazer para promover uma cultura capaz de evitar não só que situações como essas se repitam, mas também que não encontrem espaço para ser acobertadas.

Na Nunciatura Apostólica de Bruxelas encontrei-me em particular com dezessete vítimas de abusos cometidos por integrantes do clero: durante duas horas ouvi a história das suas feridas, expressei a minha dor pelo que sofreram quando crianças e a minha gratidão por sua coragem. Crimes como esses não prescrevem, eu lhes assegurei. Os abusadores são responsáveis, claro, mas um bispo que tem ciência e não faz nada compartilha essa responsabilidade. Acobertar esse tipo de absurdo é adicionar vergonha à vergonha.

As vítimas precisam saber que o papa está do lado delas. E que nesse aspecto não se dará nenhum passo atrás.

No primeiro ano do noviciado fizemos o mês dos exercícios espirituais, e no segundo, que no meu caso foi em 1959, o da peregrinação. Viajávamos em grupos de três, abandonados à Providência, uma atividade que os noviços praticavam desde os tempos de santo Inácio. Parti com um noviço chamado Pautasso, também de origem piemontesa, que alguns meses depois deixaria a Companhia, e outro chamado Santiago Frank, já sacerdote secular, que entrara no noviciado para se tornar jesuíta. Seguimos na direção sudeste, aventurando-nos por mais de quatrocentos quilômetros de Córdoba a Rosario, atravessando vilarejos e cidades. Viajávamos sem um tostão no bolso, a pé ou de carona, pedindo, de cidadezinha em cidadezinha, permissão para pernoitar nas paróquias em troca dos nossos serviços, que podiam ser qualquer coisa: uma igreja para varrer, uma parede para pintar, variados tipos de ajuda na organização. Tínhamos o que comer graças à generosidade dos outros, e nenhum de nós nunca morreu de fome ou sofreu de frio.

Em Rio Segundo, o padre Marcos David Bustos Zambrano nos hospedou. Vivia na casa paroquial com sua mãe, seu pai, que tinha 104 anos e ainda estava em ótima forma, e uma irmã. O padre Bustos Zambrano era um grande homem, um padre com P maiúsculo, líder generoso, atento à condição de cada um dos seus paroquianos. Fumava como uma chaminé.

Assim que chegamos, ele nos ofereceu hospedagem em um quarto e nos mandou fazer o censo das lápides do cemitério da cidadezinha. Era um sacerdote realmente do corpo a corpo, capaz de apoiar e de ajudar qualquer pessoa que precisasse, tanto na vida quanto na morte.

Vinte anos depois, poucos meses antes de morrer, deixou uma carta: "Na minha família me chamam de David, e aqui de Padre; sou argentino, nascido de pais imigrantes, sacerdote com o S minúsculo, e sempre trabalhei no campo. Estou nesta paróquia há 31 anos, sou muito velho mas nunca paro de aprender; uso a batina preta, daquelas compridas... sou um homem da terra e do céu que leva a paz por aí, fruto da justiça e do amor, e da mensagem do Pai Celeste destinada ao Cristo encarnado".

Foi um sacerdote que deu muito a muitos. Um colega de batina, o padre Enrique Visca, foi pároco por 45 anos em Oliva, uma cidadezinha dos arredores, até ser afastado pelo bispo porque diziam que estava um pouco senil — queria beatificar a mãe morta, coisas do tipo — e ficou ressentido porque o obrigaram a renunciar. O padre Bustos Zambrano, então, convidava-o à sua paróquia para fazer as exéquias de defuntos aos quais dava nomes de mentira, inventados por ele mesmo na hora, orações que acabariam servindo de sufrágio para as almas do purgatório. Tudo isso para dar-lhe alguns trocados, para que tivesse um sustento e não se sentisse marginalizado.

O padre David era um grande padre. Eu, jovem noviço em formação, recebi dele conselhos de que me lembro até hoje.

Quanto ao padre Visca, um dia a cidadezinha de James Craik, que dependia da paróquia de Oliva, entrou em conflito com o novo pároco em plena festa do patrono porque ele se recusou a guiar a procissão. Os fiéis, então, decidiram procurar o velho sacerdote, que ainda morava ali, para que cuidasse disso. Padre Visca aceitou. Foi até James Craik, começou tranquilamente a procissão e então se preparou para a homilia. Foi um exórdio que ninguém jamais esqueceria: "Filhos de uma p..., vocês me expulsam e depois vêm me procurar...", e assim por diante, ralhando com os fiéis por não o terem defendido quando o bispo o afastou e dizendo-lhes que Deus os tinha castigado e os obrigado a voltar com o rabo entre as pernas. Dedicou a homilia inteira à importância da fidelidade aos sacerdotes.

Essas histórias também guardei comigo, e me ajudaram a enxergar a realidade da vida dos sacerdotes, inclusive daqueles mais velhos e em dificuldade.

Depois de Rio Segundo, seguimos em direção a Impira, um vilarejo agrícola da mesma região. Chegamos bem no dia da festa patronal. A cerimônia para a Virgem, talvez a primeira expressão de piedade popular que tive a oportunidade de presenciar fora de Buenos Aires, muito me impressionou, tanto que ainda hoje, mais de sessenta anos depois, lembro-me do hino que, com grande devoção, as pessoas cantavam.

Nesse mês de peregrinação, aprendi também a me permitir ressoar com as vibrações mais profundas da América e do povo.

Em 12 de março de 1960, dia da canonização de santo Inácio, fui considerado apto para fazer os votos de pobreza, castidade e obediência. Fiz a promessa, que completaria com os votos solenes que implicam o pertencimento definitivo à Companhia de Jesus, incluindo o voto de obediência e disponibilidade ao papa e às missões que ele encarregasse, treze anos depois, no mês de abril.

Ao fim do rito de profissão, enquanto almoçávamos no refeitório, o padre Zaragozi veio até mim: "Prepare-se, você vai ao Chile fazer o juniorado". Poucos dias depois parti tendo como destino a cidade de Padre Hurtado, a alguns quilômetros de Santiago. Lá fiquei por doze meses. Alberto Hurtado, um santo contemporâneo, passou a vida com os pobres e os trabalhadores; foi perseguido e precisou encarar muitos sofrimentos, mas nunca perdeu a alegria: gostava de dizer que o futuro dependia em grande parte da capacidade de escutar. No Chile, pude sentir isso na pele.

A experiência no Centro Loyola seria muito diferente da de Córdoba: foi, sobretudo, uma escola de formação humanística. E de amizade também. Os chilenos me fizeram amadurecer muito em termos de humanidade; se aprendi alguma coisa nesse sentido, é por causa deles.

Todos os professores eram muito qualificados. Lembro-me de um francês que nos dava aulas sobre Baudelaire: *"Ma jeunesse ne fut qu'un ténébreux orage,/ Traversé çà et là par de brillants soleils"*; A juventude foi-me tormenta brutal,/ Vez que outra pela luz do sol atravessada...

Também sobre Charles Péguy, o poeta e ensaísta de Orléans que escreveu coisas como: "A revolução social será moral, ou não existirá"; "Esperar é a coisa mais difícil. A mais fácil é desesperar-se, e a tentação é grande"; ou ainda: "Tem uma coisa pior do que ter uma alma malvada: ter uma alma resignada".

Também me dediquei muito a Virgílio, sobre o qual vim a escrever um longo estudo, que ficou em Buenos Aires. A *Eneida* talvez seja o clássico em que mais me aprofundei, tanto que ainda hoje tenho uma pequena placa na entrada do meu quarto com o célebre verso 462 do primeiro livro: *"Sunt lacrimae rerum et mentem mortalia tangunt"*.* A história é lágrima, e o sofrer humano confunde a mente...

A mente não se confundia; ao contrário, abria-se, ampliava-se com um humanismo tão grande.

Nos finais de semana íamos até os vilarejos próximos oferecer serviços aos pobres. Cuidávamos dos doentes, fazíamos catequese; alguns jovens eram tão miseráveis que não tinham nem sapatos; iam descalços à escola, e no inverno tremiam de frio. De fome, tremiam o tempo todo.

Essa experiência me marcou.

Escrevi sobre isso a minha irmã Maria Elena, que ainda era uma menina, de tanto que fiquei impactado. Nossa

---

* "Lágrimas para os desastres; e, para o infortúnio, piedade". (N. T.)

vida, por mais humilde e modesta que fosse, era muito distante da pobreza brutal daquelas condições.

Antes, em Córdoba, eu havia trabalhado um mês em um hospital. Cuidávamos dos doentes, dávamos-lhes comida e banho e os barbeávamos. Foi nessa ocasião que vi a infidelidade pela primeira vez diante dos meus olhos; já tinha alguma experiência, mas presenciar essa praga me fez mal. Eu cuidava de um homem que estava morrendo, tinha um enorme ferimento no pescoço que precisávamos limpar continuamente, e bem ali, na cabeceira do leito, a esposa, muito bonita, mais jovem que ele — falavam em francês, porque vinham do Oriente Médio —, cortejava o médico.

Era tudo tão descarado que eu quase não conseguia acreditar.

O juniorado no Chile terminou, e em março de 1961 voltei à Argentina para iniciar o curso de filosofia no Colégio Máximo de San José, em San Miguel, a oeste da Grande Buenos Aires, o gigantesco cordão operário que circunda a capital. As turmas eram muito grandes, com cerca de setenta alunos que vinham do Chile, do México, do Uruguai, da Bolívia e do Paraguai, além dos argentinos. Alguns colegas me chamavam de El Gringo, por causa dos meus traços não propriamente sul-americanos.

Em San Miguel tive um grande mentor, professor de metafísica e também padre espiritual, além de diretor da revista *Stromata*, na qual eram publicados artigos dos professores da faculdade: o padre Miguel Angel Fiorito. Dadas as suas capacidades intelectuais, o padre Fiorito se tornou um indiscutível ponto de referência para todos nós estudan-

Com o padre Fiorito, meu mestre de discernimento (ele está ao centro; eu, à sua direita).

tes. Para mim foi o mestre por excelência, um guia pessoal de discernimento. Por obra dele nasceram minhas primeiras reflexões sobre a religiosidade popular, sobre uma visão realista do povo de Deus, contraposta a concepções românticas e sectárias da teologia do povo. Foi uma inspiração de diálogo e escuta; sua influência me acompanhou ao longo dos anos, com certeza também em muitos assuntos desenvolvidos ao longo do pontificado.

Estive com ele pela última vez poucos dias antes de sua morte. Era um domingo do final de julho de 2005, seu aniversário acabara de passar. Estava internado no Hospital Alemão, àquela altura não falava mais havia muitos anos. Tinha perdido essa capacidade, mas não a de comunicação: observava intensamente, falava com os olhos. Ele me presenteou com duas lágrimas tranquilas, que correram pelo seu rosto. Até mesmo essa despedida foi uma lição.

15. O único modo de ser plenamente humano

Na passagem entre os estudos de filosofia, nos quais me formei em 1963, e os de teologia, fui enviado ao Colégio de la Inmaculada Concepción de Santa Fé para ensinar literatura, arte e psicologia aos jovens dos últimos dois anos do liceu.

Alguns meses antes escrevi ao superior geral da Ordem, o padre Pedro Arrupe, primeiro provincial jesuíta no Japão e reitor do noviciado de Hiroshima, no dia em que a bomba atômica foi lançada.

Naquele 6 de agosto de 1945, quando, às 8h15 da manhã, ocorreu a explosão, a pouco mais de quatro quilômetros de onde Arrupe estava com outros jesuítas e muitos jovens, ele relatou ter visto "uma luz potentíssima" e, ao abrir a porta, ouvido um rumor "parecido com o fragor de um terrível furacão, que destruiu portas, janelas, vidros, paredes, móveis... que caíam aos pedaços sobre nossas cabeças". Foram poucos segundos que "pareceram mortais", mesmo que todos ali tenham sobrevivido. Correram, então, pelos campos de arroz tentando entender o que havia acontecido, mas na cidade só se podia distinguir uma densa nuvem, atravessada por imensas chamas. Subiram em uma colina para enxergar melhor, e de lá conseguiram "reconhecer o que antes *era* a cidade, porque o que tinham diante dos olhos agora era uma Hiroshima completamente reduzida a pó". Um enorme lago de fogo, que em poucos minutos se transformou em ruínas. Quem escapava seguia adiante "com dificuldade, sem correr, como seria de esperar para fugir o quanto antes daquele inferno, por causa das terríveis feridas pelo corpo".

Eu ainda não completara nove anos naquele dia 6 de agosto, e minha casa no *barrio* de Flores ficava a quase 20 mil quilômetros de distância daquele gigantesco fungo de morte que tomou o céu do Japão. Separavam-nos as fronteiras da língua, os paradigmas culturais e um imenso oceano, o Pacífico, que ninguém em minha família sequer tinha visto e eu mesmo não conheceria ainda por muitos anos. No entanto, me recordo muito bem daquele dia: lembro-me dos olhos marejados da minha mãe e do meu pai quando souberam da notícia. Choraram.

Num lampejo, "um raio luminoso, amarelo e brilhante como 10 mil sóis", de 70 mil a 80 mil seres humanos foram assassinados, e um número imenso, a ponto de ser impossível estimar, de pessoas adoeceu e morreu nos meses e anos seguintes em decorrência dos danos da exposição à radiação. Relataram que só de encostar em um ferido a pele se soltava pedaço por pedaço, como se tira uma luva. Aquilo que um átimo antes era uma cidade viva e fervilhante, um importante centro comercial e industrial na ilha de Honshu, foi reduzido a um deserto de poeira e veneno. Não restaram casas, nem praças, nem um dos muitos templos que a constelavam: só um buraco preto de destruição e morte. "Foram encontrados também contornos de corpos nos muros, como os negativos de um rolo de filme fotográfico", escreveria o repórter John Hersey, que no ano seguinte visitou o pouco que sobrou da cidade: na ponte perto do Museu da Ciência, um homem e sua carroça foram imortalizados pela radiação em uma sombra tão nítida e precisa a ponto de indicar que, no momento exato em que a explosão literalmente desintegrou os dois, ele estava chicoteando seu cavalo.

É esta a loucura de uma guerra nuclear. "A humanidade inventou a bomba atômica, mas nenhum rato construiu uma ratoeira", escreveu Albert Einstein.

Três dias depois, o mesmo destino atingiria Nagasaki.

Uma imagem que para mim se tornou um símbolo da barbárie desumana das guerras retrata um menino em primeiro plano, que não deve ter ainda dez anos, carregando nas costas, como se fosse uma mochila escolar, o fardo mais pesado: seu irmãozinho morto. A expressão em seu rosto é tensa, dramática, controlada. Espera sua vez para levar ao forno crematório o corpo do membro mais novo da família, assassinado pela radiação da bomba em Nagasaki. Toda a sua angústia se expressa em um único gesto, quase imperceptível: ele morde o lábio, do qual escorre um pouco de sangue.

Eu já era papa quando vi essa fotografia pela primeira vez; acho que um jornalista a enviou para mim. Tocou meu coração. Rezei muito olhando esse menino. Então me ocorreu divulgá-la, estampá-la em um cartão. Da minha parte, só adicionei um título: "O fruto da guerra". E o distribuí por todo lado, nas mais variadas ocasiões. Essa cena vale por mil palavras.

Os médicos de guerra já viram esse mesmo olhar no rosto de muitas crianças, seja por causa de uma mina terrestre em Cabul ou dos bombardeios em Alepo, na amada

O fruto da guerra: uma imagem que vale mil palavras.

nação síria. É comum que a dor dessas crianças não deixe espaço nem mesmo para lágrimas: elas ficam indignadas. Estupefatas e ofendidas. Profundamente revoltadas com a traição que sofreram dos adultos, que deveriam tê-las protegido, e que, tantas vezes, parecem não se afetar com nada. Por isso é tão necessário recuperar o olhar de uma criança (Mt 18,1-5): diante da injustiça — e da injustiça máxima que é a guerra, não importa o nome que tenha — as crianças se indignam. Têm o olhar de Deus.

Nos dias imediatamente posteriores à explosão, graças a estudos de medicina desenvolvidos na Espanha, o padre Arrupe transformou o noviciado em um hospital de campanha. Diante da completa falta de medicamentos, um camponês — como relataria Gabriel García Márquez em uma entrevista dez anos depois — deixou à disposição do sacerdote um saco com vinte quilos de ácido bórico. Com esse elemento, diluído em água, foram feitos emplastros que aliviaram as queimaduras de dezenas de pessoas.

O padre Arrupe se tornaria um ícone por seu serviço à fé, pela promoção da justiça e pelo amor preferencial aos pobres em anos turbulentos e complicados. Ele costumava dizer que não se pode falar de pobreza a menos que se viva em contato direto com os lugares onde ela é uma realidade: é o que se lê claramente em uma carta sua ao Centro de Investigación y Acción Social (CIAS). Sem isso, corremos o risco de nos tornarmos ideólogos abstratos ou fundamentalistas. Em suas palavras, "apenas sendo um homem ou uma mulher para os outros nos tornamos plenamente humanos"; também não é possível "denunciar a injustiça portando-se de modo contrário ao Evangelho". Ao mesmo tempo, era um homem de preces. Lembro-me dele rezando sentado no chão, como fazem os japoneses. Isso me dava confiança.

Sofreria um derrame no avião que o levava de volta a Roma, vindo de Bangkok, em 1981. Pouco antes, em um campo de refugiados, havia se despedido de nós justamente nos incitando a rezar; foi o seu maravilhoso canto do cisne, o legado final, antes de um longo e exemplar ocaso.

Em 1963, então um jovem noviço, escrevi-lhe expressando meu desejo de concluir a fase de trabalho apostólico em uma missão japonesa. Desde a juventude, sentia simpatia e afeto pelo lugar. Mas por causa do meu problema no pulmão não fui aceito.

Iria ao Japão, durante minha 32ª viagem apostólica que, em novembro de 2019, me conduziria à Tailândia e à amada

Terra do Sol Nascente, que tivera a oportunidade de visitar brevemente em 1987.

Rezaria na colina de Nishizaki, diante do memorial dos mártires, o gólgota onde até o final do século xvi foram erguidas 26 cruzes de frades franciscanos, jesuítas, terciários, trucidados e crucificados; três deles eram apenas rapazes. Fui como peregrino, para confirmar e ser confirmado na fé desses irmãos. Esse santuário, mais ainda que morte, representava o triunfo da vida. Era um monte de bênçãos e de ressurreição, que reverberava a entrega de homens tomados pelo Espírito, libertos do egoísmo e do orgulho. O episódio de são Paulo Miki e seus colegas não é uma gloriosa relíquia de gestos passados, mas memória e chama viva da alma de cada apostolado desta terra. Hoje mais do que nunca, mais ainda do que nos primeiros séculos, em muitas partes do mundo os cristãos sofrem e vivem o martírio por causa da fé. É preciso lutar, levantar a voz, para que a liberdade religiosa seja garantida a todos em cada canto do planeta; e denunciar abertamente qualquer tipo de manipulação e instrumentalização das religiões onde quer que ocorra.

Sempre como peregrino, como peregrino da paz, senti o dever de visitar Nagasaki e Hiroshima. Fui levando no coração as súplicas e as aspirações dos homens e das mulheres do nosso tempo presente, sobretudo dos jovens, e levando humildemente comigo os gritos dos pobres, que sempre são as vítimas mais indefesas do ódio e dos conflitos. Quando nos entregamos à lógica das armas e nos distanciamos do exercício do diálogo, esquecemos que, antes mesmo de gerar vítimas e destruições, as armas têm a capacidade de produzir fabulações malignas. Como disse são Paulo vi em seu discurso às Nações Unidas em 4 de outubro de 1965, "exigem despesas enormes, obstruem projetos de solidariedade e de trabalho útil, distorcem a psicologia dos povos". Não é possível amar com armas em punho. Rezei pelas vítimas dos bombardeios. E me curvei diante da força e da dignidade daqueles que suportaram na própria carne e nos próprios pensamentos os mais agudos sofrimentos por tantos anos.

Escutei a descrição do indizível diretamente de uma senhora que naquele tempo não passava de uma menininha do terceiro ano do fundamental: "Pela estrada, as pessoas caminhavam lado a lado como fantasmas. Seus corpos estavam tão queimados que não dava para saber quem era homem e quem era mulher, os cabelos arrepiados, os rostos inchados, os lábios caídos, as mãos rígidas e com a pele que chegava a se soltar", contou-me a sra. Yoshiko Kajimoto. "Ninguém no mundo pode imaginar uma cena infernal como aquela. Nos dias seguintes os cadáveres começaram a apodrecer e uma fumaça branca envolvia tudo: Hiroshima inteira se tornou um forno crematório. Por muito tempo não consegui tirar o cheiro do meu corpo e das minhas roupas." Três dias depois, na rua da sua casa, aquela menininha encontrou seu pai por acaso: ele a vinha procurando desesperadamente por três dias e três noites, e acreditava que tivesse morrido. Se abraçaram. Ela estava tão feliz por poder abraçá-lo de novo... Mas pouco tempo depois o pai começou a vomitar sangue e morreu. A esposa seguiu o mesmo destino, após uma longa batalha contra os efeitos da radiação. Efeitos que não poupariam nem mesmo a filha, forçada a um extenuante calvário contra a leucemia e o câncer.

Essas histórias e esses lugares precisam despertar a nossa consciência do mal que somos capazes de infligir uns aos outros. Ao mesmo tempo, são potencialmente repletos de amanhãs. Ninguém, muito menos na era atômica, pode ficar cego diante das ruínas de uma cultura incapaz de dialogar. Precisamos aprender com os ensinamentos da história, não é possível permitir que as novas gerações percam a memória do que aconteceu. Essa memória viva deve ser garantia e estímulo para construir um futuro mais justo, que ajude a dizer de geração em geração: *Nunca mais!* Nunca mais para a guerra, nunca mais para as armas, nunca mais para tanto sofrimento!

O uso da energia atômica para finalidades bélicas é, mais do que nunca, um crime não só contra o ser humano e a sua dignidade, mas também contra todo tipo de futuro do nosso lar compartilhado. É imoral, assim como também é imoral a mera posse de armas atômicas. Seremos julgados por isso. As novas gerações atestarão nossa derrota se a paz for apenas uma palavra, se não a praticarmos entre os povos da terra com nossas ações. Ainda existem no mundo tantas armas atômicas a ponto de levá-lo pelos ares quatro vezes por dia, e tantas armas químicas a ponto de matar 50 mil vezes toda a população.

Minha homenagem no Parque da Paz de Nagasaki.

As armas, todas elas, não são somente mensageiras da morte: também são o termômetro da injustiça. E a injustiça é a perversa raiz da pobreza. Não é possível falar de armas sem falar das profundas injustiças que elas determinam e resguardam, o privilégio de poucos à custa de muitos. As pessoas que fogem apinhadas nos botes, em busca de esperança, sem saber quais portas poderão acolhê-las, gritam na mesma Europa que abre suas portas a embarcações que carregam sofisticados e custosos armamentos, capazes de produzir devastação que não poupa nem mesmo as crianças. Em um mundo onde milhões de famílias vivem em condições desumanas, o dinheiro gasto e as fortunas ganhas para fabricar, modernizar, armazenar e vender armas cada vez mais destrutivas são um contínuo atentado que grita ao céu. Assim como os cargos, também políticos, que se nutrem e se sustentam com esse comércio. Se fechamos os olhos para isso, proferir a palavra "paz" não passa de hipocrisia.

Recordar, caminhar juntos, proteger. Proteger cada vida, reconhecendo sua inviolável dignidade. A lição de Hiroshima permanece viva nesses imperativos. Uma lição que é tudo menos utopia. Pelo contrário: é realismo cultural, social, político. E vai ao encontro da aspiração de milhões de homens e mulheres espalhados por todo o mundo. O caminho criativo do diálogo, mesmo em sua abençoada dificuldade, é o único antídoto para a loucura destruidora que vimos acontecer, e que ainda vemos.

Essa lição falou ao meu coração de criança, e seria transmitida novamente 74 anos depois. Em 1963, entretanto, fiquei na Argentina e me foi determinado ser professor. *Maestrillo*, como são chamados os jesuítas em formação.

Eu era técnico em química, por isso pensava que me seriam designados cursos de matemática ou física; no entanto, fiquei com disciplinas de humanidades. Dei conta do recado, é o que espero, aproveitando ao máximo os estudos que tinha feito no Chile.

No primeiro ano me detive na literatura espanhola, sobretudo em Gonzalo de Berceo e "O Cantar de Mio Cid", o mais importante poema épico espanhol, difundido desde a Idade Média por bufões e poetas errantes.

Depois estendi o escopo aos autores argentinos, contemporâneos inclusive, da literatura gauchesca a María Esther Vásquez, Leopoldo Marechal e Borges. Gostava que os jovens explorassem, que tivessem a liberdade de questionar culturalmente o que lhes interessava. Eram, aliás, os anos dos Beatles, e em quartetos eles se empenharam para formar um grupo, compor algumas canções ou escrever letras: eram os Shouters. Também as montagens de teatro foram atividades relevantes no Inmaculada. Os alunos eram todos homens, e naquele ano a obra escolhida, um poema do escritor uruguaio Juan Zorrila de San Martín, exigia a presença de personagens femininos. Até então sempre haviam sido encenadas obras sem papéis femininos, mesmo que isso as alterasse consideravelmente, as mutilasse, ou, pior, que algum personagem feminino fosse interpretado por um rapaz. Eu considerava aquilo um empobrecimento e uma humilhação da realidade e da imagem da mulher. Assim, nos pusemos imediatamente a solicitar a participação das mães e das irmãs dos atores, e em pouco tempo a montagem pôde ser apresentada como fora escrita, e como merecia.

Eu também era adepto de que os jovens não apenas estudassem a literatura, mas buscassem criar algo de sua própria autoria. Adoro dizer que educar, e ensinar, significa considerar duas realidades: o âmbito da segurança e a zona do risco. A educação pressupõe sempre um desequilíbrio; no entanto, precisamos encontrar uma proporção entre essas duas diferentes exigências. Só começamos a caminhar quando percebemos que algo nos falta, porque realmente não chegaremos a lugar algum se pensarmos que não nos falta nada. A cada momento devemos encontrar essa proporção: é preciso caminhar com um pé no âmbito da segurança, em tudo aquilo que conquistamos e assimilamos, mas com o outro sondar as zonas do risco, que precisam ser proporcionadas, e se aventurar, ir além. Sem risco não se vai adiante. Mas também não se progride muito jogando-se de um barranco.

Amei trabalhar com esses jovens de dezesseis, dezessete anos, meus alunos; não me são e nunca me seriam indiferentes. Agradeço-lhes por todo o bem que me fizeram. Ensinar foi uma grande experiência, uma experiência em dois sentidos, porque ensinar também é aprender: significa deixar o coração e a mente sempre abertos à surpresa.

Fiquei dois anos em Santa Fé. Em 1966, voltei a Buenos Aires como prefeito dos estudantes do quarto ano e professor de literatura e psicologia no Colégio del Salvador. Depois, a partir de 1967, voltei a ser estudante por três anos, cursando teologia no Colégio Máximo, até me formar em 1971.

Foram os anos do Concílio Vaticano II, que abriu seus trabalhos em outubro de 1962 e os concluiu três anos depois, em dezembro. A Igreja, também na Argentina, seguia entre essas tensões e essas esperanças, entre aberturas e atrasos. Também no campo da teologia se viviam contrastes: os teólogos dogmáticos tentavam se abrir a esse novo espírito, os bíblicos iam de certo modo no mesmo ritmo, ou na vanguarda, enquanto a moral ainda era casuística e decadente; não conseguira se atualizar.

Foram, de modo geral, anos inquietos e apaixonados no mundo inteiro, de batalhas sociais e civis, do célebre discurso de Martin Luther King em Washington, *"I have a dream"*, e transbordando ingenuidade. Com um pouco de análise crítica, era possível notar os aspectos frágeis. Lembro que quando J. F. Kennedy foi eleito, em 1960, um sacerdote de Buenos Aires ficou exultante, como se ele mesmo tivesse sido eleito, porque o novo presidente era católico, e com isso julgava que o papa João XXIII seria levado à Casa Branca. Tamanha ingenuidade me exasperou. A guerra me enfurecia ainda mais, a Guerra do Vietnã, que vivia sua sanguinolenta escalada, como as de hoje seguem vivendo.

A guerra sempre é incompreensível.

A guerra sempre significa massacres inúteis.

Me doía e me dói ainda hoje; sinto-a na carne.

Cinco meses antes que eu fosse ordenado sacerdote, em julho de 1969, o primeiro ser humano pôs o pé na Lua. Todos nós vimos na televisão, mas ainda mais que aquelas imagens me impressionou a cinematografia do diretor sueco Ingmar Bergman. Seus filmes abriam o horizonte: *O sétimo selo*, com a inesquecível partida de xadrez entre o cavaleiro que volta das cruzadas e a Morte, *A fonte da donzela*, adaptação de uma lenda medieval, e *Através de um espelho*, marcante viagem pelos meandros da mente cujo título deriva da Primeira Carta de Paulo aos Coríntios. "Agora vemos em espelho e de maneira confusa, mas, depois, veremos face a face. Agora meu conhecimento é limitado, mas, depois, conhecerei como sou conhecido" (1Cor 13,12).

Depois da ordenação, em agosto de 1970, fui enviado à Espanha, ao Colégio de Sant'Ignazio em Alcalá de Hernares, a cidade natal de Cervantes, na região autônoma de Madri, para fazer minha terceira provação: a escola do coração e dos afetos, que conclui a formação dos jesuítas. Meu superior foi o padre José Arroyo, um homem que me fez muito bem, e que admiro até hoje.

Professaria os meus últimos votos perpétuos, os quartos, em 22 de abril de 1973, em San Miguel, já professor dos noviços. E apenas três meses depois, em 31 de julho de 1973, me tornaria superior provincial da Ordem. Estava com 36 anos e era o mais jovem a ter essa responsabilidade na Argentina. Muitas vezes declarei que essa nomeação foi uma insanidade, e de fato foi, mas a verdade é que não era possível fazer diferente naquele momento.

Errei muito. E precisaria aprender, bastante e duramente, com os meus erros.

16. Como uma criança nos braços da mãe

Éramos cinco os ordenados naquele 13 de dezembro de 1969: Hardoy, Avila, Bergoglio, Grados Acosta e Martensen. Todos juntos ao ar livre, no lindo jardim do Colégio Máximo de San José, pelo arcebispo emérito de Córdoba, Ramón José Castellano.

Era uma tarde de sábado, dia de santa Lúcia.

O padre Ricardo Martensen fundaria, cinco anos mais tarde, o Movimiento de la Palabra de Dios, uma comunidade pastoral hoje presente em muitos países da América do Sul e da Espanha. É um pouco mais velho que eu, e enquanto estas linhas são escritas, continua vivo.

Já Avila deixaria o sacerdócio e se casaria. Faleceu há alguns anos, os outros também.

Quanto a mim... é difícil relatar as emoções desse dia. Estava tomado. Sempre acontece isso comigo quando estou diante de algo grandioso: fico estático, em paz, tranquilo, talvez seja um mecanismo de defesa. As emoções assumem forma depois.

Nos dias de preparação para o rito, escrevi uma oração, a minha confissão pessoal de fé. Reescrevo-a hoje sem mudar uma linha:

Quero acreditar em Deus Pai, que me ama como um filho, e em Jesus, o Senhor, que infundiu seu Espírito em minha vida para me fazer sorrir e assim me conduzir ao Reino Eterno da vida.

Acredito na minha história, que foi trespassada pelo olhar de amor de Deus, que, naquele dia de primavera, 21 de setembro, veio ao meu encontro para me convidar a segui-lo.

Acredito na minha dor, infecunda por causa do egoísmo, sob a qual me escondo.

Acredito na mesquinhez da minha alma, que tenta sorver sem dar... sem dar.

Acredito que os outros são bons, e que devo amá-los sem temor, nem nunca os trair em nome da minha segurança pessoal.

Acredito na vida religiosa.

Acredito que quero amar muito.

Acredito na morte cotidiana, ardente, da qual fujo, mas que sorri para mim convidando-me a aceitá-la.

Acredito na paciência de Deus, acolhedora, afável como uma noite de verão.

Acredito que papai está no céu junto com o Senhor.

Acredito que padre Duarte também está lá e que intercede pelo meu sacerdócio.

Acredito em Maria, minha mãe, que me ama e nunca me deixará sozinho. E aguardo a surpresa de cada dia, no qual se manifestarão o amor, a força, a traição e o pecado, que irão me acompanhar até o encontro definitivo com esse rosto maravilhoso que não sei como é, do qual fujo continuamente, mas que quero conhecer e amar.

Amém.

Sou sacerdote há 54 anos.

Minha família estava presente, todos aqueles que ficaram: mamãe, vovó, meus irmãos, minhas irmãs, meus cunhados, meus tios e até mesmo a professora Stella.

Quando partiram de San Miguel ao anoitecer, fui até meu quarto com alguns amigos para conversar um pouco. E de manhã bem cedo peguei um ônibus para Buenos Aires, onde, na igreja do Colégio da Misericórdia, aquela em que tinha feito minha primeira comunhão, celebraria a minha primeira missa.

Também nessa ocasião estavam todos lá. Queriam fazer uma festa para marcar a data, mas eu, causando um leve mal-estar sem querer, fui categórico: nenhuma festa e nenhum presente. Depois da função as freiras do colégio arrumaram uma mesa do lado de fora da igreja com algumas garrafas de suco de laranja — era verão e estava muito quente; bebemos um copo, nos despedimos e voltamos para casa.

Desde sempre, de maneira instintiva, tive o costume de não aceitar comemorações e celebrações mundanas. Seria assim também quando fui nomeado provincial dos jesuítas, e em outras situações anteriores e posteriores. Muitas palavras seriam desperdiçadas na tentativa de explicar, então, para ser sincero, assumo: não tenho vontade. Não era como se tivesse conquistado alguma coisa, apenas estava começando o meu serviço.

Ao fim da função, assim que tirei as vestes, mamãe se ajoelhou diante de mim, pedindo-me a bênção. Esse gesto me marcou muito.

Antes e depois desse dia, criou o hábito de me visitar regularmente. Quando eu era estudante de teologia e não podia sair do colégio, ela percorria um trajeto de duas horas de ônibus para ir e voltar de San Miguel, e quando um colega meu enfrentou dificuldades, mamãe o recebeu em casa. Era uma mulher muito generosa.

Vovó Rosa estava radiante. Não deu ouvidos à minha determinação e levou um pequeno presente para a cerimônia. Meus avós o tinham preparado há pelo menos seis anos, no caso de, depois da morte do filho, também eles não poderem participar daquele compromisso tão especial. "A coisa mais importante para um sacerdote é celebrar a missa", vovó me disse um dia em que voltei para casa do noviciado, e me contou sobre uma mãe que recomendou o seguinte ao filho que estava prestes a ser ordenado padre: celebre toda vez como se fosse a primeira e a última. Tinha embrulhado o pequeno presente — um estojo porta-viático e um vasinho para a unção dos doentes — acompanhado de um bilhetinho, com precisas instruções de que me fosse entregue exatamente naquele dia.

Mas foi ela mesma que me deu, no final da missa. Vovô Giovanni tinha morrido cinco anos antes.

Guardei pelo resto da vida esse bilhete, que vovó escreveu misturando espanhol, que falava fluentemente mas escrevia com dificuldade, e italiano:

> Neste dia maravilhoso, em que poderá segurar entre as suas mãos o Cristo Salvador e no qual se abre para você o caminho privilegiado em direção a um apostolado mais profundo, com este modesto presente, de pouco valor material mas de altíssimo valor espiritual, embora distantes fisicamente, seus avós Rosa e Juan estão espiritualmente a seu lado.
> Que Deus te abençoe.
> Que Deus *ti haga santo*.

Também trago sempre comigo, já há mais de meio século, o seu testamento espiritual, que vovó me entregou em um dia de Natal oito anos antes da sua morte:

> *San Justo 25-12-66, Día de Navidad*. Que os meus netos, aos quais dei o melhor do meu coração, tenham uma vida longa e feliz. Mas se um dia a dor, a doença ou a perda de uma pessoa amada lhes causar aflições, que se lembrem de que um suspiro ao Tabernáculo, onde fica guardado o maior e mais nobre mártir, e um olhar a Maria aos pés da cruz podem derramar uma gota de bálsamo nas feridas mais profundas e dolorosas.

Eu o mantenho guardado no breviário e o releio com frequência. Para mim é como uma oração.

* * *

Meus avós paternos sofreram muito em seus últimos anos. Vovó tinha algumas amigas italianas que sempre visitava. Também bordava: todo mês recebia da Itália uma revista que se chamava *Mãos de fada*, e sabia efetivamente fazer maravilhas com as mãos. Vovô Giovanni jogava bocha de vez em quando com alguns homens do *barrio*. Mas em geral sentiam uma solidão muito grande. Foi uma vida entremeada de uma longa série de provações, dramas e mudanças: primeiro fecharam o empório e abriram uma padaria. Foram morar em Rivadavia com meus pais. Depois da morte inesperada de papai, seu único filho, voltaram a viver sozinhos. Então venderam a padaria e administraram uma papelaria e livraria, chamada San Giuseppe. Mais tarde, alugaram um apartamento no Hospital Italiano, que disponibilizava algumas unidades para idosos, que podiam usufruir também de uma cobertura assistencial e de saúde. Vovô morreu lá. Quando vovó Rosa ficou viúva, ela voltou a viver com mamãe. Àquela altura as coisas fluíam bem entre nora e sogra, e vovó ficou até o fim com mamãe.

Apenas em seus últimos dias foi necessário interná-la no sanatório San Camillo, no *barrio* de Cabalito. Fiquei com ela até o fim, as primeiras horas da manhã do dia 1º de agosto de 1974. Ela costumava dizer que o sudário não tem bolso, e que nunca tinha visto um caminhão de mudança acompanhar um cortejo fúnebre: levamos conosco apenas aquilo que compartilhamos com os outros. Havia completado noventa anos. Eu lhe dei a bênção, seu rosto estava sereno. No "Rassa nostrana", um belo poema em dialeto que narra a imigração dos piemonteses no Velho e no Novo Mundo, são muitos os personagens que sucessivamente entram em cena:

mecânicos, pedreiros, mineradores e camponeses, loiros de olhos da cor do céu, enérgicos aventureiros, montanheses com nervos de aço e rosto rubro de alegria... Mas quando penso em meus avós, é sobretudo o eco do último verso que me vem à mente: *"El pi dle volte na stagiun perdüa/ o na frev o un malör del so mesté/ a j'incioda ant na tumba patanüa/ spersa ant un camp-sant foresté"*; Na maioria das vezes uma estação perdida, ou uma febre ou uma doença de trabalho, prende-os a uma tumba nua, perdida num cemitério estrangeiro...

Os rostos deles, dos meus avós e dos meus pais, de quem cria os filhos, de quem trabalha para trazer o pão para casa, dos doentes, dos velhos padres que têm tantas feridas mas nunca perdem o sorriso de quem serviu ao Senhor, das freiras que se dedicam e se cansam sem serem notadas, são, para mim, o rosto santo da Igreja, do povo de Deus. A Igreja como casa de todos, não uma pequena capela que só pode abrigar um grupinho de pessoas selecionadas. Não se deve

Em casa com minha mãe, na década de 1970.

reduzir o seio universal da Igreja a um ninho protetor da nossa mediocridade.

Tinha acabado de ser nomeado bispo vicário de Flores, em 1992, quando foi realizada em Buenos Aires uma grande celebração para os doentes. Estava ali para confessar, e quase no fim da função uma idosa avançada em anos, muito humilde, se aproximou. Seus olhos brilhavam. *Abuela*, a senhora quer se confessar?, perguntei-lhe. "Sim." Mas se você não pecou... "Todos nós pecamos", ela disse. E se o Senhor não os perdoar? "O Senhor perdoa tudo", respondeu. Com certeza. Mas como a senhora sabe? "Se o Senhor não perdoasse tudo, o mundo não existiria." Nem mesmo se tivesse estudado na Universidade Gregoriana poderia ser mais sábia. Porque sua sabedoria é aquela que o Espírito Santo concede: a sabedoria interior que se abre à misericórdia de Deus.

O povo não é uma categoria lógica. Nem mesmo uma categoria mística, se a entendemos no sentido de que tudo que o povo faz ou diz deve ser evidentemente bom e justo, uma espécie de categoria angelical. Não. O povo, se é que se pode dizer assim, é uma categoria mítica. Uma categoria mítica e histórica. O povo se forma em um processo, com empenho, diante de um objetivo ou um projeto comum. A história é construída por esse lento processo de gerações que se sucedem.

Existe uma grande diferença entre o verdadeiro mito, que sempre é um modo contemplativo de abrir-se à realidade, e o relato, que é a comunicação histórico-narrativa por meio da qual se expressa uma realidade, uma vida. Existe também um tipo de relato fantasioso, que é a construção de narrativas que não passam de justificativas de algo a ser imposto, uma história construída com o objetivo de fazer alguma coisa que provavelmente é falsa se parecer com a verdade. O relato, nesse sentido, é uma justificativa. É, por exemplo, o modo como o poder costuma justificar a si mesmo, sobretudo quando é ilícito ou injusto. O relato é um truque; com ele, a vida também vira um truque.

Já o mito é um modo de conhecer a verdade, de ser conduzido à verdade. Não tem temporalidade porque é ligado, visceralmente, à natureza humana. O mito nos interroga, nos estimula, escava na profundidade, convida ao diálogo e sempre se renova, porque é consistente em si mesmo.

É necessário um mito para entender a realidade viva do povo.

Desde a juventude gosto muito de Dostoiévski. Mais tarde, na época em que fui reitor da faculdade de filosofia e teologia em San Miguel, passei a gostar muito também da interpretação e do estudo que Romano Guardini fez do grande escritor russo e de seu mundo religioso. Para Dostoiévski e Guardini, o povo é um "ser mítico", sem idealização alguma. Por ser pecador, e também miserável, representa a humanidade autêntica, e, mesmo que sofra humilhações, é saudável e forte porque está inserido na estrutura fundamental da existência, em uma vocação compartilhada, em um sentido que o transcende. Nisso, "está próximo a Deus". E está em profundo contato com a Criação, na qual "sentimos o mistério do amor de Deus pelo mundo", o sentido de uma ação criadora e capaz de redimir que continuamente se renova.

No mundo religioso de Dostoiévski, o destino dos personagens se desenrola no pertencimento ou na separação em relação ao povo. E o traço que dá identidade ao povo é o Evangelho. "A minha concepção de fé é muito simples", diz o escritor, paradoxalmente, em uma carta. "É a seguinte: acredito que não existe nada de mais belo, mais profundo, mais simpático, mais razoável, mais extraordinário, mais perfeito que Cristo. Não apenas não existe nada maior que ele, mas digo com um amor ciumento: não pode existir nada maior que ele. Ou mais precisamente: se alguém demonstrasse que Cristo está fora da verdade, se fosse *realmente* provado que a verdade não está em Cristo, preferiria ficar com Cristo a com a verdade."

Todos os personagens de Dostoiévski sentem na pele as tensões do viver, o mal, a dor, a degradação, o pecado; e contudo Sófia, a companheira de Versílov em *O adolescente*, ou seu marido, o peregrino Makar, assim como a outra Sófia, amiga de Rodion Raskólnikov em *Crime e Castigo*, ou o místico Zosima de *Os irmãos Karamázov*, encarnam a santidade de um povo de pecadores. Porque Cristo está no coração do povo. E a transformação não é obtida por meio da força; a verdadeira força da transformação é o amor vivo que provém de Deus: "O amor humilde é uma força formidável, a maior de todas, não existe nada igual".

Entrar em sintonia com a alma do povo é um antídoto a toda forma de populismo sectário que reduz a alma a um elemento faccioso e ideológico. É uma forma de aproximação que não tem sua origem na distância, que nasce do caminhar *com* o povo. O encontro torna possível um outro tipo de conhecimento, no qual o povo é sujeito, não objeto. É um ato de projetar compartilhado e fraterno. Na comunhão.

O povo é sujeito. E a Igreja é o povo de Deus no caminho da história, com alegrias e dores. Isso, hoje, corresponde ao "sentir com a Igreja" de que fala santo Inácio de Loyola em seus Exercícios Espirituais. A imagem da Igreja pela qual tenho apreço é a do santo povo fiel a Deus, uma fé na qual todo teólogo deve se sentir imerso e em relação à qual deve conseguir também se sentir sustentado, transportado, abraçado. É uma definição que uso frequentemente, e é também a de *Lumen Gentium*, a segunda das quatro constituições dogmáticas do Concílio Vaticano II. O pertencimento a um povo tem um forte valor teológico: Deus, na história da salvação, salvou um povo. Não existe identidade plena sem pertencimento a um povo.

"Nenhum homem é uma ilha, completo em si próprio", escreveu o poeta inglês John Donne. Deus nos envolve em meio à complexa trama de relações interpessoais que se formam na comunidade humana. Se insere nessa dinâmica popular. Existe um sentido da realidade da fé que pertence a todo o povo de Deus, mesmo àqueles que não têm os meios intelectuais específicos para expressá-lo, e que pede para ser identificado e ouvido.

Deus não se envergonha do seu povo, não se envergonha de caminhar pela história. Ele quer se misturar à nossa história, fundir-se aos nossos pecados, aos nossos insucessos. O ser humano foi criado para fazer a história, não para sobreviver na selva da vida. Não querer fazer história, apenas observar a vida e o mundo da varanda, é uma postura parasitária.

Considero a frase "Todo mundo nasceu com seu destino já escrito" tão injusta quanto insuportável. Não é verdade. De jeito nenhum. A vida não nos vem como um libreto de ópera: é uma aventura na qual devemos nos lançar. Os fracassos não podem nos deter se temos fogo no coração. É preciso que nos deixemos encontrar pela vida e por Deus.

Sonho com uma Igreja que seja cada vez mais mãe e pastora, cujos ministros consigam ser misericordiosos, responsabilizar-se pelas pessoas, acompanhando-as como o Bom Samaritano. Deus é maior que o pecado, sempre. Isto é o Evangelho. Uma Igreja que se posiciona dessa maneira está preocupada em deixar claro às mulheres e aos homens qual é o centro e o núcleo fundamental do Evangelho, isto é, "a beleza do amor salvífico de Deus manifestado em Jesus Cristo morto e ressuscitado" (*Evangelii Gaudium* n. 36). As reformas organizativas e estruturais vêm depois. A primeira reforma deve ser na postura. Os bispos, sobretudo, devem ser homens capazes de sustentar com paciência os passos de Deus em seu povo de modo que ninguém fique para trás, mas também acompanhando esse povo, o rebanho, que tem o faro para encontrar novas trilhas. Não apenas uma Igreja que acolhe e que recebe deixando as portas abertas, portanto, mas uma Igreja que procura e encontra novas estradas, que é capaz de extrapolar a si mesma.

Minhas raízes são também italianas, mas eu sou argentino e latino-americano. No grande corpo da Igreja, onde todos os carismas "são uma maravilhosa riqueza de graça", essa Igreja continental tem características particularmente vivazes — notas, cores, nuances que representam uma riqueza e que os documentos das grandes assembleias dos episcopados latino-americanos registraram.

O continente latino-americano é marcado por duas realidades: a pobreza e o cristianismo; é um lugar com muitos pobres e muitos cristãos. Isso faz com que a fé em Jesus Cristo tenha uma cor especial nessa terra. As procissões lotadas, a fervilhante veneração de imagens religiosas, o profundo amor pela Virgem Maria e tantas outras manifestações de piedade popular são testemunhos eloquentes. Quando nos aproximamos do nosso povo com o olhar do bom pastor, quando amamos em vez de julgar, descobrimos que esse modo cultural de expressar a fé cristã está mais vivo do que nunca, especialmente em nossos pobres. E isso é o oposto de idealizar a pobreza, ou de todo tipo de pauperismo teológico: é um fato. É uma grande riqueza que Deus nos concedeu. Em 2007 a conferência episcopal de Aparecida deu um passo a mais e a reconheceu como *espiritualidade popular*.

Sob uma perspectiva histórica, se analisarmos os últimos cinco séculos, percebemos que a espiritualidade popular é uma estrada original pela qual o Espírito Santo conduziu e continua a conduzir milhões dos nossos irmãos. Não se trata apenas de manifestações de religiosidade que precisamos tolerar; é uma verdadeira espiritualidade que precisa ser fortalecida de acordo com seus próprios meios. Não são os que não entendem, que não sabem, que "precisamos educar". Aparecida nos lembra que muitos desses homens e dessas mulheres "golpeados, ignorados e saqueados, não fraquejam. Com sua religiosidade genuína se agarram ao imenso amor que Deus tem por eles e que os faz ter consciência da própria dignidade".

A piedade popular é a revelação da memória de um povo. Desvalorizar essa espiritualidade, considerá-la uma modalidade secundária de vida cristã, significa esquecer o primado da ação do Espírito e a iniciativa gratuita do amor de Deus. Os padres das *villas miserias*, aqueles que compartilham a existência e o trabalho nos bairros populares, felizes por poderem viver o Evangelho de maneira concreta ao lado de quem sofre, dos que têm a dignidade e os direitos subtraídos, consideram essa espiritualidade certamente não um obstáculo, mas um lugar teológico, um trampolim para a emancipação e a transformação.

Roberto José Tavella, que foi bispo na década de 1940 de Salta, no noroeste da Argentina, aos pés da cordilheira dos Andes, contava a seguinte anedota: um dia, entrou em sua catedral e viu um indígena que rezava com enorme concentração diante da Virgem do Milagre. Concluiu suas atribuições e o sujeito continuava lá, impassível. Ficou então curioso e esperou para ver o que iria acontecer. Aguardou ainda um bom tanto, até que terminasse. Então se aproximou dele. "A bênção, *padrecito*", cumprimentou o homem. Começaram a conversar. "O que estava rezando?", o bispo perguntou. "A catequese, *padrecito*", o homem respondeu. Era a catequese de são Toríbio, um texto do século XVI.

A opção preferencial da Igreja pelos pobres deve nos levar a conhecer e valorizar suas maneiras culturais de viver o Evangelho. O ser humano é um ser social por natureza. Com as palavras de são João Paulo II, podemos dizer que "o homem é ao mesmo tempo filho e pai da cultura na qual está imerso". A fé não é exceção; ela se expressa culturalmente. É sobretudo uma graça divina, mas é também um ato humano, e portanto um ato cultural.

Quando, como Igreja, aproximamo-nos dos pobres, constatamos que existe neles, para além das enormes dificuldades cotidianas, um sentido transcendente da vida. De certo modo, o consumismo não os enjaulou. A vida aponta para algo que vai além desta vida. O sentido transcendente da existência que vive no cristianismo popular é a antítese do secularismo e da prevalência do mundano: é um ponto--chave. Aparecida nos diz que é "uma grandiosa confissão do Deus vivo que age na história". Na espiritualidade desses homens e dessas mulheres existe um "rico potencial de santidade e de justiça".

Na exortação apostólica *Evangelii Gaudium* lembrei que a missão no coração do povo não é um ornamento, um apêndice, ou um momento entre tantos outros da existência. É muito mais do que isso: é algo que não posso erradicar do meu ser a menos que queira me destruir. Cada cristão e cada comunidade são convocados a agir como instrumentos de Deus para a libertação de todo o povo e a ascensão dos pobres. Permanecer surdos ao grito dos pobres nos exclui da vontade do Pai e do Seu projeto. Isso implica muito mais que um ato esporádico de generosidade: exige criar uma nova mentalidade que pense em termos de comunidade, de priorizar a vida de todos em detrimento da apropriação dos bens por parte de poucos. Jesus quer que toquemos a miséria humana, que toquemos a carne sofrida do outro, que aceitemos verdadeiramente entrar em contato com sua existência concreta e que conheçamos a força da ternura. Ao agirmos dessa forma, a vida fica maravilhosamente mais complicada, e conhecemos a intensa experiência de ser um povo, a experiência de pertencer a um povo. Um povo livre, ou que luta para libertar-se.

Unir Cristo e Maria com certeza não é difícil para o modo de pensar do povo fiel. O Documento de Puebla, a mensagem final da terceira conferência geral do episcopado latino-americano, de 1979, indica que Maria "é o ponto de ligação entre o Céu e a terra. Sem Maria, o Evangelho é desencarnado, desfigurado, transforma-se em uma ideologia, em um racionalismo espiritual". Maria era uma mulher do povo, humilde, da periferia, uma jovem de Nazaré, pequena cidade da Galileia, nas margens do império romano e também nas de Israel, que vivia do próprio trabalho e do de seu marido. Quando o Anjo a chama de "cheia de graça" (Lc 1,28), ela fica "intrigada", porque em sua humildade sente-se nula diante de Deus. A humildade, escreveu Mario Soldati, "é aquela virtude que, quando a temos, acreditamos não a ter". Ao entoar seu cântico (Lc 1,46-55), Maria ensina que o Senhor aniquila a vaidade e o orgulho das pessoas que acreditam ser uma rocha.

Um dia, um confessor, após pedir permissão para compartilhar, me relatou a história de uma menina, uma pessoa simples. A jovem tinha alguma doença misteriosa e foi levada a um hospital de Buenos Aires. Começou a sofrer paradas cardíacas e, depois de uma semana de internação, disseram a seu pai: "Não há nada que possamos fazer, ela tem poucas horas de vida". Era o final da tarde. Esse homem, humilde, operário, desesperado foi a Luján, até a basílica da Virgem, mas as portas e os portões estavam fechados quando chegou. Agarrou o portão do santuário e começou a rezar, rezar, rezar. Ficou assim a noite toda, sem nem sequer se dar conta. Pegou um ônibus, ao nascer do dia, para voltar ao hospital. Quando chegou, encontrou a esposa na sala de espera: "Não sei o que aconteceu, estão dizendo que a febre passou, não conseguem entender".

A menina teve alta poucos dias depois.

Até a oração pode ser uma verdadeira luta.

Os pobres. Maria escuta os pobres. É a mãe dos pobres e dos indefesos. Sabe que o Senhor os enobrece. Sabe o que é realmente importante. Em sua vida terrena, mesmo que estivesse passando por grande sofrimento, se pôs à disposição. Para entendê-la, para falar com ela, é preciso escolher essa perspectiva.

No mais, a exortação apostólica de Paulo vi, *Marialis Cultus*, expressa a relação entre Maria e a libertação dos pobres: "Uma mulher forte, que conhece a pobreza e o sofrimento, a fuga e o exílio (Mt 2,13-23): situações que não podem escapar à atenção daqueles que buscam sustentar com espírito evangélico as energias libertadoras do homem e da sociedade".

A Igreja é convocada a ser sempre a casa de portas abertas do Pai, não uma alfândega, mas a casa paterna onde existe lugar para qualquer um com sua vida dura, e onde se luta para acolher e aliviar essa dureza. Se a Igreja inteira assumir esse dinamismo missionário, ela chegará a todos, sem exceções. A quem, contudo, deve se dar prioridade? Quando uma pessoa lê o Evangelho, encontra uma orientação muito clara: não tanto os amigos, os vizinhos, os semelhantes, os "nossos", mas sobretudo os pobres e os doentes, aqueles que costumam ser desprezados e esquecidos, aqueles que "não têm com que retribuir" (Lc 14,14). Essa mensagem tão clara não deixa espaço para dúvida e dispensa explicações que possam enfraquecê-la. Hoje e sempre, "os pobres são os destinatários privilegiados do Evangelho", como recordou Bento xvi.

A Igreja é mulher, não homem. Nós, clérigos, somos homens, mas não somos a Igreja. A Igreja é mulher porque é a esposa. E é o santo povo fiel de Deus: homens e mulheres juntos. Por isso, identificar novos critérios e modalidades para que as mulheres possam protagonizar e participar mais plenamente dos diversos âmbitos da vida social e eclesiástica, para que a sua voz tenha cada vez mais peso e sua autoridade seja cada vez mais reconhecida é um desafio mais urgente do que nunca. É preciso seguir em frente. Atualmente a vice-governadora do Estado Pontifício é uma mulher, a irmã Raffaella Petrini, e com ela outras duas mulheres fazem parte do Dicastério para os Bispos, uma religiosa e uma leiga: a irmã Yvonne Reungoat e Maria Zervino. Elas escolhem os pastores das dioceses do mundo inteiro. Outras têm papéis importantes no Dicastério para o Serviço do Desenvolvimento Humano Integral, na Secretaria de Estado e no Dicastério para a Comunicação. É também uma mulher a diretora dos Museus Vaticanos.

Se nós, clérigos, não conseguirmos entender o que é uma mulher, o que é a teologia de uma mulher, nunca iremos entender o que é a Igreja. Um dos grandes pecados que cometemos foi tê-la "masculinizado". Devemos, portanto, "desmasculinizar" a Igreja. Sabendo, porém, que "masculinizar" as mulheres não seria nem humano nem cristão, pois outro grande pecado é certamente o clericalismo. Não se trata de cooptar todas ao clero, de transformar todos e todas em diáconos com ordem sagrada, mas de valorizar plenamente o princípio mariano, que na Igreja é ainda mais importante do que o petrino: Maria é mais importante que Pedro, e a mística da mulher é maior que o ministério.

Como está escrito em outubro de 2024 no documento de encerramento do Sínodo sobre a Sinodalidade, no qual pela primeira vez optei por não dar seguimento a uma exortação apostólica minha, considerando-o imediatamente operacional, não há motivos que impeçam as mulheres de assumir papéis de liderança na Igreja: o que vem do Espírito Santo não pode ser contido. A questão do acesso das mulheres ao ministério diaconal, sobre a qual o discernimento deve continuar, também permanece aberta ao estudo. Muito embora desde o início seja necessário encorajar de todas as

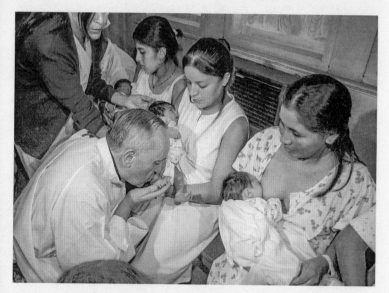

Lavando os pés de crianças e suas mães em Buenos Aires, em 2005.

maneiras a presença de leigas e religiosas no processo de formação de novos sacerdotes: os seminaristas certamente colherão grandes benefícios com isso. Se é verdade que as mulheres já contribuem de forma brilhante para a investigação teológica e estão presentes em cargos de responsabilidade nas instituições eclesiásticas e são chefes de comunidades, é necessário que todas as oportunidades oferecidas sejam imediatas e plenamente concretas, sobretudo onde isso ainda não acontece.

Só assim, e não com uma reforma mundana artificiosa, prestaremos de maneira mais consistente um testemunho do Deus que "é pai; e é ainda mais mãe", sobre o qual — com palavras repletas de ternura em um mundo tão destruído como o de hoje por massacres inúteis — falou o papa Luciani, João Paulo I, um rosto sorridente de uma Igreja que nunca fecha suas portas e não sofre com nostalgia do passado.

* * *

A condição da mulher em nossa sociedade é também com frequência uma forma peculiar de pobreza. Símbolo da vida, o corpo feminino muitas vezes é agredido e deturpado também por aqueles que deveriam ser seus protetores e companheiros. As tantas formas de violência, de escravidão, de mutilação do corpo da mulher, de mercantilização, de criminosa degradação que o reduz a um objeto a ser vendido e explorado, ou mesmo a discriminação e as limitações profissionais, são uma vergonha dessa sociedade que se vangloria de ser moderna e desenvolvida.

É um verdadeiro escândalo contra o Evangelho, uma vergonha que deve nos encorajar a lutar.

Já disse muitas vezes aos sacerdotes e aos leigos de Buenos Aires: precisamos sair. Prefiro uma Igreja acidentada, ferida e suja por ter saído pelas ruas a uma Igreja asfixiada e doente pela clausura e pela conveniência de se agarrar às próprias certezas. Isso vale para toda a Igreja.

Quem não sai de si, em vez de ser um mediador, torna-se pouco a pouco um intermediário, um gestor. E torna-se triste. Padres tristes que se transformam em colecionadores de antiguidades, ou de novidades, o que no fim das contas dá no mesmo, em vez de serem pastores com o "cheiro das ovelhas".

No terceiro capítulo do profeta Joel, lemos: "Vossos anciãos terão sonhos, e os vossos jovens terão visões" (Jl 3,1). Nos sonhos dos anciãos existe a possibilidade de os jovens terem visões e que todos vislumbrem novamente um futuro. As Igrejas, pelo contrário, sobretudo em certos países, às vezes se fecham demais em seus programas, em suas agendas constituídas. Sei que os programas são necessários, mas tenho dificuldade em depositar muita esperança em organogramas. O Espírito está pronto para nos motivar a seguirmos adiante. E se expressa também na capacidade de sonhar e de profetizar. Só podemos rejuvenescer se não nos fecharmos, se dialogarmos. Todos, também os jovens, porque caso contrário correm o risco de se tornarem "jovens velhos" que apenas observam a história passar. É preciso saber sonhar e saber arriscar na vida: a vida é luta, é recusar o compromisso eterno da mediocridade. Por isso recomendei tantas vezes aos jovens que conversassem com os mais velhos. Se os velhos souberem sonhar, os jovens poderão profetizar. Se os jovens não profetizam, a Igreja, e o resto da sociedade, ficam sem ar.

A realidade é mais bem-vista a partir da periferia do que do centro. Isso inclui a realidade de uma pessoa, a periferia existencial; você pode ter um pensamento muito estruturado, mas quando discute com alguém que não pensa como você, de algum modo precisa buscar argumentos para sustentar o seu pensamento; o debate se inicia, e a periferia do pensamento do outro te enriquece. A fecundidade, na vida, não passa apenas pelo acúmulo de informações ou unicamente pela via da comunicação virtual, mas por compartilhar a concretude da existência. O amor virtual não existe. O amor é exigência e experiência concreta.

Todo mundo pode mudar. Até mesmo as pessoas mais sofridas. Isso não é otimismo, mas certeza em duas coisas: primeiro, no ser humano. A pessoa é a imagem de Deus, e Deus não despreza a própria imagem, de algum modo a resgata, sempre encontra uma forma de recuperá-la quando é maculada. Segundo, na força do próprio Espírito Santo, que consegue mudar a consciência. Repito, não é otimismo: é fé na pessoa, que é filha de Deus, e Deus nunca abandona seus filhos.

Nós, os filhos, cometemos muitos erros, equivocamo-nos, pecamos, mas quando pedimos perdão a misericórdia de Deus nos acolhe e nos perdoa toda vez. Não se cansa de acolher e de perdoar. E nos transforma. Somos nós que às vezes nos cansamos de pedir perdão.

Eu sou pecador como qualquer outra pessoa.

Um pecado grave contra o amor é ignorar uma pessoa. Há alguém que te ama e você a renega, trata-a como se não a conhecesse. Ela te ama e você a rejeita. Renegar Deus, portanto, é um dos piores pecados que existem. São Pedro, no entanto, cometeu justamente esse pecado, renegou Jesus Cristo... e se tornou papa! Reencontrar o olhar de Jesus mudou seu coração e sua vida, mais ainda que da primeira vez.

O que posso acrescentar? Nada. Sigo em frente. Caminho. Adiante!

É por causa da luta para cumprir esse dever, esse percurso com o povo de Deus, que, há mais de cinquenta anos, me tornei sacerdote.

Se tenho ainda hoje uma preocupação é o medo de ser infiel. Porque sei que o Senhor me ofereceu muitas possibilidades de fazer o bem e receio não conseguir fazê-lo sempre. Mas é um sentimento sereno, não angustiante. É uma tensão que me faz dizer: atenção, tenha cuidado.

Sinto-me, contudo, muito confiante nas mãos de Deus, tal qual diz o salmo: "Como uma criança nos braços da mãe". Às vezes, rezando nesses braços, adormeço.

17. Para que te lembres e te envergonhes

Tenho vivido uma vida longa, mais longa que a de papai, de mamãe, dos meus irmãos, e evidentemente uma vida que o menino que fui não seria capaz nem mesmo de imaginar. Gratidão e indignidade são os sentimentos que acompanham essa reflexão, esses pensamentos.

Não são meras palavras, de modo algum. Eu me sinto indigno.

Sinto-me ingrato, porque diante de tamanha ventura que recebi, cometi tantos erros, tantos equívocos.

Sinto-me também sortudo, inexplicavelmente sortudo, porque nem todos os meus irmãos viveram a mesma realização humana: ninguém morreu de fome, claro, ninguém foi desprezado, mas tiveram seus infortúnios, alguns mais outros menos, reviravoltas dolorosas, um deles se separou, casou-se outra vez.

Sou um homem perdoado. Sempre. Ao longo da existência também tive momentos de crise, de vazio, de pecado, períodos de mundanidade. E o Senhor conseguiu me livrar deles. Quando relembro esses momentos sombrios, existenciais ou morais, pergunto-me como consegui sobreviver. No entanto, foi o que aconteceu: sobrevivi, continuei a caminhar.

Se reflito sobre qual é a maior graça que desejo do Senhor, e que já pude viver, é a graça da vergonha. Minha vida é descrita no capítulo 16 do Livro de Ezequiel, na parte final: "Serei eu que restabelecerei a minha aliança contigo e saberás que eu sou o Senhor, a fim de que te lembres e te envergonhes" (Ez 16,62). Para que te lembres e te envergonhes.

Sinto que tenho uma fama que não mereço, uma gratidão das pessoas que não me é devida. É, sem dúvida, o mais forte dos sentimentos. Fui trazido até aqui de graça, e esse pensamento vem acompanhado tanto de vergonha quanto de espanto.

Um espanto surpreso, que trouxe consigo a contradição de uma imensa paz: senti isso no momento da minha eleição ao trono de são Pedro.

Dizer que não esperava nada parecido, nunca na vida e muito menos no início daquele conclave, certamente é dizer pouco.

Sim, sabia que era, como diziam os vaticanistas, um *kingmaker*; que, como cardeal latino-americano, tinha autoridade para direcionar um número de votos a algum candidato. Nada mais que isso, porém. Os candidatos fortes, que os jornalistas especulavam e procuravam naqueles dias do começo de março de 2013, eram outros: o arcebispo de Milão Angelo Scola, o cardeal de Boston Sean O'Malley, o arcebispo de São Paulo Odilo Scherer e Marc Ouellet, o cardeal canadense que é presidente emérito da Pontifícia Comissão para a América Latina.

No domingo, dia 10, uma semana antes do conclave, os quatro, bem como muitos outros, haviam celebrado a missa em suas paróquias de referência em Roma. Cada cardeal tem a sua, a minha era a São Roberto Belarmino, uma igreja moderna, de estilo racionalista, na Piazza Ungheria, cujo altar-mor original foi doado pelo tenor Beniamino Gigli. Naqueles dias, contudo, me dei conta de que não me agradava muito, então celebrei, de manhã cedo, na capela da Casa do Clero Paulo VI, onde estava hospedado, na Via della Scrofa. Depois fui almoçar na casa de Lella, irmã do monsenhor Ubaldo Calabresi, que por vinte anos foi núncio apostólico na Argentina e antes secretário da nunciatura, e com quem tive uma relação de amizade muito íntima, até sua morte. Toda vez que vinha a Roma almoçava com Lella e sua neta: eu era de casa. O resto da família chegou mais tarde, os filhos, os netos, e conversamos bastante. Falamos um pouco de tudo, mas nada sobre o conclave.

Na manhã seguinte, uma segunda-feira, ocorreu a última das congregações gerais, as reuniões preparatórias do colégio de cardeais. Eu havia sido o penúltimo a falar na reunião anterior, no sábado: um discurso breve, improvisado, de quatro ou cinco minutos. Ao que parecia, fiquei sabendo naquela segunda-feira, tinha despertado interesse, chamado a atenção. Pensei que fosse apenas gentileza, consideração, nada além disso. Um cardeal se aproximou e falou: "É isso, precisamos de uma pessoa que faça justamente essas coisas". Sim, mas onde a encontraremos?, foi minha resposta. Então ele: "É você". Eu comecei a rir: ah, sim, claro, por que não?

No dia seguinte, terça-feira, 12 de março, iniciou-se o conclave.

Cheguei a Santa Marta pela manhã com a mala na qual levava as batinas que tinha em Roma e poucas outras coisas. Havia deixado tudo em Buenos Aires, os livros que começara a ler, as homilias preparadas para o Domingo de Ramos e para a Quinta-Feira Santa, e também um bocado de bagunça. Já tinha comprado a passagem de volta para sábado, dia 23: nenhum papa vai tomar posse na Semana Santa, pensei. Sábado pego o avião e vou embora. Volto para casa. Ponto.

Na entrada de Santa Marta, os cardeais formavam uma fila, aguardando que suas bolsas fossem verificadas e registradas, porque não é permitido entrar com telefones, computadores ou qualquer outro aparelho. Nem mesmo jornais. Durante todo o conclave um sigilo absoluto é imposto: as janelas são fechadas, os sinais de rádio móveis bloqueados.

Deixaram-me passar: "Venha, Eminência, vamos devolver-lhe sua mala aqui dentro". Tudo estava blindado, Santa Marta e a Sistina. Quando o funcionário veio me entregar minha bolsa e me chamou, "Cardeal Bergoglio?", disseram que alguém atrás dele teria comentado: "Quem sabe ele aceita...". Talvez alguns cardeais já estivessem falando a respeito. Mas não ouvi nada, e esse pensamento de modo algum me passou pela cabeça.

Pensando nisso mais tarde, lembrei-me também que alguns dias antes, na Via della Scrofa, um arcebispo viera me perguntar o que eu achava da situação. Mas todos nós éramos questionados. Respondi vagamente: não sei, há os nomes que todos nós conhecemos... "E se fosse você?", ele me perguntou. Ah, veja, não é hora de brincar. "Mas você aceitaria?" Cortei a conversa: hoje, neste momento da Igreja, nenhum cardeal pode dizer não... E só. Queria apenas escapar do constrangimento daquela conversa.

Às dez da manhã de terça-feira, em São Pedro, foi celebrada a missa *pro eligendo Romano Pontifice*, dando início aos rituais. À tarde realizou-se a procissão que, da capela Paulina, segue até a Sistina, para o juramento solene.

De noite o conclave fez sua primeira votação que, segundo o protocolo, é basicamente um escrutínio "de cortesia". Vota-se em um amigo, em uma pessoa respeitada... Então começa um mecanismo bastante conhecido e consolidado: quando há vários candidatos fortes, os indecisos, como era o meu caso, concedem seus votos a quem sabem que não vencerá. São substancialmente votos "em depósito", que aguardam o quadro se desenvolver e se desenrolar com mais clareza. Eu havia recebido alguns votos, mas estava certo de que eram tão somente votos provisórios. Estava tranquilo.

Na manhã seguinte, quarta-feira, dia 13, no segundo escrutínio, também tive votos "em depósito". No terceiro, alguns a mais. Era uma situação fluida, indecisa, por isso não me surpreendia. Eu só pensava em fazer tudo da melhor forma possível e pegar meu voo de volta para Buenos Aires e celebrar o Domingo de Ramos e a Páscoa.

Depois da fumaça escura segui em direção ao refeitório, para almoçar, mas antes procurei o arcebispo de Havana, James Lucas Ortega, que havia me solicitado o discurso que fiz nas congregações gerais. Eu não tinha nenhum documento escrito, então reconstruí brevemente aquilo que dissera, em quatro pontos. "Ah, obrigado, agora posso levar para casa uma lembrança do papa", ele agradeceu. Achei que fosse uma piada.

Ortega me perguntou se poderia divulgar o texto e eu assenti.

No elevador encontrei outro cardeal, também latino-americano: "Aprontou seu discurso? Prepare-o direitinho, hein?". E eu: que discurso? "O que você vai ler na varanda!" Outra piada? Pura convenção? Talvez simplesmente sua preferência pessoal.

O cardeal Ortega leria publicamente aquelas anotações minhas durante a missa crismal que celebrou duas semanas depois, na catedral de Cuba:

> Foi feita referência à evangelização. É a razão de ser da Igreja: "A doce e reconfortante alegria de evangelizar" (Paulo VI). É o próprio Jesus Cristo que, dentro de nós, encoraja.
>
> 1) Evangelizar implica zelo apostólico. Evangelizar pressupõe na Igreja a coragem de extrapolar a si mesma. A Igreja é convocada a sair de si mesma e ir na direção das periferias, não apenas as geográficas, mas também as existenciais; a do mistério, a do pecado, a da dor, a da injustiça, a da ignorância, a da fé, a do pensamento, as periferias de cada forma de miséria.
>
> 2) Quando a Igreja não sai de si mesma para evangelizar, torna-se autorreferenciada e adoece (basta pensar na mulher curvada sobre si mesma do Evangelho segundo Lucas). Os problemas que, ao longo do tempo, afligem as instituições eclesiásticas têm sua raiz nesse atributo autorreferenciado, em uma espécie de narcisismo teológico. No Apocalipse, Jesus diz que Ele está no limiar e chama. Evidentemente o texto se refere ao fato de que Ele está à porta e bate para entrar... Às vezes, contudo, acho que Jesus bate pelo lado de dentro, para que O deixem sair. A Igreja autorreferenciada pretende confinar Jesus Cristo dentro de si e não O deixar sair.
>
> 3) A Igreja, quando é autorreferenciada, sem se dar conta acredita que tem luz própria; deixa de ser o *Mysterium Lunae* e dá lugar a um mal gravíssimo que é a mundanidade espiritual (segundo Lubac, o pior mal no qual a Igreja pode incorrer): o viver para glorificar uns aos outros. Simplificando, existem duas imagens da Igreja: a Igreja evangelizadora que sai de si mesma, a do *Dei Verbum religiose audiens et fidenter proclamans* (a

Igreja que religiosamente esculta e fielmente proclama a palavra de Deus), e a da Igreja mundana que vive em si, de si, para si. Isso deve iluminar as possíveis mudanças e reformas que precisam ser realizadas para a salvação das almas.

4) A respeito do próximo papa: deve ser um homem que, por meio da contemplação de Jesus Cristo e a adoração a Ele, ajude a Igreja a sair de si mesma em direção às periferias existenciais, que a ajude a ser mãe fecunda que vive da "doce e reconfortante alegria de evangelizar".

Roma, 9 de março de 2013

O elevador chegou ao refeitório.

Alguns cardeais da Europa estavam sentados à mesa, e havia ainda um lugar vazio. Chamaram-me: "Venha, Eminência, venha, sente aqui conosco". Começaram a me fazer mil perguntas, de todos os tipos, sobre a América Latina, sobre suas peculiaridades, sobre a Teologia da Libertação.

Rememorei aquele longo e terrível momento: a constante repressão do peronismo no começo dos anos 1960, o nascimento de grupos de extrema direita ligados aos nazistas refugiados, a campanha de violência antissemita e de atentados no país inteiro, e depois a guerrilha, quando fui professor dos noviços em Villa Barilari, em San Miguel, em 1972, e descobrimos que um estudante jesuíta guardava uma bomba trancada no armário... Um extenso, dramático, período.

À mesa debatemos diversos assuntos. Expliquei os fenômenos. Faziam-me perguntas. Cheguei a pensar: nossa, parece que estão me avaliando... E de fato devia ser exatamente isso; eu que não havia entendido.

Terminamos a conversa e ia me levantando para sair quando um cardeal veio em minha direção: "Eminência,

Eminência!", chamou, em espanhol. Diga. "Mas o senhor não tem um pulmão?", perguntou-me. E eu: não é bem assim, extraíram o lobo superior porque eu tinha três cistos. "E quando foi isso?" Há muito tempo, em 1957, expliquei. O cardeal enrubesceu, disse um palavrão, cerrou os dentes e deixou escapar: "Essas reviravoltas de última hora!".

Foi ali que comecei a entender.

O risco, ao menos, existia.

Subi para fazer a *siesta*, *la pennichella*, como dizem em Roma, e dormi bem. Em paz. Depois, às 15h30, me levantei e segui em direção à Sistina no primeiro ônibus que havia sido reservado.

Fui um dos primeiros a chegar, então comecei a conversar com o cardeal Ravasi, presidente emérito do Pontifício Conselho para a Cultura, enquanto esperávamos pelos outros. Falamos sobre o Livro de Jó, já que eu havia ministrado aulas sobre os livros sapienciais e ele é um grande especialista no tema, e ficamos tão envolvidos na conversa que nem percebemos o tempo passar. Tanto que vieram nos chamar: "Venham para dentro, só faltam vocês".

A porta foi fechada e o quarto escrutínio começou.

Na apuração, o escrutinador, como sempre, começou a ler os nomes, escandindo cada um deles em voz alta. Para acompanhar o resultado das votações, cada pessoa recebe uma folha na qual anota os números, com os nomes de todos os cardeais. Esse documento deve ser devolvido ao fim, e, não importa se foi preenchido ou não, será queimado; é a partir dessas folhas e das fichas de votação que se faz a fumaça. Eu não tinha preenchido nada, nem mesmo no conclave anterior. Rezava o rosário, tranquilo.

O escrutínio é uma coisa um pouco chata de acompanhar; parece um canto gregoriano, só que com muito menos harmonia. Comecei a ouvir Bergoglio, Bergoglio, Bergoglio, Bergoglio... o cardeal Claudio Hummes, brasileiro, prefeito emérito da Congregação para o Clero, que estava sentado à minha esquerda, deu um leve tapa no meu ombro: "Não se preocupe, faça como o Espírito Santo". Cheguei aos 69 votos, acho, e entendi. A maioria que precisava ser atingida era 77 de 115, dois terços. Iniciou-se, então, a quinta votação, a segunda daquela tarde. Só que quando foram contar as fichas, antes do início da apuração, descobriu-se que havia uma a mais: estava em cima de outra ficha, durante o voto alguém ficou com duas grudadas uma sobre a outra. "E agora?", perguntou Giovanni Battista Re, o prefeito emérito da Congregação dos Bispos. Vamos refazer. Mesmo que a ficha estivesse em branco, era necessário repetir o procedimento. Sem nem mesmo abri-las, tudo foi queimado e imediatamente a votação foi refeita. Mais uma vez os membros do conclave saíram de suas mesas para votar, um por um. Ajoelhando diante do altar, cada um declarava que seu voto fora dado "àquele que, segundo Deus", considerava que deveria ser eleito. Em seguida se levantava, depositava sua ficha dobrada na urna e voltava ao seu lugar. Tudo isso 115 vezes, até o momento em que os três escrutinadores, escolhidos por sorteio entre os eleitores, pegavam a grande urna e começavam a contar as fichas, e depois a escandir cada um dos nomes.

Quando o meu nome foi pronunciado pela septuagésima vez explodiu um aplauso, enquanto a leitura dos votos continuava. Não sei quantos foram exatamente no final, não conseguia ouvir mais nada, o barulho encobria a voz do escrutinador. Nesse momento, enquanto os cardeais ainda aplaudiam e o escrutínio seguia, o cardeal Hummes, que tinha estudado no seminário franciscano de Taquari, no Rio

Grande do Sul, levantou-se e veio me abraçar: "Não se esqueça dos pobres", disse-me.

Aquela frase me marcou, eu a senti na minha carne.

Foi ali que surgiu o nome Francisco.

Nunca tinha pensado que o resultado do conclave pudesse dizer respeito a mim diretamente, imagine só se havia pensado em um nome de pontífice. Em São Pedro, nos dias do conclave, um sem-teto circulava pela praça com uma placa presa no pescoço. Estava escrito: papa Francisco I. Essa imagem, contudo só me voltou ao pensamento dias depois, quando vários jornais publicaram a fotografia.

Levantei-me e fui abraçar o cardeal Scola. Ele merecia esse abraço. Depois me fizeram vir à frente. Passava das sete da noite e a contagem havia acabado.

O cardeal Re se aproximou e me fez a fatídica pergunta: aceitava a eleição canônica a sumo pontífice? *Accepto*, respondi. Percebi que estava em paz, tranquilo. E como quer ser chamado?, perguntou o cardeal. *Vocabor Franciscus*. Vou me chamar Francisco. Outro aplauso irrompeu.

Os funcionários depositaram as fichas na estufa e a encheram com cartuchos de fumaça branca, que subiu pela chaminé da Sistina enquanto a noite começava a cair.

Em seguida fui à sacristia, que é chamada de "quarto das lágrimas", para a investidura. Usava o anel de cardeal e o tirei, mas estava com o anel da ordenação episcopal no bolso e o pus no dedo. Queriam me dar outro: não, não, vou ficar com esse, obrigado. Ofereceram-me uma bela cruz, de ouro, e expliquei: tenho essa de alpaca da ordenação episcopal, uso-a há mais de vinte anos. No mais, também para o Consistório, em 2001, não solicitei uma roupa nova: tinha a do meu antecessor, o cardeal Quarracino, que servia muitíssimo bem — precisava apenas de alguns poucos ajustes aqui e ali e ficava perfeita. Os sapatos vermelhos? Não, os meus são ortopédicos. Meus pés são um pouco chatos.

Nada daquilo foi premeditado. Era simplesmente o que eu sentia, com espontaneidade. Também não quis a mozeta de veludo nem a alva de linho... Não eram para mim. Dois dias depois me disseram que precisaria trocar de calça, usar uma branca. Sorri. Expliquei: não gosto de me fantasiar de sorveteiro. E fiquei com a minha.

Depois da investidura fui imediatamente em direção ao cardeal Ivan Dias, que estava em uma cadeira de rodas e, talvez por causa da falta de intimidade com as novas roupas, tropecei num degrau. Meu primeiro ato como papa... foi um tropeço. Mas não caí. Abracei-o. Depois voltei, sem em nenhum momento me sentar no trono preparado diante do altar. João Paulo II também fez assim: fiquei de pé para abraçar cada um dos que ali estavam. Ter alguém se ajoelhando

No dia 13 de março de 2013, pedi a bênção ao povo de Deus.

à sua frente para lhe beijar a mão é uma coisa medieval. Nesse caso, pelo contrário, foi uma ocasião simples, entre irmãos. Rezamos todos juntos na capela Paulina.

Como não conhecia o protocolo, pedi ao vicário de Roma, o cardeal Agostino Vallini, e ao meu amigo Hummes: me acompanhem! Era Re que deveria ter me acompanhado, segundo o cerimonial, mas eu não sabia.

E então saí na praça, na varanda. Não sabia o que diria.

Só comecei a pensar nisso ao longo da oração na Paulina. Mas estava em paz. Sereno. Um sentimento que não me deixou mais.

E na varanda aconteceu aquilo que todo mundo viu. Pedi a bênção do povo, o santo povo fiel de Deus, para o seu bispo. Iniciamos então, juntos, este caminho da Igreja de Roma, que é a que preside na caridade todas as Igrejas.

O arcebispo Agostino Marchetto, que considero um dos melhores hermenêuticos do Concílio Vaticano II, e que conheço desde os tempos em que compartilhávamos a residência na casa internacional do clero em Via della Scrofa, onde me hospedava quando ia a Roma como cardeal, disse algo mais ou menos assim: tinha uma única hesitação em relação a Bergoglio, ele nunca ria... já agora ri o tempo todo, está sempre sorrindo. A sra. Cristina Kirchner, então presidente da República Argentina, destacou mais ou menos a mesma coisa, só que em termos mais coloridos e afiados: "Quem entende esse papa? Quando estava em Buenos Aires tinha uma cara de... — bom, aqui disse um palavrão — e agora está sempre sorrindo para todo mundo!".

Como posso me defender? Sempre gostei de estar no meio das pessoas, e com as pessoas estou sempre rindo.

Acho estranho quando dizem que eu guardava sempre uma expressão séria, mas deve ser verdade, em parte ao menos... Como cardeal eu era um pouco cauteloso, para não errar, e talvez mais tímido.

Voltando da varanda após a bênção, naquela noite de 13 de março, desci com os cardeais. Lá embaixo, uma limusine toda iluminada me esperava. Eu apenas disse: não, não, vou com os cardeais. Tomamos o pequeno ônibus todos juntos e voltamos a Santa Marta. Nunca mais vi aquela limusine.

Assim que cheguei a Santa Marta, antes do jantar, pedi que chamassem Bento XVI, para cumprimentá-lo, agradecer-lhe e rezar por ele. Em seguida, convoquei o núncio apostólico em Buenos Aires e pedi, por favor, que dissesse aos bispos argentinos que não viessem a Roma para o início do pontificado, em 19 de março; que o preço da passagem seria mais bem gasto com os pobres, e que apenas rezassem por mim. Alguns vieram do mesmo jeito, porque as coisas são assim.

Depois liguei para minha irmã, Maria Elena. "Mas como você está, como se sente?", ela quis saber. Eu sorri: estou bem, estou bem, fique tranquila. As palavras saíam com dificuldade. Abraçamo-nos pelo telefone. Estamos sempre unidos, prometemos, no coração.

Em Santa Marta jantamos todos juntos, e no final da refeição o cardeal Becciu, que era o substituto para os assuntos gerais da Secretaria de Estado, aproximou-se: "O papa deve fazer um brinde...". Está bem. Eu sorri e levantei o copo: "Que Deus vos perdoe", disse.

* * *

Pedi que no dia seguinte pudesse ir à basílica de Santa Maria Maggiore, para estar perto da Nossa Senhora; como cardeal sempre ia à basílica e ainda hoje vou sempre, antes ou depois das viagens apostólicas, para que ela me acompanhe, como uma mãe, me diga o que devo fazer, proteja os meus atos. Sinto-me seguro com Nossa Senhora. Dizem que há mais de noventa igrejas em Roma, contando também as localizadas em edifícios particulares; é a cidade que mais tem igrejas no mundo. Naquela época, porém, eu conhecia apenas algumas: São Pedro, obviamente, Santa Maria Maggiore, a igreja de Jesus, a de Santo Inácio, a de São Luís dos Franceses, que fica perto da Via della Scrofa, São Roberto Belarmino, que era minha paróquia romana; também tinham me levado uma vez em 1970, quando estava de passagem pela Itália, para ver o *Moisés* de Michelangelo na basílica de São Pedro Acorrentado, no monte Oppio. Nenhuma outra. Até hoje conheço poucas, é difícil conhecer uma cidade como papa.

Pedi para ir de manhã cedo e, por favor, com um carro normal. Em Santa Maria Maggiore rezei diante do ícone de *Salus populi romani* e confiei a diocese a Maria. Então pedi que me levassem à residência Paulo VI, porque precisava pegar os livros que tinha deixado lá e pagar a conta da minha estadia nos dias que precederam o conclave. "Não se preocupe, cuidaremos disso", asseguraram-me. Mas eu queria ir, porque era o certo: subi até o meu quarto, peguei minhas coisas, arrumei as malas e paguei, despedindo-me de todos. Do mesmo modo telefonei ao meu jornaleiro da rua Bolívar, em Buenos Aires, para agradecer-lhe e pedir que suspendesse a entrega dos jornais que deixava todas as manhãs diante do portão da minha casa, porque... Bem, você sabe o que aconteceu, expliquei. Ele me perguntou se me veriam de novo por aquelas bandas e lhe respondi que sempre estaria com eles.

À tarde celebrei minha primeira missa, na capela Sistina, com todos os cardeais, usando as vestimentas sagradas, na sala das bênçãos. O mestre de cerimônias me entregou uma longa pregação escrita em latim, que eu deveria proferir; agradeci-lhe de coração, mas a deixei lá. Não importa, não precisam se preocupar comigo, celebro a missa há tanto tempo, falei. Mas fiquem por perto, caso eu precise de ajuda. Preguei no improviso, com o meu italiano da época, que, se é que é possível, era ainda pior do que o italiano que falaria mais tarde, com a ajuda das leituras.

Depois, à noite, levaram-me para tomar posse do apartamento pontifical, que estava lacrado desde que Bento o deixou. E uma vez lá, com o padre Georg, então prefeito da Casa Pontifícia, disse imediatamente a mim mesmo: aqui eu não fico. Naquela ocasião não disse nada, apenas agradeci-lhe a visita. Mas logo comecei a pensar em uma solução.

Nas orações, sempre falando com o Senhor a fim de avaliar bem cada situação, busquei compreender para onde ir, o que era possível fazer. Conversei a respeito com o cardeal Bertello, presidente do Governo do Vaticano, que me disse que se eu quisesse ficar com ele havia lugar em seu apartamento no Palazzo San Carlo. Acontece que eu também achava aquele local um pouco isolado.

Então, por acaso, um dia voltei a Santa Marta e vi que estavam arrumando um quarto, bem em frente ao que eu havia ocupado durante o conclave. E o que é aqui?, quis saber. "É o quarto de hóspedes, estamos preparando-o para o patriarca de Constantinopla, Bartolomeu". Me aproximei: havia um ambiente para receber, não muito grande, um pequeno quarto, separado por uma porta de correr, e um pequeno escritório;

tudo muito simples. Imediatamente pensei: este quarto é meu. Procurei o diretor para conversar a respeito, comunicando-lhe minha decisão. Ele, de início, muito surpreso, apenas disse: "Mas isso realmente não é possível". Insistiu ainda na objeção. Por fim, contudo, assentiu.

Assim, poucos dias após a partida do patriarca Bartolomeu, o quarto 201 se tornou minha residência pontifícia. "Até segunda ordem", anunciou o porta-voz do Vaticano, o padre Federico Lombardi. Desde então, se passaram alguns anos.

Fico bem em Santa Marta porque estou no meio das pessoas e os eventuais constrangimentos são superáveis. Ficarei até quando Deus quiser.

Em relação à minha morte, tenho uma postura muito pragmática. O mesmo ocorre se alguém menciona possíveis riscos de atentado.

Quando isso acontecer, não serei sepultado em São Pedro, mas sim em Santa Maria Maggiore: o Vaticano é a casa do meu último serviço, não a da Eternidade. Ficarei na sala onde hoje guardam os candelabros, perto da Rainha da Paz a quem sempre peço ajuda e que ao longo do pontificado abracei mais de cem vezes. Já me garantiram que está tudo preparado. O ritual das exéquias era denso demais, e conversei com o cerimonial para suavizá-lo: nada de catafalco, nenhuma cerimônia de fechamento do caixão, nem a colocação do caixão de cipreste num segundo de chumbo e em um terceiro de carvalho. Com dignidade, mas como qualquer cristão: porque o bispo de Roma é um pastor e discípulo, não um poderoso deste mundo.

Mesmo sabendo que já fez muito por mim, pedi apenas mais uma graça ao Senhor: cuide de mim, que seja quando quiser, porém Você sabe que sou mole para a dor física... Portanto, por favor, não me faça sofrer demais.

18. Todos fora e todos dentro

Se o conclave é o momento do *extra omnes*, ou "todos fora", a Igreja, por sua vez, é caracterizada pelo *intra omnes* — "todos dentro". Logo após a fumaça branca, o mesmo acontece com o papa. A Igreja é de Cristo. E Cristo é de todos, para todos: "Ide, pois, às encruzilhadas e convidai para as núpcias todos os que encontrardes" (Mt 22,9). Todos são chamados. Todos. Então: todos dentro. Bons e maus, jovens e velhos, sãos e doentes. Porque esse é o projeto do Senhor. Com uma clara predileção, aliás, pelos segundos: não são os que têm saúde que precisam de médico, mas os doentes; não os justos, mas os pecadores (Mc 2,13-17).

Essa é, sem dúvida, uma boa notícia até para os que gostariam de fazer da casa do Senhor um clube para pessoas selecionadas. De fato, todo mundo é pecador: quando chegar a hora, deposite sua verdade sobre a mesa e você verá que também é um pecador. Por essa razão não gosto de definições como "o papa dos pobres": não passam de uma ideologização, uma caricatura. O Evangelho se destina a todos; não condena as pessoas, as classes, as condições, as categorias, mas, antes, as idolatrias, como a da riqueza, que torna as pessoas injustas e insensíveis ao grito de quem sofre. Também o papa é de todos. Sobretudo dos pobres pecadores, a começar por mim.

Este é o santo povo fiel de Deus, e não uma suposta congregação de pessoas puras. O Senhor abençoa a todos, e sua Igreja não deve, não pode agir de outra maneira. "Senhor, toma-me como sou, com os meus defeitos, com as minhas debilidades, mas faz-me chegar a ser como Tu desejas": as palavras de João Paulo I que recordei durante a homilia de sua beatificação, em 4 de setembro de 2022, ressoam em cada um de nós.

Pegar pela mão, acompanhar, ajudar a discernir: essa é a missão de nós, pastores, não a de excluir. E perdoar: tratar os outros com a mesma misericórdia que o Senhor reserva a nós.

Já faz 54 anos que sou padre, e apenas uma vez me aconteceu de não conceder a absolvição: eu estava em Buenos Aires, concluindo minha tese de doutorado sobre Guardini,[*] e todas as tardes ia à igreja dos jesuítas para a confissão. Certo dia, um homem de cerca de trinta anos, advogado, apresentou-se. Em tom arrogante, começou a falar de coisas sem importância; depois, sorrateiramente e com o mesmo tom, entre uma banalidade e outra declarou com indiferença que havia se aproveitado da empregada doméstica. "Essa gente serve um pouco para tudo, não é como nós", comentou. Quando procurei intervir, ele se levantou e foi embora, irritado. Dos vícios, a soberba é o mais inquietante, uma autoexaltação que envenena o sentimento de fraternidade e revela a lamentável e absurda pretensão de ser Deus.

Outro episódio, totalmente oposto, me volta à mente quando penso naquela época e naquela igreja: o de um rapaz japonês, formado em economia, que trabalhava para

---

[*] Romano Guardini (1885-1968), sacerdote, escritor e teólogo católico. (N. T.)

uma empresa importante. Não era cristão, mas um dia apareceu no confessionário e disse que tinha começado a ler o Evangelho. Havia ficado impressionado e gostaria de receber os sacramentos. Respondi que ele deveria proceder aos poucos, que eu o acompanharia em seu caminho e que ele podia me procurar quando quisesse. Passou a vir uma vez por semana, até que um dia chegou todo ofegante e falou, agitado: "Vou ser transferido. Quero minha fé, quero ser batizado". Pedi que se acalmasse, expliquei que poderia continuar seu percurso em outro lugar, mas ele não se deixou convencer e se ajoelhou. Então peguei-o pelo braço, acompanhei-o até a sacristia, abri a torneira e o batizei. Era a imagem viva da alegria.

O batismo é sempre um novo nascimento. Alguns anos mais tarde, já cardeal, batizei os sete filhos de uma mãe solo, uma pobre viúva que trabalhava como empregada doméstica e tivera as crianças com dois homens diferentes. Eu a havia conhecido na festa de São Caetano, em Liniers, no santuário mais querido da classe operária argentina desde os tempos do sindicalismo peronista. "Padre, estou em pecado mortal", dissera-me a mulher. "Tenho sete filhos e nunca os fiz batizar porque não tenho dinheiro para os padrinhos nem para a festa..." Eu a abracei. Voltamos a nos ver e, após uma breve catequese, batizei todos na capela da arquidiocese. Ela ficou comovida: "Não posso acreditar; o senhor faz com que eu me sinta importante", agradeceu. "Mas, minha senhora, o que eu tenho a ver com isso? É Jesus quem a torna importante."

É o amor que restaura a vida, que salva. Nossa fé não se detém diante das feridas e dos erros do passado, mas vai além dos preconceitos e dos pecados. Esse olhar sem julgamentos me foi demonstrado com certa naturalidade já em família. Quando eu era criança, em Buenos Aires, era costume não se visitarem as famílias "irregulares", de casais separados ou de outras religiões, e mesmo por parte dos pregadores havia uma espécie de isolamento. Mas minha mãe e sobretudo meu pai, até por seus vínculos de trabalho, cultivavam relações com todos. O mesmo se pode dizer de minha avó Rosa, que se empenhava na Ação Católica e convivia com as mulheres evangélicas do Exército de Salvação: "São boas", assegurava. Embora na adolescência eu talvez tenha sido um pouco mais rígido, o instinto da compreensão, da complexidade da existência e do acolhimento começou a se formar em mim a partir de então, do que eu via em família.

É o acolhimento, e certamente não o relativismo nem uma mudança da doutrina, que compõe o espírito e o coração da *Fiducia supplicans*, declaração do Dicastério para a Doutrina da Fé sobre a bênção de casais "irregulares", que assinei em dezembro de 2023. Abençoam-se as pessoas, não as relações. É a vontade de não circunscrever a uma situação ou a uma condição toda a vida dos que pedem para ser iluminados e acompanhados de uma bênção. Todos na Igreja são convidados, inclusive as pessoas divorciadas, os homossexuais e os transexuais. Na primeira vez em que um grupo de transexuais visitou o Vaticano, partiu chorando, comovido, porque eu lhes dera a mão, um beijo... Como se eu tivesse feito algo excepcional. Mas são filhos de Deus! Têm o direito de receber o batismo nas mesmas condições que os outros fiéis, e nas mesmas condições podem ser admitidos nas funções de padrinho ou madrinha, bem como de testemunhas de um matrimônio. Nenhuma lei do direito canônico proíbe isso.

Mais de sessenta países criminalizam homossexuais e transexuais, uma dezena até com pena de morte. Mas a homossexualidade não é um crime, é um fato humano; a Igreja, portanto, e os cristãos não podem permanecer alheios a essa injustiça criminosa nem se comportar com covardia. Essas pessoas não são "filhas de um deus menor"; Deus Pai as ama com o mesmo amor incondicional, ama-as como são e as acompanha do mesmo modo como faz com cada um de nós: com proximidade, misericórdia e ternura.

Se o Senhor fala a todos, quem sou eu para excluir alguém? "Diz-me quem excluis, e te direi quem és", gostava de dizer d. Luigi di Liegro, fundador da Caritas romana, filho de um migrante que por vezes tentou desembarcar na América para sustentar a família mas sempre foi rejeitado. Ao longo de toda a minha vida pastoral, sempre acolhi e acompanhei esses irmãos e irmãs exatamente como fazia com os outros. E se alguns experimentaram na própria pele "a rejeição da Igreja", eu gostaria que soubessem que se tratou, antes, da rejeição por parte de uma "pessoa" na Igreja: porque a Igreja é uma mãe que convoca todos os seus filhos.

Se Deus nos ama em nossa humanidade e em nossas diferenças, toda colonização ideológica é extremamente perigosa, pois, com a pretensão de tornar todos iguais, visa a anular essa humanidade e essas diferenças. Do mesmo modo, é inaceitável qualquer prática que torne a vida humana — que em toda fase é um dom e um direito inalienável — objeto de contrato ou de tráfico, como ocorre com a chamada "barriga de aluguel", um comércio global embasado na exploração de uma situação de necessidade material da mãe que fere gravemente a dignidade da mulher e do filho.

Os homens e as mulheres não são partes de uma engrenagem mecânica, tampouco apenas a soma de exigências ou desejos, sem consciência e sem vontade, como no profético romance do início do século xx que se tornou um clássico da narrativa distópica *O senhor do mundo*, escrito por Robert Hugh Benson, quarto filho do arcebispo da Cantuária. Nessa obra, tudo é reduzido a unidades de produção, e os administradores da eutanásia, realizada como se fosse a unção dos enfermos, são os novos sacerdotes. Fiquei impressionado ao lê-lo, e, tal como na época, ainda hoje ele age como um antídoto contra um progressismo juvenil, contra o totalitarismo mundano que conduz à apostasia. Recorda-nos que apagar a diferença é, por fim, apagar a humanidade.

No momento de tomar uma decisão, muitas vezes há um pequeno preço de solidão a pagar, mas a realidade é que o percurso das reformas e do governo nesses anos de pontificado nunca foi isolado do povo de Deus nem do Colégio Cardinalício: as decisões mais difíceis e mais dolorosas foram tomadas após consultas e reflexões, buscando unanimidade e o caminho sinodal. Os passos compartilhados são seguros, progressivos e irreversíveis.

É claro que algumas resistências sempre existem, na maioria das vezes ligadas a um conhecimento escasso ou a alguma forma de hipocrisia. Penso na exortação apostólica *Amoris Laetitia* — que escancarou as portas para os novos desafios pastorais no campo da família — e na nota sobre a possibilidade de divorciados receberem os sacramentos, que escandalizou alguns. Para essas pessoas, os pecados sexuais são os que mais suscitam indignação. Mas não são os mais graves, absolutamente: são tão só pecados humanos, da carne. Os mais graves, ao contrário, são os que se mostram mais "angelicais", que se revestem de outra aparência: a arrogância, o ódio, a mentira, a fraude, a prepotência. Como escreve são Paulo na Segunda Epístola aos Coríntios, o próprio Satanás "se disfarça de anjo de luz" (2Cor 11,14).

Volta-me à lembrança a obra-prima do cinema italiano *Um dia muito especial*, com Marcello Mastroianni e Sophia Loren. É a história de dois "excluídos", um homossexual e uma mulher, que são obrigados a se confinar em um prédio deserto no dia em que Roma inteira está ocupada com a visita de Adolf Hitler a Mussolini, pouco antes de o mundo ser arrastado para a catástrofe da guerra e para o horror dos extermínios. Enquanto os ditadores são ostensivamente celebrados na praça, os dois personagens são destinados ao ludíbrio público, relegados à insignificância. Que diabólica inversão... É perturbador que ninguém se preocupe com a bênção a um empresário que explora as pessoas — e esse é um pecado gravíssimo — ou a quem polui nossa casa comum, mas publicamente se escandaliza quando o papa abençoa uma mulher divorciada ou um homossexual.

As oposições às aberturas pastorais revelam essas hipocrisias.

Do ponto de vista sociológico, é interessante o fenômeno do tradicionalismo, esse "retrocedismo" que fielmente retorna a cada século, essa referência a uma suposta era perfeita, que, no entanto, é diferente a cada vez.

Por exemplo, com a liturgia: foi estabelecido que a possibilidade de celebrar segundo o missal pré-conciliar, em latim, deve ser expressamente autorizada pelo Dicastério para o Culto, que a concederá apenas em casos particulares, porque não é saudável que a liturgia se transforme em ideologia.

É curioso esse fascínio pelo que não se compreende, pelo que se mostra um pouco oculto e, às vezes, parece interessar também as gerações mais jovens. Com frequência, essa rigidez vem acompanhada de trajes elegantes e caros, de rendas e roquetes: não do gosto pela tradição, mas da ostentação do clericalismo, que nada mais é do que a versão eclesiástica do individualismo; não do retorno ao sagrado, mas, ao contrário, da mundanidade sectária. Às vezes, essas camuflagens encobrem desequilíbrios, desvios afetivos, dificuldades comportamentais, incômodos pessoais passíveis de ser instrumentalizados. Nesses anos de pontificado precisei intervir em quatro casos, três na Itália e um no Paraguai, de dioceses que aceitavam seminaristas já afastados de outros seminários. Quando isso acontece, normalmente é porque há algo errado, algo que leva a esconder a própria personalidade em contextos fechados ou sectários.

Um cardeal norte-americano me contou que certo dia se apresentaram a ele dois sacerdotes que tinham acabado de ser ordenados. Pediam autorização para celebrar a missa em latim.

"Vocês sabem latim?", perguntou o cardeal.

"Não, mas vamos estudá-lo", responderam os jovens padres.

"Então façam o seguinte: antes de aprender latim, observem sua diocese e vejam quantos imigrantes vietnamitas existem nela; então, antes de qualquer outra coisa, estudem a língua vietnamita", aconselhou o cardeal. "Quando tiverem aprendido o vietnamita, considerem também a multidão de paroquianos de língua hispânica, e entenderão que aprender espanhol será muito útil em seu serviço. Depois do vietnamita e do espanhol, procurem-me novamente, e falaremos a respeito do latim."

A liturgia não pode ser um rito voltado a si mesmo, isolado da pastoral. Nem o exercício de um espiritualismo abstrato, envolvido em um obscuro senso de mistério. A liturgia é um encontro, é partir ao encontro dos outros.

Os cristãos não são os que recuam. O fluxo da história e da graça vai de baixo para cima, como a seiva de uma árvore que dá frutos. Sem esse fluxo, o ser humano se mumifica e, retrocedendo, torna-se incapaz de conservar a vida. Se não avançar, se não se mover, a vida — vegetal, animal e humana — morre. Caminhar significa mudar, enfrentar novos cenários, aceitar novos desafios. Já no século v, em seu *Commonitorium primum*, são Vicente de Lérins, venerado tanto pelos católicos quanto pelos ortodoxos, escreveu que o dogma da religião cristã segue estas leis: progride, consolidando-se com os anos, desenvolvendo-se com o tempo, aprofundando-se com a idade. A compreensão do ser humano muda com o tempo, assim como mudam o modo de perceber-se e exprimir-se: uma coisa é a humanidade que se exprime esculpindo a Vitória de Samotrácia, outra é a de Caravaggio, outra ainda a de Chagall e, depois, de Dalí. Assim, também a consciência dos homens se aprofunda. Pensamos em quando a escravidão era admitida ou a pena de morte não suscitava problemas — no entanto, são inadmissíveis e de modo algum constituem soluções; ao contrário, são um veneno para a sociedade. Portanto, o ser humano cresce na compreensão da verdade.

A tradição não é uma estátua. Tampouco Cristo é uma estátua. Cristo vive.

A tradição é crescer. A tradição é prosseguir.

A Igreja não pode ser a congregação "dos belos tempos idos" — que, como recorda o pensador francês Michel Serres, certamente se foram e não necessariamente eram tão belos em todos os seus aspectos. Nossa responsabilidade é avançar em nosso tempo, continuar a crescer na arte de compreender suas exigências e satisfazê-las com a criatividade do Espírito, que é sempre o discernimento em ação.

Por certo, a Igreja tampouco é uma orquestra em que todos tocam as mesmas notas; ao contrário, é uma orquestra na qual cada um executa sua partitura, e é justamente isso que deve criar a harmonia. É bom que, entre si, os irmãos tenham coragem de expor as próprias ideias, de confrontar-se, de falar as coisas abertamente: tender à unidade não significa uniformidade. Ao fim de tudo, porém, sempre nos encontraremos ao redor da mesma mesa.

Sob muitos aspectos, pode-se afirmar que o último Concílio Ecumênico ainda não foi de todo compreendido, vivido e aplicado. Estamos no caminho e precisamos recuperar o atraso. Quando alguém me pergunta se os tempos estão maduros para um novo Concílio, um Vaticano III, respondo que, além de não saber, ainda é necessário terminar de implementar o Vaticano II. E, de modo ainda mais profundo, acabar com a cultura de corte na Cúria e em todos os lugares. A Igreja não é um tribunal, não é lugar para consórcios, favoritismos e manobras, não é a última corte europeia de uma monarquia absoluta. Com o Vaticano II, a Igreja se faz sinal e instrumento da unidade de todo o gênero humano.

Embora não tenham faltado dificuldades nesses anos, nunca perdi o sono. De vez em quando me acontece de ler reconstruções fantasiosas, enquanto a realidade das coisas costuma ser muito mais simples do que pode parecer na superfície.

Com João Paulo II na Nunciatura de Buenos Aires, em 1987.

No dia 2 de abril de 2005, eu estava no ônibus, indo para uma *villa miseria* na periferia de Buenos Aires, quando recebi a notícia da morte de João Paulo II, que viajava pelo mundo. Ao chegar à comunidade, durante a missa pedi que orássemos juntos pelo papa falecido. Ao final da celebração, uma mulher muito pobre se dirigiu a mim. "Vão eleger um novo papa?", perguntou-me. "Sim, senhora." Então expliquei que eu iria para Roma e lhe contei sobre o conclave, as reuniões dos cardeais, a fumaça branca. "Ouça, Bergoglio", interrompeu-me ela, "o senhor precisa me prometer uma coisa: quando for papa, a primeira coisa que vai fazer é adotar um cachorro." Respondi que certamente isso não aconteceria, mas quis saber por quê. "Porque quando lhe trouxerem a comida, o senhor dará primeiro um pedaço a ele. Se tudo correr bem, o senhor também poderá comer." Sem dúvida, uma observação que faz rir. Mas que igualmente revela quanta in-

253

quietação e quanto escândalo algumas ações, lutas internas e condutas indevidas podem provocar no povo de Deus.

A Igreja é e permanece forte, mas os temas da corrupção (tanto econômica quanto dos corações) e do clericalismo — que é uma perversão, a ideologia que toma o lugar do Evangelho — são problemas profundos, que se perdem nos séculos.

No início de meu pontificado, fui visitar Bento XVI no Castel Gandolfo, e meu antecessor me entregou uma grande caixa branca: "Está tudo aí dentro", disse: os documentos com as situações mais difíceis e dolorosas, os abusos, os casos de corrupção, as passagens obscuras, as más ações. "Cheguei até aqui, tomei essas medidas e afastei essas pessoas; agora é com você." Segui adiante em seu caminho.

Como cardeal, eu já havia participado das congregações gerais de 2005, que foram um primeiro momento de graça e de crescimento, e mais tarde das de 2013, após a renúncia de Bento. Na ocasião, todos nós endereçamos solicitações bastante concretas a quem seria eleito. O que fiz nesses anos de pontificado foi materializar as solicitações das congregações gerais.

O Conselho de Cardeais que anunciei exatamente um mês após minha eleição teve justamente este objetivo: um trabalho em comum, sinodal, que de fato ouvisse a Igreja como um todo, não apenas nós, padres, que não passamos de 1%, mas também os leigos. A sinodalidade não é uma moda, muito menos um slogan a ser instrumentalizado: é uma dinâmica de escuta recíproca, conduzida em todos os níveis, envolvendo todo o povo de Deus. Não se trata de colher opiniões nem de fazer pesquisas, mas de caminhar juntos e de ter ouvidos abertos ao vento do Espírito, que desencadeia crises, reserva surpresas, escancara portas e janelas, derruba muros, rompe correntes, libera fronteiras. Um bispo ou um padre indiferente às pessoas é um funcionário, não um pastor.

Bento me entrega a grande caixa com os documentos.

São Paulo VI gostava de citar a máxima de Terêncio: "Sou homem, nada do que é humano me é estranho". Muitos são resistentes a superar a imagem de uma Igreja rigidamente distinta entre chefes e subalternos, entre quem ensina e quem deve aprender, e se esquecem de que Deus gosta de inverter as posições: "Depôs poderosos de seus tronos e a humildes exaltou" (Lc 1,52), disse Maria. Caminhar juntos significa que a linha é mais horizontal que vertical. A Igreja sinodal restaura o horizonte do qual surge o sol Cristo, enquanto erguer monumentos hierárquicos significa encobri-lo. Os verdadeiros pastores sempre caminham com o povo: ora à frente, ora no meio, ora atrás. À frente para guiar, no meio para encorajar e não esquecer o cheiro do rebanho, e atrás porque o povo tem o instinto capaz de abrir novas trilhas pelo caminho ou de reencontrar a trilha quando a perde.

A reforma da Cúria romana foi a mais desafiadora, e por muito tempo registrou as maiores resistências à mudança

— por exemplo, na gestão econômica. Sair da maldição do "sempre fizemos assim" não foi fácil, mas enfim tomamos o rumo certo. O Conselho de Economia é presidido por cardeais e sete leigos, seis dos quais são mulheres. Com um trabalho colegiado, conseguiu-se obter clareza a respeito dos recursos e dos procedimentos. A estrada foi traçada, e o cardeal Pell deu um impulso genial e determinante nesse sentido. Precisamos continuar nossa caminhada. Fui convocado para uma batalha, sei que devo realizá-la, mas essa não é absolutamente uma luta pessoal, menos ainda solitária.

A Igreja é de Cristo. A nós é pedido apenas que ouçamos Sua vontade e a ponhamos em prática. Nesse sentido, pensei muitas vezes em uma passagem da homilia que Bento XVI pronunciou na missa inaugural de seu pontificado: "Meu verdadeiro programa de governo", disse ele, "não é fazer a minha vontade nem perseguir as minhas ideias, mas ouvir, com toda a Igreja, a palavra e a vontade do Senhor e deixar-me guiar por Ele." Com efeito, o papa não é um CEO, muito menos o diretor de uma ONG.

Nem sempre o caminho é fácil, mas felizmente foi o próprio Jesus, no capítulo 25 do Evangelho segundo São Mateus, que nos indicou como proceder: "Pois tive fome e me destes de comer. Tive sede e me destes de beber. Era forasteiro e me acolhestes. Estive nu e me vestistes, doente e me visitastes, preso e viestes ver-me". É com base nisso que o Senhor, quando for da Sua vontade, fará o balanço de nossas vidas e de meu pontificado.

Bento foi um pai e um irmão para mim. Sempre tivemos um relacionamento autêntico e profundo e, fora algumas lendas criadas por quem se empenhou em dizer o contrário, ajudou-me, aconselhou-me, apoiou-me e defendeu-me até o fim. Ampliou horizontes e estimulou debates, sempre respeitando nossas funções. Não mereceu a exposição a que foi submetido no momento de sua morte, justamente nos dias de seu funeral, algo que me fez sofrer.

Mesmo nos últimos tempos, quando seu corpo estava cada vez mais frágil, e a voz, mais fraca, a força de sua ternura veio até mim. Vimo-nos pela última vez em 28 de dezembro de 2022, três dias antes de seu falecimento. Ainda estava consciente, mas não conseguia falar. De mãos dadas, ficamos nos olhando nos olhos. Eu lhe disse palavras de afeto, abençoei-o, e suas pupilas muito claras brilharam com a doçura e a inteligência de sempre. A inteligência de quem testemunhou que Deus é sempre novo e nos surpreende, trazendo novidades. Sou grato ao Senhor por tê-lo dado a mim e à Igreja.

19. Caminhando por vales escuros

A moça estava à minha frente, no edifício da Nunciatura Apostólica de Kinshasa. Tinha vindo da província de Kivu do Norte, que abriga as maiores jazidas de estanho do Congo e enormes minas de ouro, uma área que, naquela minha quadragésima viagem apostólica internacional, em fevereiro de 2023, não me foi possível visitar em razão do monstro da guerra, que a assola eternamente.

A história que ela queria me contar era terrível, tanto que precisou da voz da amiga que a acompanhava para ajudá-la. "Sou Bijoux Mukumbi Kamala, tenho dezessete anos, mas o calvário do meu sofrimento começou quando eu tinha catorze. Aconteceu em Musenge, um dos vilarejos do território de Walikale. Quando fomos pegar água no rio, encontramos os rebeldes, que nos levaram para a floresta. Cada um escolheu quem queria, e o comandante escolheu a mim. Violentou-me como se eu fosse um animal, várias vezes naquele dia, um sofrimento atroz. Era inútil gritar porque ninguém poderia me socorrer. Isso se estendeu por um ano e sete meses, até que, num golpe de sorte, consegui fugir. Minhas amigas, que haviam sido raptadas comigo, não voltaram mais." Ela pôs sob o altar uma esteira semelhante àquela em que seu carrasco a jogava.

Em seguida, foi a vez de Ladislas, da mesma idade de Bijoux, tomar a palavra. Falou do irmão, que havia sido morto mas ela nem sabia como, e do pai, que foi trucidado diante de seus olhos e teve a cabeça decepada jogada em um cesto. Desde essa ocorrência, Ladislas não conseguia mais dormir. Sua mãe havia sido raptada. "Não voltou mais; não sabemos o que fizeram com ela. Ficamos órfãs, eu e minhas duas irmãs menores." Depois foi a vez de Emelda. E de Desiré. E de Léonie, que ainda frequentava a escola de ensino fundamental e até debaixo do crucifixo carregava uma faca, igual à que usaram para assassinar todos os membros da sua família. Um show de horrores, matanças, estupros, destruições, saques, imensa desumanidade. E de órfãos.

Fiquei perplexo e permaneci em silêncio perante aquele abismo de dor.

Em silêncio como em Auschwitz, sete anos antes.

Em silêncio e em oração. "Senhor, tenha piedade do seu povo. Senhor, perdão por tamanha crueldade!"

Em silêncio como fiquei diante de Lidia Maksymowicz, uma das 3 mil crianças que Josef Mengele usou como cobaias de laboratório para seus experimentos de eugenia no campo de Birkenau. Seus avós foram imediatamente enviados para as câmaras de gás; sua mãe foi mandada para os trabalhos forçados e Lidia foi destinada ao barracão das crianças. Tinha cinco anos na época. Há três anos, aos 81, veio me visitar na Basílica de São Pedro. Arregaçou a manga do casaco e mostrou o braço no qual haviam tatuado um número: 70072. O que eu poderia dizer? Não disse nada: beijei aquele braço. De 3 mil, apenas duzentas crianças ainda estavam vivas quando o campo foi libertado, em 27 de janeiro de 1945. Sobreviventes no abismo da dor.

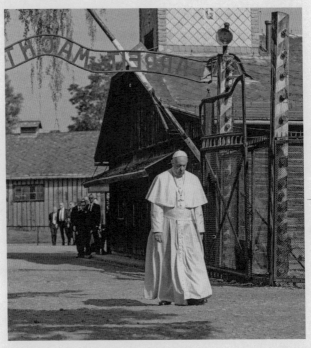
Em silêncio no campo de concentração de Auschwitz-Birkenau.

Muitos dos judeus que escaparam das perseguições se refugiaram na Argentina. Estimam-se ao menos 250 mil entre os últimos anos do século XIX e o fim da Segunda Guerra Mundial. Antes ainda, houve os que vieram do Marrocos, do Império Otomano, da Síria e, posteriormente, também do Egito. No bairro da minha infância, eram uma presença cotidiana: amigos de brincadeiras, pais e mães de colegas. Desde menino e, depois, com idêntica naturalidade como sacerdote, arcebispo e cardeal, teci amizades verdadeiras com pessoas comuns, expoentes da comunidade judaica e rabinos de Buenos Aires.

Um deles é Abraham Skorka, reitor do seminário rabínico e rabino da comunidade Benei Tikva, no bairro de Belgrano. Juntos gravamos cerca de trinta programas de TV sobre a Bíblia, transmitidos pelo canal da arquidiocese. Então, nos primeiros dias de fevereiro de 2013, despedimo-nos porque se iniciava o período das férias de verão, e combinamos de nos rever na gravação do próximo programa, em março, que teria como tema justamente a amizade. Mas, como sabemos, o Espírito muda as circunstâncias, atinge as situações mais inesperadas... E esse último programa nunca existiu, pois naquele mês de março não voltei à arquidiocese. Abraham foi uma das primeiras pessoas para quem liguei, na mesma noite da eleição como bispo de Roma: vão me manter aqui. Anote meu novo endereço, falei. Mesmo com um oceano entre nós, a amizade permanece sólida, forjada pela concretude de identificar caminhos para servir à humanidade, que nós dois entendemos ser a forma mais sublime, mais elevada de servir a Deus.

O diálogo entre judeus e cristãos deve ser mais que um diálogo inter-religioso: é um diálogo familiar. Estamos ligados uns aos outros perante o único Deus, e somos chamados a testemunhar com nossa conduta seu amor e sua paz. Com a comunidade judaica de Buenos Aires trabalhamos em muitas iniciativas culturais, religiosas e de serviço, como a construção de refeitórios populares, administradas conjuntamente por rabinos e sacerdotes. Juntos, também atravessamos a dor na longa e terrível noite da ditadura que assolou meu país: dos 30 mil "desaparecidos", que quase sempre transitaram pelas salas de tortura nas quais não era raro encontrar fotografias de Hitler na parede, ao menos 2 mil pertenciam à comunidade judaica, e muitos outros tinham origem nela: eram também seus amigos e irmãos. Nossos irmãos e nossas irmãs mais velhos.

Em Kinshasa, beijo mãos e pés decepados. Acaricio cabeças. Ouço sussurros. Fico admirado com a coragem dos depoimentos: as lágrimas dessas pessoas são minhas lágrimas, sua dor é minha dor. E todos juntos podemos dizer: chega! Chega de atrocidades que lançam infâmia sobre toda a humanidade! Chega de considerar a África uma mina a ser explorada, uma terra a ser saqueada! Chega do escândalo e da hipocrisia dos negócios que continuam a prosperar à custa de violência e morte!

São mais de 5 milhões as vítimas que a guerra no Congo causou desde o fim dos anos 1990. É o maior conflito depois da Segunda Guerra Mundial: feridas não tratadas há anos, às quais, com a escandalosa interferência de multinacionais e potências estrangeiras, se entrelaçam dinâmicas étnicas que disputam com sangue recursos naturais e poder.

Centenas de milhares, junto a milhões de desabrigados e refugiados, são as vítimas da guerra no Sudão do Sul, que hoje é o país mais jovem do mundo, uma terra na qual ainda não se conseguiu concretizar por completo o acordo de paz firmado em 2018. Centenas de milhares de pessoas que perderam seus entes queridos e suas casas, famílias que se separaram e nunca mais se reencontraram, crianças, idosos, mulheres e homens que sofreram tormentos inenarráveis.

Eu já conhecia Salva Kiir Mayardit, seu presidente, quando visitei Uganda em 2015. Ele solicitou um encontro de improviso, não programado, e o recebi à noite, em Kampala. Anos mais tarde, em abril de 2019, por ocasião de um retiro espiritual concebido em parceria com o então arcebispo Welby, da Cantuária, e o moderador da Igreja presbiteriana da Escócia, John Chalmers, reuni-me novamente com o presidente Mayardit em Santa Marta e com os vice-presidentes designados: Riek Machar, líder da oposição, e

Rebecca Nyandeng De Mabior, viúva de John Garang, líder do Sudão do Sul, morto durante a guerra. Ao fim do encontro, infringindo o protocolo com um gesto vindo do coração, ajoelhei-me para beijar os pés de todos os líderes do Sudão do Sul. "Fiquem em paz", implorei-lhes como irmão.

A paz é possível, nunca me cansarei de repetir. E é a condição fundamental para o respeito dos direitos de toda pessoa e para o desenvolvimento integral de todo povo. Oro para que as sementes daquele retiro espiritual possam amadurecer e frutificar. Sei que as dificuldades são muitas. Nem mesmo no dia anterior à minha visita a Juba, em 3 de fevereiro de 2023,

De joelhos diante dos líderes do Sudão do Sul, implorando pela paz.

como peregrino de reconciliação, as armas silenciaram. No entanto, é preciso seguir lutando: é preciso lutar e denunciar para que naquele país tão caro e em todos os lugares o curso vital da paz não seja impedido pela enxurrada da violência, obstruído pelo pântano da corrupção e frustrado pelo transbordamento da pobreza. A corrupção é cúmplice do horror. A monopolização das riquezas naturais é cúmplice do horror. A ausência de democracia é cúmplice. E o silêncio também é cúmplice.

Quando perguntaram a Liliana Segre — senadora vitalícia da República Italiana, que tinha treze anos quando foi deixada em Auschwitz junto com os avós e o pai, a quem nunca mais viu — qual palavra deveria ser inscrita na plataforma 21 da estação ferroviária de Milão, da qual partiam os trens para os campos de concentração nazistas, ela não teve dúvida: "Indiferença". Ninguém havia pensado nessa palavra. Mas foi na indiferença covarde de tantos que se consumou o massacre de ao menos 15 milhões de pessoas, e muitas vezes é no silêncio e em nossa indiferença globalizada que se cumprem os massacres de hoje.

A linguagem do horror, da prepotência, da miséria, da decadência, dos vales mais obscuros nos quais o caminho dos homens e das mulheres se afunda nutre-se quase sempre das mesmas palavras e, com mais frequência ainda, do não dito, porque a indiferença prescinde de voz: não tenho nada a ver com isso, não é problema meu, olhe para o outro lado...

Salvar apenas a si mesmo, cuidar apenas de si mesmo, pensar apenas em si mesmo — eis o refrão da humanidade que crucificou o Senhor (Lc 23,35-7) e de um corpo social profundamente doente. Porque o egoísmo não é apenas anticristão; o egoísmo também é autodestrutivo. A visão curta de um egoísmo sem imaginação nem criatividade faz com que uma riqueza muito maior seja perdida em despesas com rearmamento, em conflitos e em destruição ambiental. "Quando os povos começam a se arruinar fisicamente, já estão arruinados financeiramente. Porque matar custa caro: suicidar-se requer despesas. A estupidez é um luxo. E a estupidez é a proteção intelectual do ódio", escreveu Igino Giordani, cofundador do Movimento dos Focolares e precursor do período conciliar, que debateu a inutilidade da guerra.

O egoísmo é estúpido.

Tudo está relacionado, tudo está conectado. Hoje mais do que nunca. Esse fato incontestável é o cerne das duas encíclicas sociais de meu pontificado, *Laudato sii* e *Fratelli tutti*.

A pandemia da covid-19, na qual todos nós fomos lançados no início de 2020, deveria ter nos ensinado isso mais uma vez.

O anúncio do fim da guerra; o primeiro passo de um ser humano num corpo celeste; a queda de um muro que por trinta anos dividiu em dois o coração da Europa; o ataque terrorista de dois aviões que colidem com um arranha-céu, criando uma cratera que engole milhares de vidas em um ato insensato de destruição: há notícias que cristalizam o momento e se fixam na memória de cada um de nós no tempo e no espaço.

Daquela vez, porém, foi diferente, em Santa Marta como em qualquer lugar. Foi um crescendo.

Começou com uma estranha pneumonia em uma cidade populosa da China central: Wuhan, 11 milhões de habitantes, na província de Hubei. Num primeiro momento, considerando tudo, uma notícia sem tanta importância, mas que dia após dia ganhava intensidade. Novos contágios, muitos entre pessoas que trabalhavam no mercado de peixe e animais de Huhanan. Nos primeiros dias de fevereiro, no Angelus, elevei minha oração "pelos irmãos chineses que sofrem dessa doença tão cruel". Parecia ainda um fenômeno isolado, mas no mesmo mês justamente a Itália percebeu, de maneira dramática, que não era bem assim.

Na Lombardia, ao norte do país, os hospitais se encheram de repente, enquanto o vírus, como um enxame, deslocava-se de uma região a outra do território nacional e, depois, de uma região a outra do planeta. Por toda parte as imagens se tornavam mais dramáticas: gente implorando ajuda das sacadas, estruturas sanitárias que pareciam colapsar, pilhas de corpos. Em 11 de março, os países envolvidos já eram 114, e a Organização Mundial de Saúde declarou oficialmente o estado de pandemia. O mundo inteiro redescobriu palavras das quais havia gerações não se lembrava mais: isolamento, quarentena. O som das sirenes das ambulâncias tornou-se a trilha sonora das ruas desertas e de uma humanidade distanciada, trancada em casa, às vezes exilada em novos lazaretos. Após três anos, as vítimas foram estimadas em mais de 20 milhões. Uma guerra mundial.

A pandemia nos fez sentir na pele nossa fragilidade pessoal e social, e ao mesmo tempo mostrou-nos mais uma vez que, em meio às tempestades da história, estamos todos no mesmo barco.

No início, como para todos, também para mim foi um momento de frustração. Eu queria fazer muitas coisas e me sentia um tanto "enjaulado", vendo a agenda ser inevitavel-

Caminho em direção à igreja de São Marcelo em meio a uma Roma deserta pela pandemia.

mente modificada pelas medidas anticontágio: o Angelus de domingo passaria a ser realizado na biblioteca do Palácio Apostólico, e não da janela, e seria transmitido ao vivo, por streaming, nos telões na praça de São Pedro; a missa matinal não teria público. Nesse momento, confiei ainda mais na oração. Sentia sua urgência, uma urgência universal.

Por isso, em uma tarde de março, informando apenas no último minuto a segurança e o diretor da sala de imprensa, deixei Santa Marta rumo a Santa Maria Maggiore: eu sabia que, mais uma vez, Maria, a Virgem Protetora do Povo Romano, acolheria nossas angústias e nossas feridas. Sentia que, mais uma vez, podia confiar a ela, à sua proteção de mãe, eu mesmo, a cidade, a Itália e o mundo.

Permaneci por um bom tempo sob aquele ícone que me é tão caro e que a tradição atribui a são Lucas, evangelista e patrono dos pintores. Em seguida, em uma Roma quase deserta e beijada pelo primeiro sol primaveril, numa calma surreal, acompanhada aqui e ali pelo ruído de uma bicicleta ou pelo grito estridente de uma gaivota, segui pela Via del Corso rumo à igreja de São Marcelo, onde se encontra o crucifixo que, em 1522, nos tempos da Grande Peste, foi levado em procissão pelos bairros da cidade.

O ícone da Virgem e aquele crucifixo milagroso, que traz em si, tão visíveis, os sinais do afeto e do sofrimento de quem dele se aproxima, permaneceriam comigo quando, duas semanas mais tarde, enquanto todas as televisões do mundo estavam conectadas ao vivo, caminhei em uma praça de São Pedro vazia e reluzente de chuva para a *Statio Orbis*, respondendo à pandemia com a força da oração, da compaixão e da ternura.

Eu avançava sozinho e levava no coração a solidão de todos; poderia dizer que sentia seus passos nos meus, seus pés em meus sapatos. Naquele silêncio, ouvia ecoarem milhões de súplicas e uma necessidade universal de esperança. "Caíra a tarde" (Mc 4,35), havia chegado o tempo da tempestade para desmascarar certezas falsas e supérfluas, e como a uma âncora nos agarramos àquele Cristo capaz de vencer o medo, de dar apoio. "Intervenha", eu lhe pedia, uma expressão muito minha, que costumo usar em oração: "Intervenha, por favor. Você já fez isso no século XVII; conhece a situação".

De vez em quando, meu olhar era atraído para a colunata da direita e para o Monumento aos Migrantes, que no ano anterior eu pedi que fosse posto ali para que nos ajudasse, no centro da cristandade, não apenas a aceitar o desafio evangélico do acolhimento, mas justamente a ler os sinais dos tempos. A escultura em bronze e argila, na qual estão representadas pessoas de todas as idades, de várias culturas e diversos períodos históricos, chama-se *Angels Unawares*, anjos inconscientes: estão próximos, apertados, ombro a ombro, de pé em um barco, com os semblantes marcados pelo drama da fuga, do perigo, do futuro incerto. Naquele momento, estávamos todos naquele barco, com a mesma inquietação, sem saber quantos de nós desembarcariam nem quando. Estávamos todos juntos.

Também por essa razão, em nenhum momento me senti realmente sozinho naquela praça. Beijei os pés do crucifixo e isso me deu esperança, sempre me dá. Roguei ao Senhor que afastasse o mal com sua mão e, ao mesmo tempo, pedi a graça e a criatividade para saber abrir novas formas de fraternidade e de solidariedade, mesmo naquele contexto desconhecido. Porque, de repente, em mim e em toda a Igreja, junto com a urgência da oração veio a de servir ao próximo. Em especial às pessoas mais frágeis, em dificuldade: os sem-teto, os presos, os hospitalizados e os idosos.

A Igreja reagiu, fez sua parte.

Lembro-me do telefonema de um bispo: "Estou com um problema", disse-me, inquieto. "Não estão me deixando entrar no hospital nem nas casas de repouso para confessar. O que devo fazer?" Sugeri que pensasse no que ocorre em um naufrágio: mesmo que a água entre no barco, da popa o sacerdote pode dar a absolvição a todos, à distância; de igual modo, ele poderia concedê-la da entrada, da portaria. "E a comunhão?", perguntou-me. "Você pode entregar a eucaristia em um envelope fechado a um enfermeiro, que a ministrará." Aquele bispo não poupou esforços. Diante da dor humana, organizamo-nos e fomos capazes de mudar. Foram muitos os leigos e os párocos que demonstraram coragem para servir, que se ocuparam das pessoas mais solitárias, levaram conforto e medicamentos e expressaram o belo semblante de uma Igreja amiga, que cuida.

Passado o primeiro ano, só na Itália quase trezentos sacerdotes perderam a vida, não apenas pela fragilidade da idade avançada, mas pagando com o próprio sangue a proximidade com o povo, a presença nos ambientes mais expostos ao vírus. Também foram muitos os mártires entre médicos e enfermeiros, entre tantos outros heróis não celebrados. Nossa vida, a vida de todos, foi guardada e salva por pessoas que não aparecem nas manchetes dos jornais nem nas passarelas ou nos shows, mas que escreveram os acontecimentos decisivos da nossa história: os profissionais da saúde, os funcionários dos supermercados, os faxineiros, os transportadores, as forças de segurança.

Não desperdiçar as lições da pandemia é o único modo que temos de honrar, para além da retórica vazia, o sacrifício de tantos. A primeira lição que ela nos ensinou é que a paz não deve ser consequência, mas precondição. Apoiei e retransmiti imediatamente a resolução 2532 do Conselho de Segurança das Nações Unidas que, pela primeira vez na história, requereu por unanimidade um cessar-fogo global, junto com o apelo à abertura de corredores humanitários, a fim de fornecer ajuda aos mais vulneráveis. Essa consciência apenas prova que a guerra sempre torna toda solução mais distante e todo problema maior, mais grave e, às vezes, insolúvel. Com a guerra, tudo pode ser perdido.

A segunda lição que fica é a da nossa interdependência, uns em relação aos outros como família humana e todos juntos em relação ao planeta. Além de nos fazer perceber, com angustiante urgência, quão profunda é a necessidade de uma comunicação que não pode ser apenas virtual, que para nossa existência é fundamental que seja sobretudo "de carne e osso", a pandemia expôs os absurdos, os desequilíbrios e a arrogância do nosso sistema econômico global. Uma economia que mata, exclui, reduz à fome, concentra enormes riquezas nas mãos de poucos em detrimento de muitos, multiplica os pobres e pulveriza os salários, polui e produz guerra não é economia: é apenas um vazio, uma ausência, uma doença. É uma perversão da própria economia e de sua vocação. *"Cría cuervos y te sacarán los ojos"*, diz um provérbio espanhol; crie corvos, e eles lhe arrancarão os olhos. Poluímos e depredamos, deixando nossa própria vida em perigo.

Diante de tamanha perversão, é significativo o fato de que, paradoxalmente, o tempo da pandemia tenha, em ampla medida, coincidido com aquele em que o planeta, nossa casa comum, voltou a respirar: por alguns meses, reduzimos como nunca as emissões de CO_2. Não podemos nos permitir pensar que esse fato tenha sido mero fogo de palha.

Na tragédia grega, o fator que acarreta consequências terríveis é a *hybris*, a desmedida, a presunção que torna o ser humano inconsciente do próprio limite. Tudo está ligado: um sistema perverso de falso desenvolvimento, o desmatamento que avança de maneira ilógica e criminosa e a cada ano nos faz perder uma área de florestas primárias do tamanho da Bélgica, a destruição de ecossistemas inteiros, o ataque à biodiversidade, a antropização selvagem... Até chegarmos ao que a comunidade científica já considera uma certeza: os habitats degradados abrigam vírus que podem infectar o ser humano. Não existem duas crises separadas, uma ambiental e outra social, mas uma única e complexa crise socioambiental, fadada a resultar também em tragédias sanitárias. Restituir a dignidade aos excluídos, combater a pobreza e a exploração, zelar pelo meio ambiente e salvaguardar nossas vidas não são exigências separadas, menos ainda contrastantes, mas as diretrizes de uma mesma abordagem integral, que, a essa altura, deve ser considerada inevitável.

As catástrofes globais da covid e da mudança climática nos gritam em alto e bom som que não há mais tempo para esperar: o momento é agora. A pandemia deveria ter nos ensinado que dispomos dos meios para enfrentar o desafio e que seremos mais resilientes se trabalharmos juntos.

Todos nós vivemos o luto. Também eu perdi pessoas queridas, na Argentina e na Itália, parentes e amigos. Como o professor Fabrizio Soccorsi, que era meu médico pessoal.

Seguir em frente não significa esquecer.

Quem ousará esquecer as fileiras de caixões, transportadas por veículos militares para fora das cidades, onde já não havia lugar nem mesmo para os mortos; a dor dos médicos derrotados diante de doentes que não conseguiam respirar, com o rosto desfigurado pelos equipamentos de proteção e pelo cansaço; a dolorosa solidão de pais, mães e avós nas casas de repouso e unidades de saúde?

Seguir em frente significa mudar.

Porque "o ano em que não fomos a lugar nenhum" jogou-nos na cara a trágica realidade do caminho que leva à autodestruição.

20. Teu bastão e teu cajado me deixam tranquilo

A pandemia bagunçou os planos de todo mundo, inclusive os meus: compromissos foram cancelados, outros tiveram de ser cumpridos à distância e as viagens apostólicas foram adiadas. Mas tão logo se abriu uma brecha, houve uma coisa à qual eu não pude renunciar: o Iraque, a terra dos dois rios, pátria de Abraão. Visitar aquela Igreja mártir e aquele povo tão sofrido. E junto com outros líderes religiosos dar um novo passo em direção à fraternidade entre os fiéis.

Quase todos me desaconselharam a fazer essa viagem, que seria a primeira de um pontífice à região devastada por violências extremistas e profanações jihadistas: a covid-19 ainda não dera trégua, e até mesmo o núncio naquele país, o monsenhor Mitja Leskovar, acabara de testar positivo para o vírus. Acima de tudo, todas as fontes evidenciavam perfis de risco de segurança elevadíssimos, tanto que atentados sangrentos afligiram a região até a véspera da partida.

Mas eu queria ir até o fim. Eu sentia que devia fazer isso.

Eu apenas disse que sentia a necessidade de ir ao encontro de nosso avô Abraão, o ancestral comum de judeus, cristãos e muçulmanos. Se a casa de meu avô está em chamas, se em seu país nossa família corre risco de vida ou a perdeu, a coisa mais certa a fazer é chegar lá o quanto antes.

Além do mais, não era possível decepcionar mais uma vez aquelas pessoas que, vinte anos antes, não puderam abraçar João Paulo II, cuja viagem, com a qual ele desejara tanto inaugurar o Grande Jubileu de 2000, fora impedida por Saddam Hussein.

Eu me lembrava muito bem daquele sonho desfeito. Lembrava-me igualmente bem da profecia do Papa Santo, que, três anos depois, já idoso e enfermo, tentara de tudo, entre apelos e iniciativas diplomáticas, para impedir a nova guerra que, pautada em mentiras sobre armas de destruição em massa nunca encontradas, multiplicaria as mortes e a destruição e afundaria aquele país no caos, transformando-o por décadas no covil do terrorismo.

O povo e a Igreja iraquiana esperavam havia tempo demais. Era preciso intensificar todos os esforços para tirar aquela região ao menos da resignação perante o conflito, a lei do mais forte, a impotência da diplomacia e do direito; e sobretudo em um momento no qual o impacto da pandemia parecia ter apagado aquela crise, assim como muitas outras, da agenda mundial.

Foi também uma história em particular, a de Nadia Murad, a dar-me o impulso decisivo. Eu havia conhecido a jovem yazidi — que em 2018 receberia o prêmio Nobel da Paz — em 2017, no Vaticano, junto com o arcebispo Gallagher, secretário para as relações com os Estados e as organizações internacionais: "Quero ser a última", dissera-me Nadia, "a última garota no mundo com uma história como a minha". De fato, mesmo não sendo única, sua história era terrível. Uma jovem vida repentinamente devastada em um dia de agosto de 2014, quando, com pouco mais de vinte anos, foi raptada no norte do Iraque durante a campanha genocida do autoproclamado Estado Islâmico contra as minorias, em particular a yazidi. Os milicianos irromperam com ferocidade brutal em Kocho, vilarejo onde ela vivia, incendiaram casas, reuniram os homens adultos, mataram seiscentas pessoas a tiros de kalashnikov, sequestraram as mulheres e as jogaram em ônibus com vidros escurecidos. Naquele dia, ela perdeu a mãe e seis irmãos. E, logo em seguida, para ela e para suas irmãs iniciou-se um novo calvário: sem nenhuma dignidade, foi vendida nos mercados das *sabaya*, as escravas, e comprada por outros milicianos que a violentaram diversas vezes e a revenderam. Quase por milagre, após quatro meses de torturas, conseguiu fugir e, em novembro do ano seguinte, chegou à Alemanha graças a um programa humanitário: depois de poucos meses estava diante do Conselho de Segurança das Nações Unidas por sua batalha contra o tráfico de seres humanos e, a partir de então, não parou mais.

Eu tinha ouvido essa história por sua própria voz, lido o livro que ela escreveu, e suas palavras continuavam a ressoar dentro de mim. Junto a muitas outras reflexões, foram a base sobre a qual minha decisão de partir se cristalizou.

Reencontrei Nadia no Iraque e mais uma vez em Santa Marta. Admiro sua luta, que não conhece o preconceito. Junto com sua história, ouvi muitas outras terríveis sobre os massacres do Daesh.

Mossul foi como uma ferida no coração. Já do helicóptero, atingiu-me como um soco: uma das cidades mais antigas do mundo, que transborda história e tradições, que testemunhara ao longo do tempo a alternância de civilizações e fora o emblema da convivência pacífica de diferentes culturas no mesmo país — árabes, curdos, armênios, turcomanos, cristãos e sírios —, apresentava-se a meus olhos como uma vastidão de escombros após os três anos de ocupação por parte do Estado Islâmico, que a escolhera como capital.

Enquanto eu a sobrevoava, ela surgia como a radiografia do ódio, um dos sentimentos mais eficientes do nosso tempo, porque gera por si só os pretextos que o desencadeiam: a política, a justiça e sempre, de modo blasfemo, a religião. Criam-se motivações de fachada, hipócritas e provisórias. Afinal, como bem diz o belo poema de Wisława Szymborska, o ódio "corre sozinho".

E mesmo após toda aquela devastação, o vento do ódio não havia se aplacado.

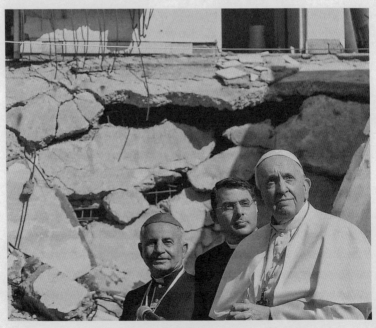

A visão de Mossul me atingiu como um soco.

Avisaram-me assim que aterrissamos em Bagdá, no dia anterior. A polícia tinha repassado à Gendarmaria Vaticana uma notificação que chegara dos serviços secretos ingleses: uma mulher-bomba se dirigia a Mossul para se explodir durante a visita do papa. Um furgão também havia partido a toda velocidade com a mesma intenção.

A viagem prosseguiu.

Houve reuniões com as autoridades no palácio presidencial de Bagdá. Outras com bispos, sacerdotes, religiosos e catequistas na catedral sírio-católica Sayidat al-Nejat (Nossa Senhora da Salvação), onde onze anos antes foram massacrados dois sacerdotes e 46 fiéis, cuja causa de beatificação está em curso.

Em seguida, deu-se o encontro com os líderes religiosos do país na planície de Ur, extensão deserta onde as ruínas da casa de Abraão confinam com a torre em degraus do maravilhoso Zigurate sumério: cristãos de diversas Igrejas, muçulmanos, tanto xiitas quanto sunitas, e yazidis enfim se reúnem sob a mesma tenda, no espírito de Abraão, a fim de recordar que a mais blasfema das ofensas é profanar o nome de Deus odiando o irmão. Que hostilidade, extremismo e violência sempre configuram traições à religião. Que cabe a nós e, sobretudo, a nós fiéis converter os instrumentos de ódio em instrumentos de paz; cabe a nós evidenciar as obscuras manobras que giram em torno do dinheiro e do tráfico de armas; cabe a nós ter a coragem de erguer o olhar para as estrelas da promessa de Abraão.

Antes ainda eu havia estado na cidade santa de Najaf, centro histórico e espiritual do Islã xiita, onde repousa o túmulo de Ali, primo do Profeta, para um encontro a portas fechadas

Descalço na casa do aiatolá Al-Sistani, em Najaf.

que me era muito caro porque representaria um marco no caminho do diálogo inter-religioso e da compreensão entre os povos. A reunião com o grande aiatolá Ali Al-Sistani vinha sendo preparada pela Santa Sé havia décadas, sem que nenhum de meus antecessores conseguisse levá-la a cabo.

O aiatolá Al-Sistani acolheu-me fraternamente em sua casa, um gesto que no Oriente é até mais eloquente que declarações e documentos, pois significa amizade, pertencimento à mesma família. Fez bem à minha alma e me senti honrado: ele nunca antes recebera chefes de Estado e jamais se levantava; no entanto, naquele dia, significativamente, levantou-se comigo várias vezes, enquanto com o mesmo sentimento de respeito me apresentei sem sapatos em sua sala.

De imediato me pareceu um homem sábio, de fé, preocupado diante da violência e empenhado em levantar a voz em defesa dos mais fracos e perseguidos, afirmando a sacralidade da vida humana e a importância da unidade do povo. Percebi sua inquietação com a combinação entre religião e política, certa aversão a "clérigos de Estado", comum entre nós, e, ao mesmo tempo, a compartilhada exortação às grandes potências para que renunciem à linguagem das guerras, priorizando a razão e a sabedoria. Lembro-me de uma frase sua em particular, que trouxe comigo como um presente precioso: "Os seres humanos são ou irmãos por religião ou iguais por criação". A igualdade já está inscrita na fraternidade, mas, em todo caso, não é possível ir abaixo da igualdade. Por isso, assim como o verdadeiro desenvolvimento, o caminho para a paz não pode ter duas vias, não admite "contramão", sendo apenas inclusivo e profundamente respeitoso.

No dia seguinte, quando perguntei à Gendarmaria o que se sabia sobre os atentados a bomba, o comandante me respondeu laconicamente: "Não existem mais". A polícia iraquiana os havia interceptado e explodido. Isso também me impressionou muito. Era mais um fruto envenenado da guerra.

Contudo, tanto em Hosh al-Bieaa — a praça das quatro Igrejas, onde uma extensão de ruínas representa também de maneira figurativa o drama de todo o povo — quanto em Qaraqosh — na planície de Nínive, onde vivia a maior comunidade cristã do país antes que a fúria do Estado Islâmico, destruindo casas e transformando a igreja da Imaculada Conceição em um campo de tiro, obrigasse 120 mil cristãos à fuga e muitos deles a uma vida de refugiados no Curdistão iraquiano —, tudo demonstrava não apenas que a trágica redução dos discípulos de Cristo é um dano incalculável para a própria comunidade que deixam para trás mas também que aquela Igreja estava e está viva, que o Cristo vivo agia em meio àquele seu povo mártir e fiel.

Quantos não foram os depoimentos corajosos que ouvi nessa viagem. Quantos santos próximos a nós.

Lembro-me de uma mãe que perdeu o filho em um dos primeiros bombardeios do Daesh. A primeira frase que me disse foi: "Eu perdoo". Mesmo nas imensas dificuldades, nas feridas tão profundas de ontem e hoje, terrorismo e morte não tiveram a última palavra. Nunca têm. A fraternidade é mais forte que o fratricídio, a paz é mais forte que a guerra, e a esperança, mais forte que a morte.

Enquanto eu viver, o Iraque permanecerá comigo: precisamos ser dignos do empenho daqueles cristãos e do sacrifício daquele povo.

No momento em que a pandemia começava a recuar graças às vacinas, além dos apelos para que elas pudessem ser disponibilizadas a todos, sobretudo aos mais frágeis e pobres, em todas as regiões do planeta, aquela viagem foi uma bênção e um novo estímulo para compreender ainda mais a realidade da nossa interdependência e, com ela, a necessidade de uma vacina também para o coração.

A peste da covid nos obrigou a nos confrontar também com a peste da indiferença e com uma dura verdade: não estamos no mundo para morrer, mas para gerar a vida e cuidar dela. O flagelo nos mostrou que educar para o cuidado é fundamental para nossa própria sobrevivência: cuidar da Criação, dos outros, das relações entre nós. Revelou que a doença do egoísmo globalizado pode ser criminosa e é sempre inútil — mas que também existe um remédio.

Em um ensaio sobre a inutilidade do egoísmo, o escritor norte-americano George Saunders nos convida, em primeiro lugar, a sermos pacientes de nós mesmos: "Busquem os medicamentos antiegoísmo mais eficazes, busquem-nos com toda força enquanto viverem; descubram em vocês o que os liberta e faz surgir sua versão mais afetuosa, generosa, destemida; busquem esses medicamentos como se nada mais importasse". Porque, além de potencialmente criminoso, o egoísmo é contraproducente.

Pouco antes de partir para Bagdá, doze refugiados iraquianos, acolhidos pela Comunidade de Santo Egídio, vieram a meu encontro em Santa Marta, acompanhados pelo esmoler, o cardeal Krajewski. Um deles tinha uma prótese na perna porque, na fuga, fora atropelado por um caminhão. A migração é sempre um direito duplo: direito de encontrar na pátria as condições para uma existência digna e direito de se deslocar quando essas condições mínimas não existem. No entanto — e eu não podia deixar de pensar nisso enquanto voltava de Qaraqosh, passando em meio a grupos de jovens dos quais haviam roubado tudo, menos a esperança —, nem mesmo diante de infernos como aquele o mundo se conscientizou dessa verdade universal.

Certa vez, numa conversa sobre o inverno demográfico na Itália, um sociólogo me disse: daqui a no máximo quarenta anos precisaremos importar estrangeiros para que trabalhem e paguem nossa aposentadoria com seus impostos. Isso vale para muitos países da Europa e do Ocidente. Contudo, sob muitos aspectos, continuamos a ver a imigração como uma invasão, a jogar pingue-pongue com a vida de pessoas que, no entanto, são indispensáveis também para a nossa salvação, com um comportamento não apenas profundamente desumano mas também autodestrutivo.

É cada vez mais urgente adotar medidas concretas para que as pessoas tenham do que viver em seus próprios países. E, ao mesmo tempo, é urgente adotar medidas para salvaguardar o direito de migração. A integração é a chave, e, nesse sentido, a Suécia foi um dos primeiros países a constituir um caso exemplar quarenta anos atrás. Eu mesmo experimentei e vivi isso de perto: quantos de meus conterrâneos argentinos, quantos uruguaios e chilenos se refugiaram nesse país no período da ditadura militar. Ajudei pessoalmente alguns desses irmãos a fugir, conterrâneos que foram acolhidos e integrados.

Em 2016, quando estive em Lund na viagem ecumênica por ocasião da comemoração da Reforma, presenciei isso de perto: Alice Bah Kuhnke, expoente do governo que foi despedir-se de mim no aeroporto, é uma imigrante de segunda geração, filha de uma sueca e de um imigrante da Gâmbia. Histórias como essa devem servir de exemplo; afinal, são naturais às próprias raízes da Europa e ao fato de que migrações e interações foram um elemento essencial para o desenvolvimento cultural e político do continente. Assim como são exemplos de generosidade o Líbano e também a Jordânia.

Com essas reflexões na alma, alguns meses depois do Iraque voltei a Lesbos, ilha grega que abriga o campo de refugiados de Moria, o maior da Europa, que por muito tempo foi a expressão do fracasso da política migratória do Velho Continente. Eu já estivera lá cinco anos antes, em 2016, em uma viagem-relâmpago junto com o patriarca Bartolomeu, de Constantinopla, e o arcebispo Ieronymos, de Atenas, a convite do então primeiro-ministro grego Alexis Tsipras, homem por quem tenho profundo respeito, um político que soube lutar pelo bem do seu povo. "Vamos encontrar a maior catástrofe do pós-guerra", declarei na ocasião.

De imediato, o campo me pareceu um círculo dantesco de humanidade ferida, farrapos, lama, chapas metálicas e dor. As pessoas vinham do Iraque, do Afeganistão, da Síria, da África, de tantos países que se perdia a conta. Muitas eram crianças e, entre elas, inúmeras haviam sido obrigadas a assistir à morte dos seus pais e companheiros, afogados no mar. O cartaz colorido de uma menina dizia: somos yazidis, precisamos de ajuda, ajuda, ajuda. Três vezes.

Abraçamos, afagamos, apertamos as mãos de todos naquele dia. Ainda me lembro da história de um jovem com seus dois filhos, muçulmano, casado com uma cristã: amavam-se, respeitavam-se, disse-me entre lágrimas; não parava de chorar. Um dia os terroristas irromperam em sua casa, e sua esposa, que não quis renunciar à sua fé, foi degolada diante de seus olhos. Uma mártir consciente, entre milhares de mártires inconscientes...

Foi ali, em Moria, que o primeiro-ministro Tsipras me contou sobre três famílias de refugiados da Síria: estavam com os documentos em ordem para migrar, mas não conseguiam um destino. Doze pessoas no total, seis crianças. Vou levá-los comigo, respondi. Depressa, recolhemos os documentos, obtivemos os vistos dos Estados grego e italiano e, três horas depois, todos estavam no avião para Roma como hóspedes do Vaticano e da Comunidade de Santo Egídio.

No voo, contaram suas histórias: vidas de quem tinha perdido tudo, casa, trabalho e lembranças.

Ramy e Suhila vinham de Deir Ezzor, região na fronteira com o Iraque, palco de um dos mais brutais massacres cometidos pelos jihadistas ao longo da guerra civil na Síria. Ele, professor, e ela, costureira, tinham chegado à Gré-

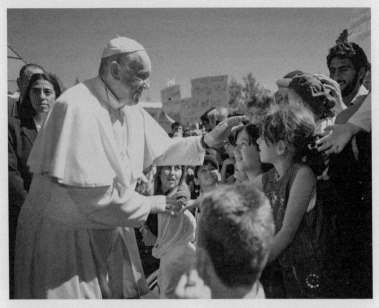
Em Lesbos, no campo de refugiados de Moria, o maior da Europa.

cia com os três filhos, passando pela Turquia e enfrentando inúmeros perigos.

Osama e Wafa, por sua vez, eram de Zamalk, distrito de Damasco, de onde precisaram fugir no dia em que sua casa foi bombardeada. Estavam com os dois filhos: por causa do trauma, durante muito tempo o menor deixou de falar e ainda acordava gritando todas as noites, disse a mãe.

Por fim, havia Hasan e Nour. Ele, arquiteto, e ela, de família sírio-palestina, formada em agronomia. Partiram da periferia de Damasco com o filho de dois anos. "Antes da guerra", contou-me Nour Essa, "meu país era um símbolo de convivência pacífica. Somos muçulmanos, mas entre nossos melhores amigos há cristãos, drusos e alauítas. Celebrávamos todos juntos o Natal e o Eid. Meu marido foi convocado para o serviço militar, mas nem ele nem eu queríamos matar nossos irmãos." A odisseia durou meses: fugindo das bombas, depois das garras dos traficantes, do Estado Islâmico, do regime, até a terrível viagem marítima, em que o barco virou. "Só a paz é santa", disse Nour. "A guerra é uma abominação."

Por mais forte que tenha sido o choque pelo qual passaram, quando aterrissamos todos hesitaram em descer do avião, ainda paralisados pelo medo, embora o caminho da salvação tivesse começado. Lembro-me de uma conversa com Tsipras ao telefone, pouco antes do embarque; no momento da despedida, mencionou outra lista de refugiados, também com documentos prontos: "Mas sei que seu avião já está lotado", acrescentou. Não se preocupe, respondi, encontre uma maneira, e os acolherei. E assim aconteceu: alguns meses depois, mais nove refugiados sírios chegaram ao aeroporto de Roma com a colaboração do Ministério do Interior grego; e em dezembro de 2019, por meio da Esmolaria Apostólica, desembarcariam outros 43 refugiados, dessa vez provenientes do Afeganistão, de Camarões e do Togo, também vindos de Lesbos.

Em Roma, Nour Essa formou-se em biologia graças a uma bolsa de estudos e hoje trabalha como bióloga no Hospital Pediátrico Bambino Gesù. Ela, que se arriscou a ver o próprio filho engolido pelo Mediterrâneo, salva a vida de outras crianças em um centro de excelência em diagnóstico e tratamento de doenças raras.

No final de 2021, voltei àquela ilha do mar Egeu, pois, para mim, ela representa o desafio ao naufrágio que precisamos evitar a todo custo: o da nossa civilização. Não podemos mais permitir que aquele labirinto de contêineres, humanidade rejeitada e fraternidade negada continue a nos representar, a representar a vergonha da União Europeia. Não podemos mais consentir que o Mediterrâneo, que por milênios uniu povos diferentes e terras distantes, se transforme em um frio cemitério sem lápides, que o *mare nostrum* (nosso mar) se torne um desolador *mare mortuum* (mar da morte), palco de conflito, e não de encontro. Quem tem medo dos rostos que vi em Lesbos é porque nunca teve coragem de olhá-los nos olhos, nunca viu os olhos de suas crianças.

Lembro-me de uma mulher com a filha pequena nos braços. A menina tinha fissura labial, o chamado lábio leporino, malformação que produz efeitos incapacitantes caso não se intervenha prontamente, de preferência antes de um ano de idade. Eu quis ajudá-la, mas não sabia bem como agir. Então pedi ao comandante da Gendarmaria que entrasse em contato com a direção do Hospital Pediátrico Bambino Gesù: a mulher e a filha puderam ir até lá no mesmo dia. Foi uma grande graça para mim.

Precisamos alimentar a esperança com a força dos gestos em vez de esperar por gestos de força. E devemos evitar a todo custo a disseminação do medo na opinião pública. Esse tipo de propaganda, nem um pouco inocente, nutre-se de guerras generosamente financiadas, de manobras ocultas para traficar armas e fazer com que seu comércio prolifere, de acordos econômicos feitos à custa da vida das pessoas.

Devem ser combatidas as causas, não as pobres pessoas que pagam por suas consequências. Para isso, é necessário abordar essas mudanças históricas a partir de uma perspectiva ampla, sabendo que, para além dos míseros interesses eleitorais, não existem respostas fáceis para problemas complexos.

Precisamos nos convencer sobretudo de uma coisa: quando se repelem os pobres, repele-se a paz, e quando fazemos isso, criamos nossa ruína com as próprias mãos. Isolamentos e nacionalismos exasperados sempre trazem consequências desastrosas — e a história nos ensina isso de maneira amarga.

Foi um ano doloroso, o de 2021, também do ponto de vista pessoal. Havia tempos eu sentia fortes dores abdominais e tinha febre, e pela segunda vez depois de 1957 a experiência de um enfermeiro me salvou a vida. Embora outros pareceres sugerissem que eu me limitasse a continuar com o tratamento antibiótico, Massimiliano Strappetti, que hoje é meu assistente pessoal de saúde, foi resoluto: o senhor precisa ser operado. Essa insistência se mostrou decisiva, pois ao removerem a estenose diverticular que me fazia sofrer os cirurgiões encontraram tecido necrótico. Em julho, fui submetido a um procedimento de três horas no cólon transverso, que dois anos depois precisou de uma segunda intervenção: reabriram-me e lavaram bem as aderências. Assisti ao filme da cirurgia; só faltou o sabão.

Por algum tempo isso me deteve, até psicologicamente me desanimou um pouco, mas a mente esteve sempre lúcida, e o espírito de trabalho — continuar acompanhando projetos, oferecer orientações — me ajudou bastante. Estou bem agora, posso comer de tudo, e a verdade mais simples é que estou velho. Para mim, a dor no joelho foi a humilhação física mais pesada. No início, incomodava-me ter de usar a cadeira de rodas, mas a velhice nunca vem sozinha e deve ser aceita tal como se apresenta: a Igreja é governada com a cabeça e o coração, não com as pernas. Faço fisioterapia duas vezes por semana, apoio-me na bengala, dou mais passos do que posso e sigo em frente. Apoio-me sobretudo no Senhor: teu bastão e teu cajado "me deixam tranquilo" (Sl 23,4). E se não posso correr como quando era jovem, sei que Ele caminha à minha frente, não me deixa nem me abandona (Dt 31,6-8).

Quando um papa não está bem de saúde, sente-se soprar um vento de conclave, mas a realidade é que nem mesmo nos dias das cirurgias pensei em renunciar, a não ser para dizer que essa possibilidade sempre existe para todos. Já no momento da eleição eu havia entregado ao camerlengo uma carta de renúncia em caso de impedimento por motivos médicos, como também fez Paulo VI, atestando que se isso acontecesse eu permaneceria em Roma como bispo emérito.

No início do pontificado, eu tinha a sensação de que ele seria breve: pensava em três ou quatro anos, não mais que isso. Foi o que disse em uma entrevista para a TV mexicana. Era um sentimento indistinto, mas bastante forte, que nascia da convicção de ter sido eleito para que o conclave fosse rápido; eu não concebia outra explicação. Não acreditava que escreveria quatro encíclicas nem tantas cartas, documentos e exortações apostólicas, tampouco que faria todas aquelas viagens para mais de sessenta países. A primeira, ao Brasil, já havia sido maravilhosa. No entanto, realizei isso tudo e sobrevivi.

A verdade é que o Senhor é o relógio da vida.

Enquanto isso, sigo em frente. Sinto que toda a minha existência é permeada de esperança e, mesmo nos momentos mais sombrios — penso na noite escura em Córdoba, para onde voltei como confessor entre 1990 e 1992 —, nunca senti que a havia perdido. Nunca. E certamente posso dizer o mesmo como papa, até nas circunstâncias mais complicadas, mais difíceis. O episódio da venda do edifício em Londres, conhecido como escândalo da Sloane Avenue, por exemplo, sem dúvida foi doloroso, de fato uma página lamentável, mas sempre senti que deveria seguir em frente sem acobertar nada. As decisões que tomei em relação a essa questão não foram fáceis; eu tinha certeza de que haveria problemas, mas também sei que a verdade nunca deve ser escondida e que a opacidade é sempre a pior escolha.

Adiante, portanto.

Nosso tempo urge: quando você quer colher o hoje, já é ontem; e se quiser colher o amanhã, ele ainda não existe. Esses anos de pontificado foram a verdadeira tensão de olhar além. A velhice, contudo, também é um tempo de graça e de crescimento: os idosos têm a capacidade de compreender as situações mais difíceis e, por isso, muitas vezes sua oração é forte, poderosa.

O caminho da Igreja, a nossa vida, o fundamento da nossa alegria e a razão da nossa esperança dependem do Senhor, certamente não de conveniências nem de correntes. E quando estamos um pouco cansados, o Senhor sabe nos pegar nos braços.

21. O escândalo da paz

Duas mulheres caminham juntas no anfiteatro que, no Jubileu de 1750, foi consagrado à memória dos mártires cristãos. Entre tochas, avançam na escuridão de uma fria noite de abril. São jovens, com longos cabelos castanho-claros, e estão embrulhadas em capotes pretos; parecem indistinguíveis uma da outra. Nenhuma das duas fala. Outras pessoas estabeleceram que devem considerar-se inimigas, mas não é o que Irina, enfermeira ucraniana, e Albina, pós-graduanda russa, escolheram. Permanecem unidas. Juntas param sob a Cruz, juntas a carregam. As sequelas de uma bronquite que me obrigou a uma breve internação hospitalar me impedem de participar da Via-Sacra daquele ano no Coliseu; no entanto, estou com elas. De Santa Marta, em oração, vejo na tela um duplo escândalo: o da Cruz e o da paz.

No início de 2022, a teia esgarçada da Terceira Guerra Mundial se ampliou em um novo e terrível cenário, transformando-se cada vez mais em um conflito global: pouco depois de ter reconhecido a independência da República Popular de Donetsk e a de Lugansk, dois Estados autoproclamados na região do Donbass, as forças armadas da Federação Russa invadiram a Ucrânia no início da manhã de 24 de fevereiro. A guerra atingiu o coração da Europa e varreu as últimas ilusões sobre o "fim da história", que, 24 séculos após Tucídides, acompanharam a queda do Muro de Berlim. Como em 1962, ano da crise dos mísseis em Cuba, o mundo voltou a se espelhar no espectro da destruição nuclear, sob a concreta ameaça de bombas, cuja simples posse deve ser considerada imoral.

Não era o momento de se preocupar com protocolos nem ritos. Ainda que, como regra geral, o pontífice receba os embaixadores apenas mediante a apresentação de suas credenciais, na manhã seguinte à invasão cancelei todas as audiências e me dirigi pessoalmente à embaixada russa junto à Santa Sé. Era a primeira vez que um papa agia assim. O joelho continuava com seus caprichos; por isso, foi um papa claudicante que se apresentou ao embaixador Avdeev para exprimir toda a sua preocupação. Implorei pela interrupção dos bombardeios, preconizei o diálogo, propus uma mediação pela mão do Vaticano entre as partes, pondo-me à disposição para ir a Moscou o mais rápido possível se Putin, com quem eu já havia me reunido três vezes ao longo do pontificado, deixasse aberta uma pequena janela para negociação. O embaixador me ouviu com atenção, mas o ministro Lavrov, das Relações Exteriores, escreveu-me mais tarde explicando, com cortesia institucional, que não era o momento.

Ao mesmo tempo, telefonei para o presidente ucraniano Zelensky, que no ano seguinte eu receberia no Vaticano e ainda mais uma vez em outubro de 2024, para exprimir minha dor, minha cooperação e minha proximidade com seu povo.

Eu estava e continuo à disposição, como o trabalhador que sou, disposto a fazer o que for necessário pela paz. Também por essa razão, única entre todas, a representação diplomática do Vaticano nunca deixou sua sede na capital ucraniana, nem mesmo durante os mais brutais bombardeios.

O povo ucraniano é não apenas um povo invadido, é também um povo mártir, perseguido já nos tempos de Stálin com o genocídio pela fome, o Holodomor, que causou milhões de vítimas. Nesses anos de conflito, a Santa Sé mobilizou-se de muitas maneiras na tentativa de aliviar seu novo e enorme sofrimento. Desde o início, as missões na Ucrânia, realizadas pelo cardeal Czerny na área de fronteira com a Hungria e pelo cardeal Krajewski na região próxima à Polônia, mostraram-se uma expressão viva de solidariedade e compromisso. O mesmo se pode dizer da viagem do monsenhor Gallagher, secretário para as relações com os Estados, e das missões não apenas nos dois países, mas também em Washington e Pequim, do cardeal Zuppi, que se dedicou em particular ao regresso das crianças ucranianas deportadas à Rússia pelas autoridades de ocupação, e para as quais foi criado um mecanismo ad hoc a fim de resolver casos concretos. Eu mesmo me empenhei de imediato a favorecer as trocas de prisioneiros entre Moscou e Kiev, em primeiro lugar para os feridos e doentes. Dois anos após o início do conflito me reuni mais uma vez com o embaixador russo Soltanovsky na Santa Sé, na constante busca por uma solução diplomática.

Sei, contudo, que isso não é suficiente: todos nós precisamos multiplicar os esforços, começando pela comunidade europeia e a internacional, que devem assumir a tarefa efetiva de identificar caminhos para o diálogo, a negociação e a mediação. Sabemos que não é possível obter resultados a todo custo, mas também é necessário saber quão grande é a responsabilidade de todos. Os interesses imperiais, de todos os impérios, não podem ser, mais uma vez, postos à frente das vidas de centenas de milhares de pessoas. O Senhor pedirá contas por todas as lágrimas derramadas na Ucrânia. São inúmeros os órfãos, as viúvas, os desabrigados e os escombros: após ter consagrado ambos os países ao Imaculado Coração de Maria, recordando a necessidade de transformar as linhas de frente em pontes, no ano seguinte, um novo ano de morte e destruição, chorei por toda aquela dor diante da Virgem, em oração na Piazza di Spagna. Cada dia em que as armas seguem trovejando é mais um dia de derrota e suplício, carregado de insensatez e culpa.

Kiev, Kharkiv, Mariupol, Izium e Bucha são cidades mártires, uma cartografia de crueldades horrendas, cometidas também contra civis indefesos, mulheres, crianças, vítimas cujo sangue inocente grita ao Céu e implora: "Chega! Chega dessa loucura!". No início dos bombardeios em Kharkiv, nem mesmo o zoológico foi poupado da devastação: as explosões arrebentaram os vidros, e macacos, cervos, felinos e pássaros fugiram, tomados pelo pânico. Um menino disse ter visto um lobo-vermelho revirando uma lata de lixo: olharam-se fixamente, ambos imóveis, assustados e certos de que o mundo havia enlouquecido.

O caminho da paz tem seus riscos, claro, mas comporta riscos infinitamente maiores a estrada das armas: a compulsão por repetir uma eterna corrida armamentista, que conspurca a alma e subtrai enormes recursos que poderiam ser empregados para combater a desnutrição, garantir tratamento médico a todos, promover a justiça, para, enfim, tomar de fato o único caminho capaz de impedir a autodestruição da humanidade. Anton Tchékhov declarou que se uma pistola aparece em um romance, é preciso que ela dispare, ilustrando um princípio fundamental em toda narrativa novelesca e teatral. O mesmo ocorre na vida: na das sociedades, em que o número de armas de fogo em circulação é proporcional ao de pessoas assassinadas, e na vida dos Estados.

Atualmente, são 59 guerras em curso em todo o mundo: conflitos declarados entre nações ou grupos organizados, étnicos e sociais. Algumas são menos midiáticas, mas nem por isso menos terríveis: penso em Kivu; no Iêmen; em Mianmar, com a etnia rohingya; na região de Karabakh, no Cáucaso; na de Tigré, na Etiópia. No total, envolvem diretamente quase um terço das nações do planeta, e um número bem maior de forma indireta. Às vezes, são chamadas hipocritamente de "operações de paz".

Tem sido assim há muito, muito tempo.

Só isso deveria bastar para desmascarar a insensatez da guerra como instrumento para solucionar problemas: é apenas uma loucura que aumenta os mercadores da morte e que é paga pelos inocentes. Se deixassem de fabricar armas por um ano, a fome no mundo acabaria por completo. Um único dia sem despesas militares salvaria 34 milhões de pessoas; no entanto, escolhemos aumentar essas despesas como nunca... e fabricar a fome.

Sou velho o suficiente para ter visto com meus próprios olhos que a guerra é sempre um caminho sem rumo: não abre perspectivas, não resolve nada, degenera tudo, a cada vez deixa o mundo pior do que o encontrou. Uma irracionalidade criminosa, à qual é necessário contrapor, mais do que nunca, a advertência profética do papa João XXIII na encíclica *Pacem in Terris*: à luz da assustadora força destrutiva das armas modernas e de dezenas de milhares de bombas nucleares, hoje quarenta vezes mais destrutivas que as de Hiroshima e Nagasaki, é ainda mais evidente que as relações entre os Estados devem ser reguladas não pela força armada, mas de acordo com os princípios da reta razão, ou seja, da verdade, da justiça e de uma cooperação vigorosa.

No entanto, diante dessa flagrante irracionalidade, nos últimos tempos a palavra "paz" parece ter se tornado ainda mais incômoda, às vezes proibida. Os artesãos da paz e da justiça chegam a ser vistos com desconfiança, sendo atacados como se fossem colaboradores do "inimigo" por uma comunicação que demonstra não conseguir escapar, nem mesmo em pensamento, da "lógica ilógica" e perversa da guerra — seja exigindo que a Igreja utilize a linguagem dessa ou daquela política, e não a de Jesus, seja buscando um papa que seja o capelão militar do Ocidente em vez do pastor da Igreja de todos.

Às vezes, nada parece escandalizar mais do que a paz. Mas não devemos nos render, não devemos desistir de lançar as sementes da reconciliação. E não devemos ceder à retórica nem à psicose belicista, porque o destino da humanidade não pode ser construir reinos armados até os dentes, que se enfrentam no medo.

É verdade, muitas vezes a Igreja é *vox clamantis in deserto* (Mc 1,1-3), uma voz que clama no deserto: basta pensar nos últimos trinta anos, nos apelos ignorados de João Paulo II diante da iminência da guerra na Iugoslávia ou dos dois conflitos no Golfo; em sua profecia, na época não ouvida e que mais tarde se realizou em toda a sua dramática verdade, sendo reconhecida tarde demais. Após mais de meio milhão de mortes inúteis, no último caso. Precisamos, contudo, cultivar a certeza de que toda semente de paz dará seu fruto. Assim como a de que toda ação de guerra, mesmo a guerra de palavras, afasta o momento em que "justiça e paz se abraçam" (Sl 85,11).

* * *

Muitas vezes, a arte também guarda o dom da profecia. Pablo Picasso dizia que "a arte é uma mentira que nos faz compreender a verdade" porque sabe colher a realidade mais profunda das coisas. Me vem à lembrança uma pintura do final do século XIX que representa perfeitamente a angústia e a tragédia das guerras do século seguinte e também das de nossos dias. Retrata um homem com a cabeça entre as mãos, sob um céu de um vermelho anormal. Observando-o melhor, não se sabe se é jovem ou velho, talvez nem mesmo se é uma mulher; é um contorno sem idade nem gênero, feito apenas de olhos arregalados e boca aberta, impossibilitado de fazer qualquer outra coisa que não seja gritar: ele é todos. *O grito*, de Edvard Munch, é o sentimento de cada um de nós perante o massacre de inocentes e a catástrofe humanitária na Terra Santa.

Uma nova barbárie recomeçou com o extermínio realizado em 7 de outubro de 2023, quando os milicianos do Hamas atravessaram as barreiras que dividem a Faixa de Gaza de Israel e atacaram militares e civis israelenses. Mais de mil pessoas foram mortas, do modo mais diabólico e brutal, em suas casas ou enquanto tentavam fugir, e muitas sequestradas, entre as quais mulheres, moças, rapazes e crianças. Também perdi amigos argentinos nessa carnificina, uma dor dupla, gente que eu conhecia havia anos e vivia em um kibutz na fronteira com Gaza.

Depois desse suplício e dessa selvageria, acrescentou-se outra, gigantesca, em razão das incursões israelenses: dezenas de milhares de mortos inocentes, em grande parte mulheres e crianças, centenas de milhares de desabrigados, casas destruídas, pessoas a um passo da carestia.

Desde sempre mantenho contato constante com Gaza e com a igreja da Sagrada Família, cujo pároco é o padre Gabriel Romanelli, também argentino. Até mesmo esse complexo paroquial, que abriga famílias e pessoas doentes, tornou-se palco da morte. Uma mãe, a sra. Nahida Khalil Anton, e sua filha, Samar Kamal, que era cozinheira na casa das crianças com deficiência, assistidas pelas Irmãs de Madre Teresa, foram mortas por um franco-atirador do exército israelense enquanto se dirigiam ao convento. Uma foi assassinada enquanto tentava salvar a outra. Outras pessoas foram mortas a sangue-frio nos arredores da paróquia, uma pequena comunidade cristã que já chora a perda de mais de vinte pessoas. Isso também é terrorismo. A guerra que mata civis indefesos e desarmados e até mesmo voluntários da Caritas, empenhados em prestar ajuda humanitária, que devasta sem trégua a população civil e causa fome, produz o mesmo terror absurdo.

A partir de Gaza, o conflito alargou-se ainda mais, expandindo-se da Palestina para a Síria, para o Irã, para o Líbano, acrescentando vítimas a vítimas e refugiados a refugiados. Centenas de milhares. Na vergonhosa incapacidade da comunidade internacional e dos países mais poderosos de pôr fim ao massacre, a onda de ódio transformou-se numa tempestade de violência. O sangue que corre só faz aumentar o medo e a raiva, e junto com eles o desejo de vingança, numa espiral criminosa que se alimenta em vórtices, devorando até o futuro com suas mandíbulas. Na cidade de Tiro, a poucas dezenas de quilômetros de Beirute, o convento franciscano da Custódia da Terra Santa tornou-se um centro para pessoas deslocadas, sem diferenças de etnia ou religião, num número que já não se podia contar. Pouco antes de abandoná-lo junto com a caravana de refugiados, levando consigo as relíquias e o Santíssimo Sacramento para a capital, o pároco, o padre Toufic Bou Merhi, lançou uma comovente e dramática invocação durante a missa, dirigindo-se diretamente às armas: "Querida bomba, por favor, deixe-nos em paz. Querido foguete, não exploda. Não obedeça à mão do ódio. Exorto-vos porque os ouvidos foram tapados, os corações dos responsáveis endureceram e a brutalidade no trato com as pessoas se espalhou, então me escute, eu imploro. Eles as chamam de bombas inteligentes; sejam mais espertas do que aqueles que estão usando vocês". Não sobrou ninguém para matar, ele disse. Famílias foram exterminadas. Sila, uma menina de seis anos, não tem pai nem mãe, nem irmã de um ano e meio, nem avô, nem avó, nem tio e nem família. Na véspera daquela homilia, um foguete destruiu nove casas a cinquenta metros do convento. As pedras caíram no pátio onde estavam os deslocados. Terror, gritos, choros, medo misturados ao sangue dos feridos.

Estou com eles. Estou com aqueles que foram obrigados a abandonar as suas casas, com as famílias atormentadas, exaustas. Estou com aqueles que são obrigados a abandonar a escola e o trabalho, a vagar em busca de um destino para escapar das bombas. Estou com as mães que lamentam a morte dos seus filhos e com as crianças a quem foi negado até o direito de brincar. Estou com aqueles que têm medo de olhar para cima porque chove fogo do céu.

Eles estão em meus pensamentos, em minhas orações, às vezes em minhas lágrimas, todos os dias.

Diante do alastramento da violência, enquanto as lágrimas correm dos olhos, a boca das crianças, em todos os lugares do mundo, repete o grito de Munch: "Chega!". O mesmo grito que faço meu, a mesma súplica que repeti nos telefonemas aos chefes de Estado, nos apelos a quem tem a grave responsabilidade de governar as nações. "Chega! Mandem parar o bramido das armas, pensem nas crianças."

Algum tempo atrás, mostraram-me um desenho que narrava o eterno conflito afegão. Retratava o perfil de uma criança mutilada, com uma linha tracejada no lugar do rosto. Uma inscrição dizia: se quiserem entender o que é a guerra, insiram aqui a foto do seu filho. Isso é a guerra, o terror, que não é captado pelas câmeras dos drones, mas nos corredores dos hospitais de campanha: em Cabul como em Kiev, em um kibutz como em Gaza ou em Tiro. Pensar em cada criança como seu próprio filho é o antídoto para a desumanização que transforma qualquer reivindicação justa de existência em uma luta cada vez mais sangrenta pela inexistência do outro.

Não se pode construir nenhuma salvação com base em palavras e gestos de vingança; a vida só pode ser construída com base em palavras e gestos de justiça, que renunciem à humilhação do adversário.

Mais de uma vez me reuni no Vaticano com familiares dos reféns israelenses e parentes das vítimas de Gaza, e neles pude ver o mesmo desejo de paz, de serenidade e de justiça.

Recebi os pais de duas adolescentes, um israelense e outro palestino, que perderam as filhas na guerra — uma, de catorze anos, vítima de um atentado, e a outra, de dez, morta por um soldado fora da escola —, e neles vi a mesma dor e a mesma escolha: sepultar o ódio em busca de uma vida que não torne seu luto inútil. Aqueles dois homens, aqueles dois pais passaram pelo mesmo calvário, tornaram-se amigos, testemunhas de que outro mundo é possível; aliás, de que é o único possível.

Para a Terra Santa, o único caminho viável é o traçado em 1993 pelos acordos de Oslo, que permaneceram letra morta após o assassinato do primeiro-ministro Yitzhak Rabin por um extremista israelense: a solução sábia de dois Estados bem delimitados, cabendo a Jerusalém um status especial. Toda solução construída com base na vingança e na violência, seja onde for, nunca será paz e só espalhará mais sementes de ódio e ressentimento, geração após geração, em uma cadeia infinita de arbitrariedades.

Em junho de 2014, no segundo ano de meu pontificado, junto com o então presidente israelense Shimon Peres, com o palestino Mahmoud Abbas e com o patriarca Bartolomeu, plantamos nos jardins do Vaticano uma jovem oliveira para invocar a paz no Oriente Médio.

Pouco antes, eu havia sido peregrino na Terra Santa. Em Jerusalém, preguei diante do Muro das Lamentações e, entre suas fendas, como se costuma fazer, depositei um pequeno papel, no qual escrevera em espanhol os versos do pai-nosso: "*Perdona nuestras ofensas, como también nosotros perdonamos a los que nos ofenden...*". Cada um de nós deve perdoar as ofensas do outro; só assim nos libertaremos do mal. No trajeto a Belém, deparei com mais um muro, o que por centenas de quilômetros separa israelenses e palestinos. Deixando a segurança um pouco de lado, pedi ao motorista que parasse, e ali também me recolhi em oração: apoiei a cabeça naquela barreira, rodeado por um grupo de jovens palestinos. Em Belém, expressei o desejo de que os líderes dos dois povos se encontrassem para cumprir um gesto significativo e histórico de diálogo e de paz, oferecendo minha casa no Vaticano como local de oração.

O sonho de Belém completou dez anos. Em junho de 2024, eu quis comemorar aquele encontro convidando aos jardins do Vaticano todo o corpo diplomático e, em particular, os embaixadores de Israel e da Palestina, bem como o

Em Jerusalém, depositando minha oração entre os tijolos do Muro das Lamentações.

rabino e o secretário-geral da mesquita de Roma: àquela altura, o arbusto já havia se tornado uma árvore de mais de cinco metros, e embora as armas não tenham silenciado, embora continuemos a testemunhar a morte, sob nossos olhos, de tantos inocentes da maneira mais cruel, milhares de palestinos e israelenses de boa vontade não deixam de esperar pela chegada de um novo dia. Não devemos nos render, não devemos parar de reivindicar e construir relações de fraternidade que vislumbrem a alvorada de um mundo em que todos os povos quebrarão suas espadas e delas farão arados; ao mesmo tempo, hoje, ainda mais do que ontem, é urgente saber que a paz precisa de corações transformados pelo amor de Deus, que desfaz o egoísmo e rompe os preconceitos. Como proclamou João Paulo II, não há paz sem justiça, mas não há justiça sem perdão.

O perdão não é traição nem fraqueza, muito pelo contrário. Como falei em meu discurso para o Congresso dos Estados Unidos em setembro de 2015, replicar o ódio e a violência dos tiranos e dos assassinos é a melhor maneira de ocupar seu lugar. Nossa resposta, ao contrário, deve ser de esperança e cura, de paz e justiça. Tratemos os outros com a mesma paixão e compaixão com as quais gostaríamos de ser tratados. Busquemos para os outros as mesmas possibilidades que buscamos para nós mesmos. Ajudemos os outros a crescer como gostaríamos de ser ajudados. Em resumo, se quisermos segurança, precisamos fornecer segurança; se quisermos vida, precisamos provocar vida; se quisermos oportunidades, precisamos oferecer oportunidades. A medida que usamos para os outros será a medida que o tempo usará para nós.

Devemos substituir a covardia das armas pela coragem da reconciliação. A guerra é um substantivo feminino, mas nunca tem o rosto de uma mulher: precisamos do olhar das mães; precisamos da sua coragem. E precisamos de arquitetos capazes de concretizar essa consciência e essa visão. Não podemos permitir que, daqui a dez anos, o novo papa continue regando aquela muda de oliveira.

Aos homens e às mulheres de todas as regiões do mundo, e sobretudo aos jovens, digo: não acreditem em quem fala que nada pode mudar ou que lutar pela paz é um empenho de ingênuos, de "boas almas". Não cedam a quem quiser fazê-los acreditar que é lógico conduzir uma existência contra os outros ou sem os outros, contra os povos ou sem os povos. Os que sustentam esse discurso se fazem de fortes, mas são fracos. Talvez também se façam de sábios, mas são loucos. Às vezes, loucos oportunistas, que cuidam

No caminho para Belém, apoio a cabeça no muro que divide israelenses e palestinos.

das tramas e dos interesses, amiúde obscuros, de quem fabrica violência e pisoteia a paz em nome dos negócios: por trás de tantas guerras feitas "em prol do povo" ou "em nome da segurança" há, sobretudo, sórdidos dividendos pessoais e até políticos. Não se contentem com os sonhos opacos e artificiosos dessas pessoas, destinados apenas a construir novos pesadelos; sonhem mais alto. A guerra é louca; a paz é racional, pois reflete e concretiza a natureza humana e as aspirações naturais dos povos. É um sonho que se sonha de olhos abertos, à luz do sol, e que se sonha juntos, no plural.

Não negamos os conflitos, não os escondemos, não os ignoramos nem os marginalizamos. Sabemos que o resultado desse recalcamento será tão só aumentar as injustiças e gerar reações de mal-estar e frustração, que tanto nas experiências individuais quanto nas coletivas podem traduzir-se em ações violentas. Não confundimos agressor e agredido nem negamos o direito à defesa: afirmamos com convicção que a guerra nunca é "inevitável" e que a paz sempre é possível.

Invocamos o *ius pacis** como direito de todos de resolver os conflitos "repudiando a guerra", como também afirma a Constituição italiana, país do qual sou bispo.

Não somos neutros: estamos alinhados pela paz.

Sabemos que ela nunca será fruto dos muros, das armas apontadas de uns contra os outros. Sabemos que a paz verdadeira e duradoura é consequência de uma economia que não mata, que não produz morte, que cultiva a justiça, que não se rende aos paradigmas tecnocráticos e à cultura do lucro a todo custo. Como diz são Paulo: "O que o homem semear, isso colherá" (Gl 6,7).

A guerra, toda guerra, é um sacrilégio porque a paz é uma dádiva de Deus, mas é uma dádiva que precisa dos braços dos homens e das mulheres para ser cultivada. Se neste momento nossas civilizações estão semeando morte, destruição, medo, injustiça e desilusão, isso significa que devemos ser artífices de uma mudança que afirme os direitos das pessoas e dos povos, começando pelos mais fracos, por quem é marginalizado, e da Criação, da nossa casa comum, secando os poços do ódio com o exercício da fraternidade.

Aos ladrões do futuro devemos contrapor a convicção de que o único futuro possível pertence a mulheres e ho-

---

* Direito de paz; em latim no original. (N. T.)

mens solidários e a povos irmãos, e que a única autoridade possível é a que representa um serviço a essa causa, porque a autoridade que não é serviço é ditadura.

A guerra não é apenas palco de mentiras — posto que estas sempre a antecedem e acompanham, e a verdade é sua primeira vítima: a guerra é, ela própria, uma mentira. Não por acaso, em um de seus textos, com o título exemplar de "Arrependei-vos!", Liev Tolstói relaciona a guerra ao "mal mais assustador do mundo, a hipocrisia. Não foi em vão que Cristo se encolerizou uma única vez, e essa vez foi justamente pela hipocrisia dos fariseus".

A verdade é que só pode existir futuro no realismo, no bom senso, na concretude dos semeadores da paz e da esperança.

22. De mãos dadas com uma menina irredutível

"Vocês têm certeza?"

Estávamos para chegar em Iquique, última etapa da minha viagem apostólica ao Chile, uma viagem nada simples e, por isso, ainda mais necessária. O avião estava em silêncio. Eu olhava pela janela, através das nuvens, aquela terra à qual tanto devo e tanto amo, quando Carlos se apresentou para a tradicional saudação da tripulação. Eu o havia conhecido no dia anterior, no trecho de retorno de Temuco, capital da região de Auracanía, a Santiago: me levantei um instante para esticar as pernas e um comissário se precipitou para me pedir, um pouco sem graça, que voltasse ao meu assento, porque estavam iniciando os procedimentos de aterrissagem. Olhei para seu crachá e vi um nome que parecia familiar.

"De que região da Itália você é?", perguntei-lhe.

Ele me contou que seus avós eram lígures. Como os meus maternos.

"Então somos primos", disse eu para quebrar o gelo.

Começamos a conversar, sobretudo a respeito do Chile. Depois, perguntei se podia cumprimentar os pilotos, entrei na cabine e lhes dei a bênção.

No dia seguinte, no novo trecho, no momento das fotografias Carlos Ciuffardi se aproximou acompanhado de uma jovem: queria me apresentar Paula.

"Trouxe sua esposa para viajar de avião?"

Ele me explicou que haviam se conhecido onze anos antes, quando Paula era a responsável de bordo, e que também dessa vez ela desempenharia a função.

"Cá entre nós, é a chefe da casa, certo?", perguntei-lhe, sorrindo.

Carlos retribuiu o sorriso e fez que sim com a cabeça. "É por isso que funciona", respondeu.

Perguntaram se eu poderia lhes dar a bênção, e foi então que me contaram sua história. Tinham duas meninas e haviam se casado apenas no civil, porque justamente no dia previsto para o casamento religioso, no começo da manhã de 27 de fevereiro de 2010, o teto da igreja desabara por causa do desastroso terremoto, o mais forte já registrado na América do Sul nos últimos cinquenta anos; tão forte, segundo atestaram os sismólogos, que chegou a deslocar o eixo terrestre em oito centímetros. Milhares de casas, escolas, locais de culto, edifícios públicos e hospitais foram danificados de modo permanente. A igreja de Paula e Carlos só reabriria as portas depois de um ano; enquanto se contavam as vítimas, os desaparecidos e os milhões de desabrigados, quase metade da região havia sido declarada zona de catástrofe, e em algumas áreas se chegara a decretar toque de recolher.

Eu me lembrava bem da fúria daquela tragédia. O reflexo dos abalos fora sentido até em Buenos Aires, a milhares de quilômetros de distância. Depois daquilo, foi difícil restituir a vida aos vivos.

Ouvi-os e disse que, se o Espírito os havia levado até mim, naquele avião, era porque aquela história precisava de uma conclusão.

"Querem que eu case vocês aqui, agora?", perguntei.

Eles ficaram mais perplexos do que emocionados.

"Sim", responderam quase em uníssono.

"Têm certeza?"

"Sim!", repetiram.

Perguntei uma terceira vez, e disseram que aquele amor era o que haviam desejado desde sempre e por toda a vida.

"Então precisamos de testemunhas", concluí.

Carlos foi chamar o chefe da companhia, e o monsenhor Rueda, organizador da viagem, foi a outra testemunha.

Após as recomendações e a confissão, oficiei o rito entre as poltronas do avião, segurando as mãos deles. Depois, em uma folha de papel, redigimos o certificado matrimonial, que seria registrado pelo núncio apostólico nos dias seguintes.

"Vocês são testemunhas da beleza de ser uma família", disse ao me despedir.

No voo para Iquique, celebro o casamento de Paula e Carlos.

A família cristã é uma fábrica de esperança, sobretudo nesses tempos de escassez de sentido. É uma fábrica de esperança para a sociedade como um todo. Sem esperança tudo se torna sem vida, precário, perdido e inútil, até mesmo a fé.

O sentido da situação de Carlos e Paula era a esperança; essa é a conclusão que aquela história esperava, uma conclusão que deve ser renovada todos os dias. Esperança, esperança e mais esperança. No fundo, a força discreta e invencível da esperança foi o que celebramos aos pés dos Andes, na diocese do céu que se tornara aquele avião.

Quatro anos depois daquele dia de janeiro de 2018, uma carta me transportou mais uma vez com a mente e o coração à Cordilheira. Era também sobre um avião: havia sido enviada por um dos sobreviventes do acidente com o voo 571 da Força Aérea Uruguaia e do que depois seria lembrado como o "Milagre nos Andes". Eu me lembrava perfeitamente daquela história dramática de cinquenta anos antes, naquele 1972 marcado pelo atentado aos Jogos Olímpicos de Munique e pelo escândalo Watergate e, na Argentina, assolado por dramáticos conflitos sociais, repressões e estado de emergência. Na época, eu era mestre de noviços em Villa Barilari, em San Miguel.

Foi em uma tarde de outubro: enquanto sobrevoava a área entre o cerro Sosneado e o vulcão Tinguiririca, na fronteira entre Chile e Argentina, um charter que havia partido de Montevidéu em direção a Santiago caiu com 45 pessoas a bordo, entre passageiros e membros da tripulação, incluindo dezenove jogadores do time de rugby Old Christians Club, suas famílias e amigos. Após colidir com a parede da montanha, o avião perdeu uma asa, depois a outra e, por fim, precipitou-se em uma vasta extensão de terreno íngreme e coberto de neve, próximo ao glaciar de Las Lágrimas, a mais de 3600 metros de altitude. Nessas condições extremas, com temperaturas que à noite beiravam os 35 graus negativos, em um ar fustigado por tempestades violentas e tão rarefeito e pobre em oxigênio que deixava todos ofegantes, os 32 sobreviventes da queda, feridos e mal aparelhados, protegendo-se com uma barreira improvisada, formada por assentos, malas e destroços, abrigaram-se no que restava da fuselagem, esperando pelo socorro que, no entanto, não chegava. Ficaram isolados naquela que se tornou sua "sociedade da neve", enfrentando um desafio desesperado, entre enorme sofrimento, novos lutos, fraternidade, ajuda mútua e oração cotidiana. Em um extremo e recíproco pacto de amor — sobre cuja legitimidade, para pôr fim a polêmicas mórbidas, o próprio Paulo VI se pronunciou —, os companheiros que não conseguiram sobreviver se tornaram alimento e esperança para os que ainda estavam vivos.

Dois meses após o acidente, quando ficou claro que as buscas haviam sido interrompidas e ninguém chegaria para salvá-los, tendo apenas dezesseis passageiros sobrevivido, três deles decidiram partir em uma empreitada que parecia impossível naquelas condições: escalar a montanha que viam delinear-se a oeste, um pico de 4600 metros, e atrás da qual pensavam que estava o Chile. Abandonaram o esqueleto do avião — que naquele ínterim havia sido várias vezes varrido por avalanches que causaram mais vítimas — equipados apenas com sacos de dormir feitos a partir de travesseiros costurados, uma mala transformada em trenó, duas hastes de alumínio servindo de bastões e três camadas de roupas, e partiram para o desconhecido. No entanto, ao chegarem ao topo, após dias de penosa escalada e sofrendo hiperventilação e desidratação, descobriram que do outro lado não os esperava o que haviam imaginado. Em vez disso, avistaram uma nova e tortuosa sequência de montanhas, serpenteando por outras dezenas de quilômetros diante de seus olhos.

Nem mesmo então se renderam. Juntos, estimaram que a provisão que haviam levado não seria suficiente para os três; um deles, portanto, voltou ao acampamento, deslizando montanha abaixo com a mala-trenó até a fuselagem, através do gelo e das fendas. De maneira ainda mais inacreditável, os outros dois prosseguiram, extenuados, cambaleantes, tão estreitamente abraçados que formavam um único corpo, até que, sete dias depois, encontraram primeiro os restos de uma lata, em seguida uma vaca e, por fim, um pastor, até mais incrédulo do que eles diante do que parecia uma assombração.

Foi a salvação.

Para eles e para todos os amigos que haviam sobrevivido aos 72 dias na montanha. Em seu quinquagésimo aniversário, Gustavo Zerbino, um dos sobreviventes, que na época do acidente tinha apenas dezenove anos, escreveu-me em nome de todos. Na montanha, contou, tinham construído uma sociedade solidária e trabalhado lado a lado segundo os valores de lealdade, amizade e solidariedade que aprenderam em suas famílias e em sua paróquia no bairro de Carrasco, em Montevidéu. Um vínculo que, naquela experiência extrema, era selada todas as noites quando recitavam o rosário.

Juntos, aqueles homens e mulheres mantiveram a esperança, buscando força e apoio na oração e no espírito de grupo. Nas condições mais difíceis, foram testemunhas e profetas da esperança compartilhada. E quando tudo acabou, até mesmo a dor lancinante das mães dos que não voltaram daquela montanha soube, no espírito pascal, transcender e tornar-se símbolo de uma vida de serviço ao próximo, nas obras e nas palavras.

A esperança é uma experiência real e muito concreta. Mesmo que seja uma esperança leiga.

Hoje, a comunidade científica considera essa característica da espécie humana um dos mecanismos de sobrevivência mais poderosos que existem na natureza — por exemplo, para reagir a doenças. Trata-se de uma qualidade das mais complexas: nosso cérebro é equipado com alvos químicos que podem ser atingidos de maneira eficaz por meio da interação social, das palavras e dos pensamentos. À luz das descobertas mais recentes, compreendeu-se que a confiança, as esperanças e as expectativas positivas mobilizam uma infinidade de moléculas, e que esse importante componente psicológico utiliza os mesmos mecanismos que os medicamentos, ativando as mesmas vias bioquímicas. Ou seja, muito mais que ilusão e simples confiança, a esperança humana é, na realidade, remédio e tratamento.

A esperança cristã ainda é infinitamente mais do que isso: é a certeza de que nascemos para nunca mais morrer, de que nascemos para os momentos mais altos, para desfrutar da felicidade. É a consciência de que Deus nos ama desde sempre e para sempre e de que nunca nos deixa sozinhos: "Quem nos separará do amor de Cristo? A tribulação, a angústia, a perseguição, a fome, a nudez, os perigos, a espada? [...] Mas em tudo isto somos mais que vencedores, graças àquele que nos amou", diz o apóstolo Paulo (Rm 8,35-37).

A esperança cristã é invencível porque não é um desejo. É a certeza de que todos nós caminhamos rumo a algo não que *gostaríamos que existisse*, mas que *já existe*.

Devo a minha mãe o amor pela ópera, que me acompanhou ao longo da vida. Em Buenos Aires, como cardeal, convidei muitas vezes a grande soprano Haydée Dabusti, considerada a Callas argentina, para animar as missas na catedral ou celebrar concertos. Amo Bellini, Verdi e, é claro, Puccini. No entanto, considero uma passagem de sua obra-prima, *Turandot*, a deturpação por excelência da esperança, que não é absolutamente "um fantasma" que "nasce toda noite e morre todo dia", e por isso "sempre decepciona"; ao contrário, é algo que não pode decepcionar porque já se cumpriu (Rm 5,5).

A esperança nunca decepciona.

Em último caso, o otimismo, sim, pode iludir, mesmo sendo um comportamento precioso, uma determinação psicológica, uma qualidade do caráter que nos faz pender para uma visão mais favorável; mas não a esperança.

Deus não nos priva da esperança porque não pode negar a si mesmo.

Ao longo do caminho, dizia Paulo, a esperança também é o capacete da salvação (1Ts 5,8), ou seja, a proteção da cabeça, dos nossos pensamentos, dos nossos temores. Pois, como todo bem neste mundo, como toda virtude, a esperança também tem seus inimigos, que convidam a desistir, a renunciar, a ceder à treva; muitas vezes, os primeiros entre eles não estão fora de nós, mas dentro. É o pensamento amargo, obscuro, que às vezes nos seduz. É a tentação que nos surpreende quando menos esperamos e que os monges da Antiguidade chamavam de "demônio do meio-dia", que priva de forças até mesmo uma vida de empenho, justamente quando o sol arde no alto. É aquela voz preguiçosa ou indolente que desencoraja, esvazia, que sussurra que o esforço é inútil. No estágio mais avançado é a apatia, a prostração que corrói a vida por dentro até deixá-la como um invólucro vazio. A esperança é um capacete para que essas condições nunca sejam aceitas passivamente, mas combatidas. Como disse o reverendo Martin Luther King: "Se eu soubesse que o mundo acabaria amanhã, ainda assim plantaria uma árvore hoje". A esperança é o valor supremo, e seu oposto é o inferno já na terra, tanto que Dante significativamente pôs à porta do inferno o aviso: "Deixai toda esperança, vós que entrais".

Em um célebre mito da Grécia antiga, narrado por Hesíodo e mais tarde transformado em expressão metafórica na cultura popular, a abertura do jarro de Pandora, primeira mulher mortal a surgir na Terra, desencadeia infinitas desgraças. Poucos, porém, recordam a última parte dessa narrativa: depois que todos os males escapam pela boca do jarro, um minúsculo dom parece esquivar-se diante do mal que se espalha. É o último que resta lá dentro: os gregos a chamam de *élpis*, que significa "esperança".

Esse mito demonstra que a esperança que permanece é o que mais importa para a humanidade. Costuma-se dizer que "enquanto há vida, há esperança", mas na verdade se dá o contrário: é a esperança que mantém a vida de pé, que a protege, preserva, faz crescer. Se os homens e as mulheres não tivessem cultivado desde sempre essa virtude, se não tivessem se amparado nela, nunca teriam saído das cavernas nem deixado rastro na história. Ela é o que de mais divino pode existir no coração humano.

Charles Péguy, poeta francês do início do século XX, dedicou páginas magníficas à esperança. Em *Os portais do mistério da segunda virtude*, ele relata que Deus não se surpreende com a fé dos seres humanos, que respondem à evidência de tudo o que resplandece na Criação. Tampouco se surpreende com sua caridade, que, segundo o autor, "é evidente", pois, "para amar o próximo, basta deixar-se levar" e, para não o amar, "seria preciso usar de violência contra si mesmo, torturar-se, atormentar-se, contrariar-se, enrijecer-se, fazer mal a si próprio, desnaturar-se, pegar-se pelo avesso". O que de fato enche Deus de encanto e comoção é a esperança: "Que, vendo como vão as coisas hoje, acreditem que amanhã serão melhores". A fé, escreve, "é uma esposa fiel" e a caridade "é uma mãe"; já a esperança "é apenas uma menina", "caminha entre as duas irmãs mais velhas sem ser notada". No entanto, é justamente essa menina "que atravessará os mundos", "ela, sozinha, levando as outras", "a pequena que ainda vai à escola e perambula, perdida entre as saias das irmãs". É ela, a esperança, "a menina que arrasta tudo"; porque "a fé só vê o que é, e a esperança vê o que será"; e "a caridade só ama o que é, e a esperança ama o que será".

A meus olhos, é a imagem de uma multidão de camponeses, artesãos, operários e migrantes em busca de um futuro melhor, de uma vida mais digna para si e para seus entes queridos. É o rosto marcado dos meus avós, dos meus pais, de tantos que lutaram com persistência, apesar das experiências dolorosas de dias difíceis, por seus filhos, com esperança.

Uma canção de um compositor da chamada "escola de Gênova", cidade de onde zarpou o navio que levou meus parentes à Argentina, e cujo texto representa uma espécie de carta de um pai a seu filho, convidando-o a sonhar, a não se conformar nem se desiludir, a abrir o próprio olhar para horizontes maiores, diz que "tão logo o mar sobe, os homens sem ideias são os primeiros a afundar". Isso também vale para os homens sem esperança. A esperança cristã é aquela virtude humilde e forte que nos sustenta e nunca deixa que nos afoguemos nas inúmeras dificuldades da existência.

A esperança é uma âncora: assim a pintavam os cristãos dos primeiros séculos, obrigados a se reunir nas catacumbas nas quais até hoje estão confinados tantos de nossos irmãos e irmãs oprimidos. Em Roma, é possível admirar algumas muito antigas e magníficas, como as de Domitila, São Calisto e São Sebastião. Nas catacumbas de Priscila, que se estendem por quilômetros debaixo da terra e que, emocionado, visitei pela primeira vez como papa em 2019, 76 anos antes, em plena ocupação nazista, oito moças e um sacerdote dominicano se reuniram para jurar seu compromisso. Na noite mais triste da história do século xx, agarraram-se à âncora, e desse pacto de esperança surgiu e se desenvolveu o que atualmente é a Agesci, a Associação de Guias e Escoteiros Católicos Italianos, experiência viva para milhões de moças e rapazes, de ontem e de hoje.

Todos nós sabemos, e na própria pele, que o caminho da vida é feito de alegrias e suor. Às vezes, avançamos com o vento em popa. Outras vezes, deparamos com a calmaria ou, pior ainda, a tempestade; somos então obrigados a nos amparar, a enfrentar limites e impedimentos. Em algumas, ainda, tropeçamos. A esperança não é, de modo algum, uma conversa mole nem um placebo para gente crédula, muito menos um modo de dizer que "tudo vai bem, sra. marquesa":*

---

* Alusão à canção francesa "Tout va très bien madame la marquise", usada ironicamente para minimizar uma situação desastrosa. (N. T.)

ao contrário, é a força para resistir no presente com coragem e capacidade de olhar para o futuro.

Penso nas frases de santa Teresa de Calcutá:

O dia mais bonito? Hoje.
O maior obstáculo? O medo.
A coisa mais fácil? Enganar-se.
O maior erro? Renunciar...

O erro é inevitável na experiência humana. Se vocês encontrarem alguém que sabe tudo e entendeu tudo, cumprimentem-no afetuosamente e saiam de perto. Não andem com ele. O caminho requer que estejamos abertos à descoberta, à reavaliação, à mudança, à evolução. E à perplexidade. Isso vale para todos, também para o papa.

Se, por um lado, diante do processo de reforma, de moralização e de mudança, alguns reagiram com uma atitude de se fechar, por outro é bem verdade que ao longo do pontificado houve muito mais coisas que me surpreenderam no sentido oposto: deparei com uma grande generosidade e uma imensa sabedoria, mesmo nas diferenças de temperamento, o que permitiu solucionar questões que eu duvidava poder enfrentar de maneira positiva.

Também preciso encarar meus erros. Um dos problemas que enfrento é a precipitação: com frequência, os tropeços que tive foram filhos de uma falta de paciência para esperar que alguns processos se desenvolvessem em seu ritmo, que os frutos amadurecessem, e sei que devo ficar atento a isso. O erro é uma experiência que aproxima e ensina. Se de fato ninguém pode considerar-se justo perante Deus (Rm 2,1-11), também ninguém pode viver sem a certeza de encontrar o perdão, porque "Deus é maior que o nosso coração" (1Jo 3,20). É preciso pedir perdão. É preciso perdoar. E é preciso continuar a esperar, pois, qualquer que tenha sido o passado, a história que se inicia em cada um no dia de hoje ainda está por ser escrita.

Por isso, após ter proclamado um Jubileu extraordinário em maio de 2015, com o intuito de manifestar e encontrar o rosto da misericórdia, anúncio central do Evangelho a todas as pessoas e em todas as épocas, nove anos depois chegou o momento de um novo Jubileu para oferecer a experiência que desperta no coração a esperança certa da salvação.

Se Misericórdia é o nome de Deus, Esperança é o nome que Ele deu a nós, o que responde à nossa realidade mais profunda, à nossa essência mais verdadeira. Somos feitos de vida e para a vida. Somos feitos de relações. Somos feitos de amor e para o amor, e os nossos amores, os nossos entes queridos, não desapareceram na escuridão; eles esperam por nós na luz, na plenitude desse amor. Todos nós somos filhos prediletos, feitos para coisas grandiosas, para sonhos audazes.

Caminhamos de mãos dadas com uma menina irredutível, cujo nome trazemos.

Porque Deus fez de nós esperança.

23. À imagem de um Deus que sorri

A esperança é também uma menina espirituosa. Sabe que o humor e o sorriso são o fermento da existência e o melhor instrumento para enfrentar as dificuldades, até mesmo as cruzes, com resiliência. A ironia, então — e nesse caso cai como uma luva a sagaz definição do escritor Romain Gary —, é uma declaração de dignidade, "a afirmação da superioridade do ser humano sobre o que lhe acontece".

Em família, quando eu era criança, isso também fazia parte da educação que recebíamos dos pais. Tínhamos bons comediantes na Argentina. Como Niní Marshall, que o governo baniu do rádio em 1940 e, em 1943, também do cinema, e que foi submetida pela ditadura de Pedro Pablo Ramírez ao exílio. Ou Pepe Biondi, filho de imigrantes napolitanos no bairro de Barracas, que deve seu nome aos armazéns, barracões e matadouros que, a partir do fim do século XVIII, começaram a surgir ao longo das margens do rio Matanza; de origem humilde, contou que seu pai escolhera emigrar para Buenos Aires porque lhe disseram que lá as ruas eram pavimentadas com ouro, mas, ao chegar, viu que não eram nem mesmo asfaltadas e que, se quisesse comer, teria de arranjar comida por conta própria. Tendo iniciado a carreira, ainda pequeno, como acrobata de circo, também para dar à família o alívio de uma boca a menos para alimentar, ele se tornaria célebre em toda a América do Sul graças a espetáculos, filmes e participações na televisão, distinguindo-se por seu estilo inocente e clownesco.

Lembro-me também das longas filas nas salas de cinema para assistir a *O pequeno mundo de Don Camillo*, obra-prima do humor de Guareschi, interpretada por Fernandel e Gino Cervi ("Estou com uma fome que comeria até um bispo"), que desembarcou em Buenos Aires quando eu era jovem; para todos nós, irmãos, uma pedagogia voltada para a alegria, para uma ironia saudável e para a brincadeira era algo importante. De resto, o *Homo sapiens* é *sapiens* porque também é *Homo ludens*, e a capacidade de brincar e de se envolver na brincadeira se mostra fundamental no desenvolvimento educativo antes e depois, quando somos adultos, a fim de manter a integridade que representa plenamente a nossa humanidade. Minha família conheceu muitas dificuldades, muito sofrimento e muitas lágrimas ao longo da vida, mas até mesmo nos momentos mais duros sentíamos que um sorriso e uma gargalhada eram capazes de arrancar à força a energia de que precisávamos para nos recompor. Sobretudo meu pai nos ensinou muito. Não se tratava de eliminar ou minimizar os problemas nem de fazer de conta que não existiam, mas, antes, de conservar dentro de si um espaço de alegria decisivo para enfrentá-los e superá-los. Afinal, o cômico é apenas o trágico visto de costas.

São poucos os outros seres vivos que sabem rir: fomos feitos à imagem de Deus, e nosso Deus sorri. É preciso fazer como Ele. Podemos fazer isso até em relação a Ele, com o mesmo afeto que se tem pelos pais e, portanto, da maneira como brincamos e nos divertimos com as pessoas que amamos.

Nisso, a tradição da sabedoria e da literatura hebraica é mestra.

Com nossos irmãos mais velhos na fé, somos descendentes do avô Abraão e de seu filho Isaac, cujo nome significa, literalmente, "aquele que ri". Esse relato, de maneira significativa, se situa logo no início da história da salvação, no primeiro livro da Torá do Tanakh hebraico e da Bíblia cristã, o do Gênesis. Pode-se dizer que Deus riu, e o mundo se fez...

O caso é conhecido: Abraão se casou com Sara, que, infelizmente, era infértil. Ambos já estavam muito velhos quando Deus prometeu que, em um ano, o casal teria um filho. A Bíblia nos conta também a reação, extremamente humana, de Abraão: ele se prostrou com a face na terra e... riu. Riu escondendo o rosto, como as crianças quando precisam rir às escondidas. O que mais poderíamos esperar que fizesse? Depois, disse em seu coração: "Acaso nascerá um filho a um homem de cem anos, e Sara que tem noventa anos dará ainda à luz?" (Gn 17,17). Não estava nada convencido.

A reação da esposa tampouco foi diferente. De resto, segundo explica o Gênesis, fazia muito tempo que "Sara deixara de ter o que têm as mulheres" (Gn 18,11), o que não é de surpreender. Portanto, ela também riu consigo mesma e disse: "Agora que estou velha e velho também está o meu senhor, terei ainda prazer?" (Gn 18,12). Quanto ao senso de humor, também dessa vez Deus não teve igual, e assim tudo se cumpriu como Ele havia anunciado; no tempo previsto, a velha Sara teve um filho e ficou extremamente feliz: "Deus me deu motivo de riso" (Gn 21,6). Se nosso nome, o nome da humanidade, é Esperança, é também porque somos descendentes daquele menino, de Isaac, o sr. Humor. E é uma herança que não podemos nos permitir desperdiçar.

Para marcar esse vínculo indissolúvel, esse casamento feliz entre a esperança e a alegria, nos meses que antecederam a abertura da Porta Santa do novo Jubileu eu quis me reunir no Vaticano com um grupo de mais de cem artistas do mundo da comédia, de nacionalidades e estilos variados. Alguém ressaltou que se tratava de um belo salto desde os tempos em que atores e bufões eram sepultados em terra não consagrada, mas se alguém escolhe assumir o nome de Francisco, o "bufão de Deus", é o mínimo que se deve esperar. Um deles disse, com argúcia, que é bom tentar fazer Deus rir... o problema é que, dada a Sua onisciência, ele antecipa todas as piadas e estraga o final. É justamente esse senso de humor que faz bem ao coração.

A vida tem, inevitavelmente, as próprias experiências dolorosas, que fazem parte de todo caminho de esperança e

Meu encontro com comediantes do mundo todo.

de conversão. Mas é preciso evitar, a todo custo, deixar-se levar pela melancolia; não se deve permitir que ela degenere o coração. Há uma tristeza que se torna "o prazer do não prazer" e se delicia com uma dor infinita, como a dependência de uma bala amarga, ruim, mas que continuamos a saborear. Há também uma espécie de sedução do desespero, muito presente na consciência masoquista contemporânea que, como no belo tango argentino intitulado "Barranca abajo", descendo o barranco, atrai-nos cada vez mais à medida que hesitamos e escorregamos. Alguns lutos prolongados indefinidamente, nos quais a pessoa continua a ampliar a espiral do vazio de quem já não está presente, não são próprios da vida no Espírito. Certos labirintos, nos quais nos perdemos de tanto olhar apenas para os pés, e algumas amarguras rancorosas, que fazem a pessoa sempre carregar uma reivindicação, talvez de início até legítima, mas que a leva a assumir eternamente o papel de vítima, não produzem uma vida saudável, menos ainda cristã. No fim, um cristão triste é sempre um triste cristão.

Essas são tentações às quais nem mesmo os consagrados estão imunes. Infelizmente acontece de encontrarmos os que são amargos, melancólicos, mais autoritários do que autorizados, mais "solteirões" do que casados com a Igreja, mais funcionários do que pastores, ou então mais superficiais do que alegres, o que também não é bom. Mas, de modo geral, nós, padres, temos uma propensão ao humor e certa familiaridade com piadas e anedotas, das quais muitas vezes, além de objeto, somos bons contadores.

Inclusive os papas. João XXIII, cujo temperamento brincalhão era notável, durante um discurso disse mais ou menos o seguinte: "Com frequência me acontece de começar a pensar em uma série de problemas graves. Então tomo a decisão corajosa e resoluta de ir falar com o papa pela manhã. Depois, acordo todo suado e me lembro de que o papa sou eu". Como o entendo... João Paulo II não ficava atrás. Nas reuniões preparatórias de um conclave, quando ainda era o cardeal Wojtyła, um colega mais velho e bastante rígido se aproximou dele com a intenção de criticá-lo porque ele esquiava, escalava montanhas, andava de bicicleta, nadava. "Não creio que sejam atividades adequadas ao seu papel", confidenciou-lhe. Ao que o futuro papa respondeu: "Mas o senhor não sabia que na Polônia 50% dos cardeais praticam essas atividades?". Na época, havia apenas dois cardeais na Polônia.

O humor é remédio não apenas para animar e iluminar os outros, mas também a si próprio, porque a autoironia é um poderoso instrumento para vencer a tentação do narcisismo. Os narcisistas se olham continuamente no espelho, pintam-se, tornam a se admirar, mas o melhor conselho diante de um espelho é sempre rir de si mesmo. É o que nos fará bem. É o que revela a verdade do antigo provérbio chinês, segundo o qual existem apenas dois homens perfeitos: um está morto e o outro ainda não nasceu. Saber rir de si mesmo é a condição para não afundar no ridículo, e do ridículo não se regressa. Se você quiser que riam com você amanhã, ria de você mesmo hoje.

A Igreja tem, informalmente, uma complexa série de categorizações de tiradas e piadas de acordo com as ordens, as congregações e as personalidades. Penso, por exemplo, na que me contou em um encontro no Vaticano o ex-arcebispo Welby, da Cantuária: "Sabe qual é a diferença entre um liturgista e um terrorista?", perguntou-me. "Com o terrorista é possível negociar..." Ele me fez rir com gosto.

As piadas sobre jesuítas e de jesuítas, então, são um verdadeiro gênero à parte, talvez comparável apenas às de *carabinieri* na Itália ou de mães judias no humorismo iídiche.

Quanto ao perigo do narcisismo, contra o qual devemos nos prevenir com as devidas doses de autoironia, ocorre-me a anedota sobre um jesuíta vaidoso, que sofre de um problema cardíaco e precisa ser internado. Antes de entrar na sala de cirurgia, ele pergunta a Deus: "Senhor, minha hora chegou?". "Não, você viverá pelo menos mais quarenta anos", responde Deus. Assim que se recupera, o jesuíta aproveita para fazer transplante capilar, lifting, lipoaspiração, pálpebras, dentes... Enfim, sai um homem completamente diferente. Mal põe os pés para fora do hospital, porém, é atropelado por um carro e morre. Ao se apresentar perante Deus, protesta: "Senhor, mas... não era para eu viver mais quarenta anos?". E Deus: "Ops, desculpe... não te reconheci...".

Também me contaram outra que se refere diretamente a mim, a do papa Francisco nos Estados Unidos. É mais ou menos assim: tão logo desembarcou no aeroporto de Nova York para sua viagem apostólica, o papa Francisco era aguardado por uma enorme limusine. Ficou um pouco constrangido com aquele luxo, mas depois pensou que havia muito tempo que não dirigia, menos ainda um carro como aquele, e disse para si mesmo: tudo bem, sabe-se lá quando vou ter outra chance como essa. Olhou para a limusine e perguntou ao motorista: "Será que posso experimentar?". E o motorista: "Lamento, Sua Santidade, mas não posso. Sabe como é, os procedimentos, o protocolo...". Mas, como dizem, quando o papa põe uma coisa na cabeça... Enfim, ele tanto insistiu que o outro acabou cedendo. O papa Francisco se sentou, então, ao volante, em uma daquelas vias expressas enormes... E tomou gosto, começou a pisar no acelerador: cinquenta por hora, oitenta, 120... Até que ouviu uma sirene, e uma viatura da polícia emparelhou com o automóvel e o fez parar. Um jovem policial aproximou-se do vidro escurecido. O papa, um pouco intimidado, abaixou-o, e o motorista empalideceu. "Com licença", disse o policial, voltando à viatura para chamar a central. "*Boss*... acho que estou com um problema." E o chefe: "Que problema?". "Bem, parei um carro por excesso de velocidade... mas nele está um sujeito muito importante." "Importante quanto? É o prefeito?" "Não, chefe, mais do que o prefeito..." "Mais do que o prefeito? Quem é? O governador?" "Não, mais..." "O presidente?" "Acho que é mais..." "E quem pode ser mais importante do que o presidente?" "Veja, chefe, não sei direito quem é, mas só lhe digo que o papa é o motorista!"

O Evangelho aconselha que voltemos a ser como as crianças (Mt 18,5), para a nossa própria salvação. Desse modo, lembra-nos que devemos recuperar a capacidade delas de sorrir, que, para os psicólogos que se deram ao trabalho de contar, revela-se dez vezes maior que a dos adultos.

Hoje, nada me alegra mais do que encontrar as crianças: se de menino tive meus mestres do sorriso, agora que estou velho muitas vezes as crianças são as minhas mentoras. São os encontros que mais me emocionam e me fazem bem. Depois vêm as reuniões com os velhos: os idosos que abençoam a vida, pondo de lado todo ressentimento, e trazem a alegria do vinho, melhorando com o passar dos anos; são irresistíveis. Têm a graça do choro e do riso, como as crianças. Quando as abraço nas audiências na praça de São Pedro, na maioria das vezes as crianças sorriem; outras, ao contrário, ao me verem todo vestido de branco, acham que sou o médico que chegou para lhes dar uma injeção e choram. São campeãs de espontaneidade e de humanidade; elas nos lembram que quem renuncia à própria humanidade renuncia a tudo, e que quando se torna difícil chorar com sentimento ou rir com entusiasmo é porque nosso declínio começou. Tornamo-nos anestesiados, e adultos anestesiados não fazem bem a si mesmos nem à sociedade, tampouco à Igreja.

Com frequência, os adultos ficam tentados a dizer às crianças para "não se intrometerem", mas o cristão é justamente alguém que se intromete, que está sempre em movimento, que vence a morosidade, incluindo a espiritual, e se arrisca.

Nosso Deus nasce menino e tem todas as características das crianças felizes, as mesmas características da infância que nos deixam admirados e boquiabertos: vive o presente, é confiante, interessado, compreensivo, não condena, é entusiasmado, emociona-se e se alegra.

Agora que estou velho, as crianças se tornaram minhas mentoras do riso.

O mau humor nunca é sinal de santidade; muito pelo contrário.

Normalmente, a alegria cristã vem acompanhada do senso de humor, muito evidente, por exemplo, em são Tomás Moro, cuja Oração do Bom Humor recito todos os dias há mais de quarenta anos, ou em são Filipe Néri, "pai" dos oradores, que em meados do século XVII começou a acolher jovens pobres, meninos e meninas indistintamente, aproximando-os das celebrações litúrgicas e, ao mesmo tempo, divertindo-os com canções e jogos, que, do mesmo modo, constituíam sua formação. Como autêntico místico, ele acreditava nas pessoas, em sua energia e em sua capacidade de estar juntos. Sabendo que os egoístas são tristes por natureza e que a maior parte da infelicidade provém do amor-próprio desmedido, dedicou-se sobretudo aos outros, pois "o paraíso não é feito para os preguiçosos". Um sociólogo vienense, por sua vez, acrescenta que o paraíso deve ser um lugar onde se ri com gosto e onde desembarcarão os que escaparam do inferno da falta de humor e do purgatório da severidade. Quem é sempre melancólico e rígido fica aprisionado, e o humor é o principal caminho para inverter esse processo. Se você puder sorrir de alguma coisa, também poderá mudá-la; por isso, as crianças e os santos são grandes revolucionários, e o Senhor, o maior de todos: "O que é loucura no mundo, Deus o escolheu para confundir os sábios; e o que é fraqueza no mundo, Deus o escolheu para confundir o que é forte" (1Co 1,27).

O humor é também sabedoria autêntica. E é relação, porque é fácil rir junto com outras pessoas e quase impossível fazê-lo sozinho.

Os dincas, população tribal de pastores do Sudão do Sul, que visitei em uma viagem apostólica em fevereiro de 2023, têm uma reação que a nós, ocidentais, parece insólita diante do diferente, do estrangeiro, dos brancos — que, de modo mais oportuno, chamam de "vermelhos", porque sob o sol africano lhes parecem pimentões: enquanto em outros lugares o estrangeiro é visto com suspeita, temor e circunspecção, eles reagem ao novo e ao incomum com um sorriso; aliás, sobretudo as crianças, até mesmo com uma risada aberta. Admiração em vez de resistência. Curiosidade em vez de preconceito e ranger de dentes. É uma bela lição que brota de uma terra tão sofrida.

De modo geral, o sorriso rompe barreiras, cria conexões, aproxima realidades diferentes, às vezes até contrárias. E, uma vez que rir é contagioso, uma risada se transforma facilmente em uma espécie de cola social. Onde há riso, o espírito de paz se difunde com mais facilidade; fomenta-se o interesse, a saudável expectativa em relação ao outro, algo bem diferente do que fazem os "semeadores de discórdia", como se diz na Argentina daqueles que, em vez de se abrirem para a luz, movem-se na sombra e espalham o veneno da maldade e da maledicência em vez do elixir natural do sorriso — também assim considerado pelos médicos, um bálsamo, por reduzir o nível de estresse, aumentar o dos anticorpos e elevar o limiar de tolerância à dor.

Em todos os lugares, em todas as épocas, os "semeadores de discórdia", além de *untori** que difundem mais ou menos conscientemente o mal com que estão contaminados, são

---

* Referência àqueles que, durante a peste que afetou Milão em 1630, eram acusados de difundir o contágio espalhando unguentos pestíferos nas portas das casas e nos bancos das igrejas. (N. T.)

pessoas sem esperança, desesperançadas. A desesperança não ri, no máximo ridiculariza, posto que essa é uma privação do sorriso e uma perversão do humor. O discurso de ridicularização — que os meios de comunicação de massa e até mesmo a política parecem apreciar —, portanto, é apenas o termômetro de uma sociedade deprimida e autodestrutiva, que sente mais necessidade de devastar que de construir e estimula mais a pulsão de morte que o gosto pela vida.

Já a irredutível e espirituosa menina que é a esperança, a menina alegre que nunca está satisfeita, que saltita por toda parte, sorve a vida e não corre para chegar, mas chega para correr, sabe qual é o nosso bem.

Eu a conheci de pequeno, como companheira de minhas poucas brincadeiras de criança. Abracei-a quando jovem, e ela se tornou minha esposa na primavera que mudou minha vida para sempre. Já adulto, em alguns dias sombrios a perdi de vista, pensei que tivesse se afastado de mim e me abandonado, mas era eu quem fugia do seu olhar. Então voltei a prometer a mim mesmo que a seguiria para sempre, pois seu Céu já está na Terra.

24. Porque os melhores dias ainda estão por vir

"Nosso mundo chegou a um estágio crítico; os jovens já não dão ouvidos aos pais. O fim do mundo não deve estar distante."

Talvez seja benéfico ter consciência de frases como essa diante do perigo de uma retórica à qual nenhuma geração pode se dizer imune. É como se a cada geração a seguinte parecesse pior e, às vezes, até desastrosa; um destino que não poupou nem mesmo a minha, de meus irmãos e de minhas irmãs, os jovens argentinos dos anos 1950, filhos e netos de imigrantes — os quais, na maioria das vezes, tinham sofrido as penas do inferno — e que, graças aos esforços de seus pais e avós, puderam desfrutar de condições melhores. Nesse sentido, como se costuma dizer, o mundo é uma aldeia: nos anos 1920, Henry Ford, o homem que revolucionou o automóvel, não poupava críticas aos jovens "fracotes" de sua época, descrevendo-os como desatentos e apáticos; os mesmos jovens que mais tarde seriam celebrados como a Geração Grandiosa, pois foi a que superou a Grande Depressão e, com imensos sacrifícios, saiu vitoriosa da Segunda Guerra Mundial. E assim por diante, indo e voltando no tempo e no espaço. Ao que parece, tampouco é suficiente ser um intelectual dotado de genialidade para escapar do equívoco, se pensarmos que Giovanni Boccaccio, autor de algumas das maiores obras-primas do século xiv, considerava os "jovens modernos", ou seja, os da segunda metade do século xiv, "adoentados", sem iniciativa, pouco importando se seriam os que lançariam as bases do Renascimento.

Entretanto, a afirmação que abre estas linhas não vem da geração de meus avós nem de um amargo contemporâneo, embora isso fosse bem possível, e todos já a ouviram um dia: ela é de 4 mil anos atrás e foi inscrita em hieróglifos por um sacerdote egípcio — mas, se retrocedermos mais um milênio, encontraremos algo semelhante gravado em caracteres cuneiformes na argila da antiga Babilônia.

A realidade é que a ladainha do "*o tempora, o mores*", ó tempos, ó costumes, essa lamentação "era melhor quando era pior", é até mais velha que Cícero. Podemos dizer que é tão velha quanto o mundo, embora a localização temporal de nossos supostos paraísos perdidos sempre seja diferente, com a constante de ser "distante, mas não muito" do presente em que é evocada.

No entanto, se individualmente a pretensão de parar o tempo é delirante e, às vezes, patética, a sedução que da mesma forma pinta de rosa as complexidades do passado em oposição ao presente, além de representar uma miragem anti-histórica, se afasta da perspectiva da fé, chegando a parecer anticristã. Os discípulos de Cristo não são os das "boas lembranças", e Jesus não é uma relíquia, um achado precioso a ser congelado 2 mil anos atrás ou em nossos lânguidos "nos meus tempos": os cristãos devem ser testemunhas da sua presença viva hoje, e sempre são chamados a habitar o amanhã. Estar insatisfeito, sobretudo consigo mesmo, significa ser humano, e na justa medida também é um ótimo antídoto contra a presunção de autossuficiência e a vaidade, mas nós, cristãos, devemos viver com a consciência de que os nossos melhores dias ainda estão por vir. E devemos lutar, fazer a nossa parte, para que — no que depender das nossas possibilidades e dos nossos talentos — isso aconteça.

Há uma nostalgia positiva, que nada tem de lamuriosa nem de resignada; ao contrário, é uma força criativa, vital e ligada à esperança: é a nostalgia do peregrino, que caminha, olha para a frente, enfrenta as dificuldades e avança, mantendo vivo um vínculo visceral com a própria raiz. Existe também uma nostalgia amarga, complexa, típica das pessoas e das comunidades em crise: é uma saudade estanque, que se nutre de reconstruções inautênticas; por isso, quando não é uma pura conservação do que já existe, transforma-se em autoabsolvição e mitificação, marcada por aspectos ridículos ou até preocupantes.

Os cristãos não são aqueles que têm um "grande futuro pelas costas"; sua nostalgia do futuro é ansiosa: "com saudades do futuro", como diz Fernando Pessoa em seu *Livro do desassossego*. Nesse aspecto, encontra correspondência na frase do escritor francês Julien Green: "Enquanto estiver inquieto, posso ficar tranquilo".

Somos sugestionados a pensar que os jovens nunca correm o risco evocado pelo Evangelho segundo São Lucas: "Ai de vós, quando todos vos bendisserem" (Lc 6,26). Mais do que sentenciar ou lamentar-se, toda geração é chamada a não fugir de seu desafio crucial: educar. Essa é a tarefa fundamental de homens e mulheres, para que sua passagem pela Terra renda bons frutos e eles possam construir seu futuro. Nas palavras de Zygmunt Bauman, que conheci em Assis em setembro de 2016, quando ele já estava com 91 anos, e que para mim representam uma comparação preciosa, sobretudo em sua análise da "sociedade líquida": se você estiver pensando no próximo ano, semeie o milho; se estiver pensando nos próximos dez anos, plante uma árvore; mas se pensar nos próximos cem, eduque as pessoas.

Educar é a prova mais fascinante da existência, e assim foi para mim. Como pároco em San Miguel, a pastoral juvenil era um dos compromissos primordiais: eu abrigava os jovens nos grandes espaços do colégio, organizava espetáculos e jogos, aos sábados ensinava a catequese e aos domingos celebrava a missa das crianças. Mesmo antes, quando trabalhei como professor do ensino médio, foi algo que me conquistou. É um gesto de amor, paternal, como dar a vida, e requer incessantemente que estejamos envolvidos, nos questionando. A educação é sempre um ato de esperança, que do presente olha para o futuro; e, tal como a esperança, é peregrina, porque não existe educação estática. É um percurso em dois sentidos, um diálogo, que não significa condescendência nem relativismo e revela seu segredo em três linguagens: a da mente, a do coração e a das mãos. A maturidade exige que pensemos no que sentimos e fazemos, que sintamos o que pensamos e fazemos e que façamos o que sentimos e pensamos. É um coro, uma harmonia que pede para ser cultivada, antes de tudo, em nós mesmos.

Entre essas três inteligências que vibram na alma humana, a das mãos é a mais sensorial, mas por certo não a menos importante. Pode-se dizer que é como a centelha do pensamento e da consciência e, ao mesmo tempo, seu resultado mais maduro. A primeira vez que fui à praça de São Pedro como papa, aproximei-me de um grupo de jovens cegos. "Posso ver o senhor? Posso olhar o senhor?", perguntou-me um deles. Não entendi bem, mas respondi: "Sim, claro". Então, com as mãos, o rapaz começou a me procurar: enxergou-me através do toque. Fiquei muito comovido. Aristóteles dizia que as mãos são como a alma, devido ao poder que têm de distinguir e explorar; Kant não hesitava em defini-las como "o cérebro externo do homem". A experiência da manualidade, da concretude, é crucial em um percurso educativo autêntico.

Minha esperança sempre aumenta quando encontro os jovens.

Ao longo do pontificado, celebrei quatro Jornadas Mundiais da Juventude — no Brasil, na Polônia, no Panamá e em Portugal —, e em todas elas um grato sentimento de esperança se misturou ao sentido de mistério. Lembro-me bem da minha perplexidade diante da multidão de moças e rapazes na praia de Copacabana, em julho de 2013, poucos meses após minha eleição. Eu não estava habituado às massas, como sigo não estando: na minha condição de padre, sou habituado a olhar para as pessoas uma a uma, a estabelecer um laço com quem está à minha frente; então, em meio à multidão, busco os rostos, um contato direto, ao menos visual. Esforço-me para ultrapassar o grupo e alcançar cada indivíduo, pois, ainda que tenham características em co-

Em Copacabana, com 1 milhão de jovens na Jornada Mundial da Juventude.

mum, os jovens não são um aglomerado uniforme, um estereótipo — a não ser diante da incapacidade dos adultos de se relacionar com eles.

Os jovens nos põem em dificuldade, não dão alívio. É assim também quando vêm ao Vaticano: fazem perguntas desafiadoras, querem saber da sua experiência, dos seus problemas, da sua vida concreta, sem muitos rodeios. Cabe a você responder sem cultivar a ilusão de levar um troféu para casa, vencer uma partida dialética ou dar soluções superficiais, mas abrindo uma porta, permitindo que se entreveja um horizonte. Podemos recorrer à memória, e sem dúvida isso é importante, porque sem memória somos pessoas sem raízes, não poderemos dar frutos. Mas devemos apenas nos embasar nela, e a partir daí transcendê-la.

Deus ama especialmente as perguntas. Em certo sentido, gosta mais delas até do que das respostas. Antes de dar respostas, Jesus ensina a fazer a si mesmo um questionamento essencial: o que estou procurando? Se uma pessoa confrontar a si própria com essa pergunta, será jovem mesmo aos oitenta anos. E se nunca a fizer, será velha mesmo aos vinte.

Educar é "gostar das perguntas", como escreveu Rilke: deixá-las viver, fazê-las caminhar. Quem tem medo das perguntas é porque tem medo das respostas, e isso é próprio das ditaduras, das autocracias e das democracias esvaziadas, não da liberdade de seus filhos. Educar não é "domesticar", tampouco entregar um belo pacote com um laço de fita, dizendo: por favor, guarde-o exatamente como está. Ao contrário, é acompanhar; é ensinar a transformar os sonhos, levá-los adiante e fazer deles outros, novos.

A verdade é que, mais do que julgá-los, a nossos jovens devemos, em primeiro lugar, pedir perdão: por todas as vezes que não ouvimos suas necessidades mais genuínas, por não os levar a sério, por não saber entusiasmá-los ou por tê-los deixado de lado, como se fossem um complemento das infinitas adolescências de adultos que não cresceram o suficiente. Por muitas vezes tê-los abandonado em um mundo de superficialidades, de aparências, a uma existência vivida inteira do lado de fora, que deixa o interior vazio. Pelo modo como os relegamos à subordinação, a uma eterna dependência que torna frágil seu presente e incerto seu futuro; por ter precarizado sua existência tanto de um ponto de vista emocional quanto prático; por uma sociedade do efêmero e do descarte, na qual muitas vezes eles são os primeiros a ser marginalizados.

A verdade é também que nem sempre o que entregamos às novas gerações é algo que nós próprios soubemos valorizar ou conservar. Hoje, mais de 3,5 bilhões de pessoas vivem em regiões especialmente sensíveis às devastações das mudanças climáticas e, por essa razão, são levadas à migração forçada, correndo o risco de perder a vida em viagens desesperadas. Saqueamos, contaminamos, exploramos sem restrições os recursos naturais, até arriscar nossa própria existência e a de nossos irmãos e irmãs. Honrar o mandamento divino de proteger a casa comum e, ao mesmo tempo, defender a sacralidade e a dignidade de toda vida humana é uma das maiores emergências do nosso tempo. O fantasma da mudança climática paira sobre todos os elementos, ameaçando a água, o ar, os alimentos e os sistemas energéticos. Igualmente alarmantes são as ameaças à saúde pública: as previsões são as piores, o tempo urge. É preciso reduzir pela metade o índice de aquecimento no breve período de um quarto de século e, para isso, é indispensável uma ação imediata e resoluta, uma abordagem universal, capaz de produzir a um só tempo mudanças progressivas e decisões políticas comprometidas.

Este é um cenário que os jovens de todo o mundo já têm bastante claro: as pesquisas mostram que, além da luta contra a pobreza e a desigualdade — estreitamente relacionadas à crise climática —, o meio ambiente é uma prioridade para a política mundial. Política que, no entanto, até o momento apresentou uma reação demasiado tímida, hesitante, contraditória e insuficiente. É uma falha patente que a arte soube representar com dramática eficácia, e não sem ironia. Lembro-me da microscópica obra de um artista da Galícia, uma pequena escultura intitulada *Políticos discutindo o aquecimento global*: representa um grupo de homens de paletó e gravata, empenhados em debater, absolutamente impassíveis, enquanto a água já os cobriu quase por inteiro, deixando de fora apenas as cabeças.

Uma jovem cientista, por sua vez, comentou que a agenda política sobre a causa ambiental muitas vezes a faz pensar na resposta de seu filho quando ela o acorda para ir à escola: "Só mais cinco minutos, mãe", sempre "só mais cinco minutos". Mas não há mais cinco minutos, o alarme está para soar e o bedel prestes a fechar os portões. Já não se trata de esperar alguma coisa acontecer ou procrastinar: é necessário pôr em prática. Devemos deixar para trás as divisões entre torcidas, entre catastrofistas e indiferentes, radicais e negacionistas, e unir forças para sair, de maneira progressiva e definitiva, da escuríssima noite da devastação ambiental. Trata-se de finalmente subordinar o interesse de poucos ao direito de todos, em benefício das gerações do presente e do futuro.

Os jovens que fazem barulho, que saem às praças e reivindicam o futuro são o eco do grito das bacias Amazônica e do Congo, das turfeiras e dos manguezais, dos oceanos e das barreiras de corais, das calotas polares e dos campos agrícolas, dos pobres e dos marginalizados. Eles nos ensinam o óbvio, que apenas um comportamento suicida e niilista pode negligenciar: não haverá amanhã se destruirmos o ambiente que nos sustenta.

Se por um lado os jovens são sempre a esperança da humanidade, por outro, vivemos em uma época na qual, para muitos, a esperança é uma grande ausência, mesmo nas novas gerações. É o caso dos que sofrem experiências de violência, bullying e opressão, como demonstra dramaticamente o alto índice de suicídio entre jovens em diversos países. A análise de um psicoterapeuta de origem argentina a chama de "era das paixões tristes": um mal-estar difuso, uma sensação generalizada de incerteza e impotência que leva o indivíduo a perceber o mundo como uma ameaça e então a se fechar em si mesmo, afastando-se. Um fenômeno que, nos casos mais graves — em japonês definidos como *hikikomori*, ou aqueles que estão isolados —, torna-se uma verdadeira dependência da solidão e uma rejeição total ao contato com o mundo exterior, às vezes até com os próprios pais, a não ser por meio da internet.

Com mais de 4 bilhões de pessoas, todas nascidas antes de 1990, portanto, mais ou menos metade da população que habita o planeta, compartilho as recordações de um tempo em que um mapa de papel era o que havia para se orientar em uma viagem; o telefone público era o celular do peregrino; martelar as teclas de uma máquina de escrever era a alternativa à caligrafia; fazer uma pesquisa consistia em uma complexa aventura entre arquivos e bibliotecas; os correios eram o único modo de enviar correspondência, e assim por diante. Como acontece com todas as coisas, para ao menos três gerações de contemporâneos o risco de uma certa romantização e simplificação dos "nossos pequenos mundos antigos" e, nesse caso, do mundo antes da internet, está sempre à espreita: antes as pessoas eram mais honestas, melhores, mais generosas, mais virtuosas, mais pacíficas; as relações eram mais autênticas... e por aí vai. Felizmente, o valor universal da literatura demonstra que as esperas, as pulsões, as virtudes e as misérias dos seres humanos são atemporais; assim, ao ler Shakespeare ou Manzoni, bem como os grandes russos ("O que leio em Tolstói é mais verdadeiro do que o que leio nos jornais", escreveu um de seus estudiosos), qualquer um pode constatar que, em todas as épocas, inclusive nesta, os homens e as mulheres se encontram, em primeiro lugar, diante da própria humanidade, da própria liberdade e da própria responsabilidade. E, ao mesmo tempo, pode educar seu olhar para a delonga da compreensão, para a humildade da não simplificação, para a tranquilidade de não pretender controlar a realidade e a condição humana por meio do julgamento, impedindo que se torne cego ou superficialmente condenatório.

A rede é um recurso extraordinário do nosso tempo, lugar de relações e de conhecimentos antes impensáveis. Mas se, de modo geral, parecemos ter passado as duas primeiras décadas glorificando seus benefícios sem perceber seus limites, e a última estigmatizando os limites já sem ressaltar seus benefícios, ninguém — nem mesmo quem hoje se inflama em vão em uma retórica vagamente "ludista" — gostaria de voltar a uma época pré-internet, nem saberia como fazer isso na prática.

A Igreja sempre buscou promover seu uso em prol do encontro entre as pessoas e da solidariedade entre todos: o site do Vaticano, que podia ser consultado em seis idiomas, foi inaugurado na Páscoa de 1997 por João Paulo II com o objetivo de assegurar uma maior difusão do magistério pontifício e da atividade da Santa Sé. As primeiras contas de um pontífice foram abertas por Bento XVI, poucas semanas antes de renunciar, e eu mesmo, por meio do Dicastério para a Comunicação, utilizo as redes sociais como instrumento de comunicação, reflexão e evangelização.

Os exemplos de envolvimento criativo nas redes sociais são numerosos em todo o mundo, tanto por parte de comunidades locais quanto de indivíduos que dão testemunho de empenho, solidariedade e fé nessas plataformas, muitas vezes com mais alcance que a Igreja institucional. Existem maravilhosas iniciativas educativas e pastorais, desenvolvidas por movimentos, comunidades, congregações e indivíduos.

Por outro lado, porém, especialistas evidenciam como a rede — sobretudo desde que aceitamos a concentração e a monetização exasperada por parte de poucas corporações — também se revela um dos lugares mais expostos à desinformação e à distorção deliberada dos fatos e das relações interpessoais. Entre os mais jovens, um em cada quatro adolescentes está envolvido em episódios de cyberbullying, e, de modo geral, todos os usuários estão expostos à ilusão de que a web pode satisfazê-los totalmente no nível relacional, um engano que provoca uma grave dilaceração no tecido social.

Hoje é comum a experiência de famílias que, à mesa, em vez de dialogar, se ocupam com o próprio celular, tanto os jovens quanto os adultos (pois não raro os que acusam os jovens de estar "sempre no telefone" são os primeiros a perder o discernimento por causa dele). Aqui também o tema central é a responsabilidade e a educação, e se é verdade que os instrumentos em si são neutros e que a faca que corta o pão é a mesma que corta a garganta, sendo apenas a mão que a empunha a determinar a diferença, também é verdade que meios mais invasivos e poderosos precisam de mais consciência, atitude educativa e bons exemplos.

O caleidoscópio de avatares e a multiplicação de telas — uma palavra que, desde sua etimologia, contrapõe-se à experiência da realidade — sabem exercitar o olhar sedutor da serpente Kaa na versão em desenho animado de *Mowgli*, alienando a vontade de maneira lenta, mas firme, com o fascínio do virtual tomado como real: "Vamos, durma, querido, tenha sonhos dourados... É tão bom adormecer...". Mas nosso tempo não precisa de jovens nem de adultos que se limitem a assistir à existência em uma tela, a *balconear** a vida, como gosto de dizer; não precisa de sonhos que adormecem e marginalizam, mas de sonhos que despertam, desafiam, constroem projetos, fazem com que decisões sejam tomadas, criam protagonistas.

Também a democracia, aquela pela qual lutaram nossos avós em tantos lugares do mundo, não parece gozar de uma saúde muito boa, exposta que está ao risco de uma virtualização que substitui a participação ou a esvazia de significado. Um sistema de informação baseado em redes sociais nas mãos de oligarquias empresariais poderosas não pode deixar de representar um perigo adicional, ao qual precisamos estar atentos. Há mais de vinte anos, um célebre linguista já alertava a respeito das armadilhas de uma interatividade mais ilusória que concreta e ditada pelo paradigma comercial: segundo ele, seria algo parecido com o que acontece nas transmissões televisivas de grandes eventos esportivos, nas quais, entre uma propaganda e outra, pede-se ao espectador que dê sua opinião sobre o que o técnico ou o jogador deveria fazer em determinada situação; a pessoa se ilude, achando que participou, que entrou no jogo, mesmo que, obviamente, a partida siga de maneira totalmente independente dessa avaliação, e o jogador e o técnico não façam nem mais nem menos do que queriam ou deviam fazer.

A democracia não é um televoto, tampouco um supermercado.

Precisamos voltar a pensar com criatividade em formas de participação real, que não sejam a adesão a personalizações populistas ou a idolatria do candidato da vez — é jus-

---

* Observar os acontecimentos sem participar deles; em espanhol no original. (N. T.)

tamente isso que, no fim, acaba multiplicando o abstencionismo —, mas, antes, o envolvimento ideal e concreto em um projeto de comunidade, em um sonho coletivo. Mais uma vez, é preciso trabalhar duro e nos reapropriarmos do nosso lugar, trazer o ser humano, e não suas posses, de volta ao centro. A alternativa, a opção que já temos diante dos olhos, um mundo no qual as pessoas correm o risco de serem reduzidas a bens de consumo, é um atentado à dignidade humana, à integridade da natureza, à beleza, à felicidade de viver — além de uma lenta e constante degradação de direitos, que dificilmente são traduzidos por nossas magníficas cartas constitucionais na vida concreta.

Desde a invenção da roda, toda época foi marcada pela inovação, mas é evidente que, a partir do início do século passado, a aceleração científica e tecnológica foi extraordinária, tornando-se um processo não mais apenas linear, mas exponencial. Fala-se em "rapidação", termo cunhado pelos holandeses para indicar uma progressão geométrica do tempo, que carrega em si o perigo de não termos um instante para interromper nossas ações, assimilar, pensar e refletir, e que é caracterizada por uma pressa, uma celeridade da vida que nos torna violentos.

Toda nova época, com seus respectivos entusiasmos e perturbações, é caracterizada pelo debate entre duas categorias brilhantemente definidas pelo semiólogo Umberto Eco — no fundo, duas ingenuidades contrapostas: de um lado, os "apocalípticos", expressão de um comportamento hipercrítico e aristocrático em relação ao novo; de outro, os "integrados", defensores de uma visão hiperotimista, que serviria de panaceia a todos os males.

* * *

Confrontos semelhantes ocorreram muitas vezes em nossa história recente. Hoje é até engraçado, mas no fim do século XIX e no início do XX surgiu uma animada discussão em torno do tema: padres podem ou não andar de bicicleta (na época chamada de "velocípede")? Em mais de uma diocese, seu uso foi desaconselhado ou proibido, pois não seria decoroso "admirar um sacerdote fazendo acrobacias cômicas para subir em uma bicicleta... e prosseguir com a batina pendurada no quadro do veículo. O padre precisa ter compostura". A questão se encerrou com a bicicleta alçada a meio de locomoção por excelência para todo pároco do campo ou da cidade.

Muito mais desafiador seria o legado ético do primeiro transplante de coração, realizado pelo cirurgião sul-africano Barnard, em 1967 — na época, eu ainda era estudante de teologia —, levando à adoção de critérios comuns para definir a "morte cerebral" do doador que se tornaram a base de todas as legislações nacionais.

Após milhões de transplantes de coração, que se tornaram uma maravilha diária da ciência médica, a Inteligência Artificial está na linha de frente da inovação tecnológica, na qual se apostará o futuro próximo da economia, da civilização e da própria humanidade. Trata-se de um instrumento poderosíssimo, que cada vez mais será utilizado em inúmeras áreas da ação humana — da medicina ao mundo do trabalho, da cultura ao âmbito da comunicação, da educação à política —, destinado a influenciar profundamente nosso modo de viver, nossas relações sociais e talvez até mesmo a maneira como concebemos nossa identidade.

Pensei em Romano Guardini, teólogo que mais de uma vez me ajudou com suas ideias, enquanto me preparava para a palestra que daria sobre o assunto em junho de 2024, no G7 realizado em Borgo Egnazia, em Apúlia. Eu queria evitar as leituras catastrofistas e seus efeitos paralisantes, a rigidez que se opõe ao novo na tentativa ilusória de conservar um mundo que, de todo modo, está condenado a desaparecer; ao mesmo tempo, queria salientar que devemos permanecer sensíveis a tudo o que é destrutivo e desumano. Sobretudo diante de cenários complexos como esse.

Deus nos deu seu Espírito para que tivéssemos "sabedoria, entendimento e conhecimento para toda espécie de trabalhos" (Ex 35,31); a ciência e a tecnologia são, também elas, produtos extraordinários do potencial criativo do ser humano. Só precisamos estar conscientes de que, como diz o antigo adágio inscrito na espada de Dâmocles, de um grande poder derivam grandes responsabilidades.

Meu discurso sobre a Inteligência Artificial no G7, em 2024.

Não podemos duvidar de que o advento da inteligência artificial representa uma verdadeira revolução cognitivo-industrial, contribuindo para a criação de um novo sistema social, caracterizado por transformações estruturais. Caberá a nós determinar qual direção tomará o uso desse instrumento fascinante e, ao mesmo tempo, assustador, ainda mais complexo que os outros, uma vez que a IA pode adaptar-se de maneira autônoma à tarefa que lhe é atribuída e, se projetada com esse intuito, fazer escolhas independentes do ser humano para alcançar o objetivo designado. Com Guardini, devemos dizer que todo problema de natureza técnica, social e política só poderá ser enfrentado e resolvido "se proceder do homem. Há que se formar um novo tipo humano, dotado de uma espiritualidade mais profunda, de uma liberdade e de uma interioridade novas".

A vida e a morte não podem ser decididas por um algoritmo, tampouco o desenvolvimento do pensamento humano ou a informação, que já enfrenta uma espécie de poluição cognitiva, à qual hoje se acrescenta o fenômeno do *deep fake* — a criação e difusão de imagens e vozes que parecem perfeitamente verossímeis mas são falsas, do qual já fui objeto. Mais do que nunca, devemos ter claro em nossas mentes que a liberdade e a convivência pacífica são ameaçadas quando os seres humanos cedem à tentação do egoísmo, da ambição por lucro e da sede de poder.

Acabaremos construindo novas castas com base no domínio exercido pela informação, gerando novas formas de exploração, ou, ao contrário, faremos com que a inteligência artificial traga mais igualdade e favoreça a atenção às necessidades múltiplas das pessoas e dos povos? Esta se tornará uma nova ocasião de destruição e morte, anestesiando ainda mais a loucura da guerra, ou faremos dela um instrumento de justiça, desenvolvimento e paz? Mais uma vez, devemos valorizar essas questões, abrir espaço para elas, mantê-las vivas, para que nos eduquem para a consciência e a responsabilidade.

Cabe à humanidade decidir se quer se tornar alimento de algoritmos ou avançar pelo caminho, conservando intacta a própria nobreza de caráter e recuperando o que há de mais importante e necessário, o âmago de cada ser humano, o seu centro mais íntimo: o coração. Poderíamos pensar que a sociedade mundial o está perdendo, escrevi em outubro de 2024 na minha quarta encíclica, *Dilexit nos*, sobre o amor humano e divino do coração de Cristo. Ver avós chorarem sem que isso seja intolerável só pode ser sinal de um mundo sem coração. No entanto, é o escândalo com o qual me vi confrontado demasiadas vezes, em demasiadas viagens, em demasiadas audiências, num mundo dilacerado por conflitos devastadores: mulheres idosas de coração partido que pranteiam os netos assassinados ou são forçadas a vaguear sem abrigo, em meio ao medo e à angústia. Não podemos ignorar essa crueldade.

O mundo só pode mudar a partir do coração porque, como nos ensinou o Concílio Vaticano II, os desequilíbrios dos quais a humanidade padece, que vêm de longo tempo e se encontram chafurdados na sociedade líquida contemporânea, estão ligados àquele desequilíbrio mais profundo no qual o coração do homem se encontra preso. O algoritmo em funcionamento na realidade digital demonstra, em última análise, que nossos pensamentos e decisões são muito mais convencionais, comuns e padronizados do que poderíamos imaginar. De certa forma, eles são tão fáceis de se prever quanto de se manipular. Isso não ocorre com o coração. Somos o nosso coração porque é ele que nos distingue, que molda nossa identidade espiritual, que nos põe em comunhão com outras pessoas.

Só o coração é capaz de unificar e harmonizar a nossa história pessoal, que hoje parece fragmentada em mil pedaços. O anticoração, ao contrário, é um horizonte cada vez mais dominado pelo narcisismo e pela autorreferencialidade, o que acaba por levar à apatia, à depressão, à "perda do desejo", justo porque o outro desaparece do horizonte. Em consequência disso, tornamo-nos incapazes de acolher Deus, porque, como diz Heidegger, para receber o divino devemos construir uma "casa de hóspedes", e até acolher-nos a nós mesmos, a fim de responder à nossa essência mais autêntica e verdadeira. Se o coração não vive, escreve Guardini em sua análise do universo de Dostoiévski, "o homem permanece um estranho para si mesmo".

Nenhum algoritmo jamais poderá abrigar aquelas memórias de infância que preservamos com ciúme amoroso, aquelas imagens que parecem dormir no baú das nossas memórias e são despertadas a cada vez, tão vivas como sempre, talvez ao sentirmos um perfume ou ouvirmos uma antiga melodia: penso na minha avó me ensinando a selar as bordas das empanadas com o garfo, naquelas tardes diante do rádio com a minha mãe, a meio caminho entre brincar e aprender, no sorriso florescendo no rosto do meu pai em resposta a uma piada minha, ou quando do nascimento da minha irmã Maria Elena, ou pela emoção de cuidar de um passarinho que caiu do ninho ou ao despetalar uma margarida enquanto recita bem me quer, mal me quer. Na era da inteligência artificial, não podemos esquecer que a poesia e o amor são essenciais para salvar a humanidade. São, como a infância, o sal da terra: deixem que percam o sabor, advertiu um escritor francês, e o mundo não será senão putrefação e gangrena. Quando as particularidades do coração não são valorizadas, perdemos as respostas que a inteligência por si só não é capaz de dar, perdemos o encontro com o outro e perdemos a história e as nossas histórias, porque a verdadeira aventura pessoal é aquela que parte do coração e se torna realidade. No fim da vida, é só o que contará.

Não se deve tropeçar no amanhã, e sim construí-lo. Todos nós somos chamados a essa responsabilidade, respondendo ao projeto de Deus que não é outro senão a felicidade do ser humano, a centralidade do ser humano, sem excluir ninguém.

No alvorecer do que se delineia como uma nova mudança de época, gosto de recordar as palavras pronunciadas por João Paulo II no Jubileu de 2000: "Não tenhais medo! Antes, procurai abrir, melhor, escancarar as portas a Cristo!". E se um dia os temores e as preocupações os acometerem, pensem no episódio do Evangelho segundo são João, nas bodas de Caná (Jo 2,1-25), e digam a si mesmos: o melhor vinho ainda está por ser servido. Essa é uma imagem que, para um bisneto de camponeses como eu, é particularmente importante.

Tenham certeza: a realidade mais profunda, agradável e bela para nós e para quem amamos ainda está por vir. Mesmo que uma estatística diga o contrário, que o cansaço tenha abalado as forças, nunca percam essa esperança que não pode ser vencida. Rezem dizendo essas palavras e, se não conseguirem rezar, sussurrem-nas em seu coração, mesmo que sua fé seja fraca; sussurrem-nas até acreditarem nelas, sussurrem-nas aos desesperados, aos que têm pouco amor: o melhor vinho ainda está por ser servido.

Enquanto continuarmos a nos inspirar no olhar de uma criança e nas infinitas possibilidades do bem, enquanto deixarmos que a misericórdia nos habite, tudo será possível. Agarrados à âncora da esperança, poderemos dizer com os versos de Hikmet que "o mais belo dos mares é o que não navegamos; o mais belo de nossos filhos ainda não cresceu; nossos dias mais belos ainda não os vivemos; e as palavras mais belas que te queria dizer ainda não as disse".

O vento do Espírito não parou de soprar.

Façam boa viagem, irmãos e irmãs.

25. Sou apenas um passo

A Igreja sempre tem um futuro. É curioso: a Igreja tem raízes no passado, em Cristo vivo, vivo durante seu tempo, em sua Ressurreição, e raízes no futuro, a promessa do Cristo que permanecerá conosco até o fim dos séculos. Nessa promessa está o futuro da Igreja.

Será perseguida? Quantas vezes foi perseguida!...

Algumas vezes, porque havia se mundanizado demais. Outras sem nenhuma razão, pois muitos mártires não eram nada mundanos. Mesmo hoje, são muitos os mártires mortos pelo simples fato de serem cristãos. Ainda nos anos 2000, a nossa também é uma Igreja de mártires.

Ela seguirá adiante; em sua história sou apenas um passo.

Mesmo o papado amadurecerá; espero que amadureça olhando também para trás, que assuma cada vez mais o papel do primeiro milênio, em união com os ortodoxos — o que não significa que eles tenham de se tornar católicos. Falo da união de serviço à qual também se refere João Paulo II, da comunhão plena e visível de todas as comunidades dos cristãos, que é "o desejo ardente de Cristo", um caminho que deve ser percorrido sem hesitação.

Sonho com um papado que seja cada vez mais de serviço e de comunhão. Foi muito intensa a experiência do encontro ecumênico de oração para a paz no Oriente Médio, que vivi em julho de 2018 em Bari, com 22 patriarcas e chefes das Igrejas e das comunidades cristãs orientais: católicos, ortodoxos e protestantes, todos juntos. Um momento lindo.

Isto é o papado: serviço. O título do papa que mais me agrada é *Servus servorum Dei*, servo dos servos de Deus. Que serve todos, que serve a todos. Quando, dois meses após ser eleito, recebi os rascunhos do Anuário Pontifício, devolvi a primeira página, que continha os títulos atribuídos ao pontífice: Vigário de Jesus Cristo, Sucessor do Príncipe dos Apóstolos, Soberano, Patriarca... Pedi que se retirasse tudo isso e deixasse apenas bispo de Roma. O restante ficou na segunda página. Apresentei-me desse modo desde o primeiro dia, simplesmente porque é a verdade. Os outros títulos não deixam de ser reais, a história e os teólogos tiveram suas razões para acrescentá-los, mas apenas porque o papa era e é o bispo de Roma.

No mundo contemporâneo, fala-se muito em secularização, mas tal como ocorre com a perseguição, também não é a primeira vez. Basta pensar no reino da França, no padre secularizado da corte, o *Monsieur l'Abbé*: o pastor da Igreja, que carrega o cheiro das suas ovelhas, não se encaixa nesse ambiente. A Igreja sempre teve seus momentos de secularização; nas primeiras heresias, o arianismo por exemplo, com os bispos cortesãos, para os quais a política religiosa do imperador era a norma suprema a ser seguida, e com os imperadores que perseguiam os bispos católicos não arianos. E antes ainda. Aconteceu muitas vezes.

Sem dúvida, a secularização não é uma fotocópia que se revela sempre igual: é algo que vem com a cultura do tempo. Não há mais secularização na Igreja hoje do que em outras épocas.

É verdade que agora convivemos com a ciência, descobrimos coisas que dizem respeito ao domínio sobre a vida e a morte, mas o espírito mundano, de secularização, sempre existiu. Por isso, na oração da Última Ceia (Jo 17,11-9), Jesus pede ao Pai que não nos tire do mundo, mas nos guarde, para que não nos tornemos mundanos. A mundanidade espiritual, que a Igreja também conheceu desde seus primeiros dias — basta recordar o caso de Ananias e Safira nos Atos dos Apóstolos (At 5,1-11), os dois cônjuges da primeira cristandade de Jerusalém, que venderam os bens da comunidade e retiveram o lucro — é de fato a maior praga. Segundo o teólogo Henri de Lubac, é o pior mal em que a Igreja pode incorrer, "a tentação mais pérfida, que sempre renasce, insidiosamente". A mundanidade espiritual, escreve em sua obra *Meditação sobre a Igreja*, é "ainda pior que aquela lepra que, em certos momentos da história, desfigurou a Igreja de maneira tão cruel", quando a religião introduzia o escândalo no "próprio santuário e, representada por um papa libertino, escondia o rosto de Jesus sob pedras preciosas, adornos e ouropéis". Pior ainda que os papas concubinos, ele prossegue. Terrível.

Esse é um perigo para o qual Jesus já advertia, tanto que rogou ao Pai, na oração que é o ato fundador da Igreja, que seus discípulos não caíssem nele. Uma advertência que deve se referir, em primeiro lugar, aos pastores, e depois a todos. Porque todos somos a Igreja. O povo de Deus, não os belos muros que a guardam e encerram.

Se hoje as novas gerações declaram uma relação difícil com a religião, deveríamos nos questionar sobre nosso testemunho, bem mais que sobre a secularização. São os testemunhos que movem os corações. Santo Inácio de Antioquia já sabia muito bem que "é melhor ser cristão sem o dizer que o dizer sem ser cristão", porque, no fim da existência, não nos perguntarão se fomos *crentes*, mas apenas se fomos *críveis*.

A Igreja deve crescer na criatividade, na compreensão dos desafios da contemporaneidade, abrir-se ao diálogo, não se isolar no temor. Uma Igreja fechada e assustada é uma Igreja morta. É preciso ter confiança no Espírito, que é o motor e o guia da Igreja, e faz barulho. Basta pensar no relato do Pentecostes, que foi uma verdadeira algazarra: "De repente, veio do céu um ruído como o agitar-se de um vendaval impetuoso, que encheu toda a casa onde se encontravam" (At 2,2), e todos começaram a falar em línguas desconhecidas, e saíram. Saíram à rua. Todos fora. Fora das nossas zonas de conforto. Porque só a partir dessa abertura é possível gerar harmonia.

O Espírito é o *Paráclito*, aquele que sustenta e acompanha no caminho, é sopro de vida, não um gás anestesiante. Um dia, quando eu pregava em San Miguel para duzentos jovens, um deles o confundiu com *paralítico* e me fez rir... Justamente essa é a Igreja que não devemos ser, uma Igreja parada, congelada. Além disso, por certo cabe a nós discernir, entender o que o hoje de fato nos pede, mas sabendo que a rigidez não é cristã, pois nega esse movimento do Espírito. A rigidez é sectária. A rigidez é autorreferencial. A rigidez é uma heresia cotidiana. Confunde a Igreja com uma fortaleza, um castelo lá no alto, que olha para o mundo e para a vida com distância e altivez em vez de *habitá-la internamente*.

Há um filme de que gosto bastante e ao qual assisto sempre que posso, inspirado em um romance de Karen Blixen, *A festa de Babette*. Conta a história de um vilarejo escandinavo, um lugar lúgubre, onde a alegria não é habitual e os habitantes são tão obcecados pelas regras que eles próprios impuseram que as coisas acabam perdendo o sentido. Até que uma mulher, Babette, chega para trabalhar como governanta. Ela descobre que, quando ainda vivia em Paris, havia ganhado na loteria, mas em vez de usar o dinheiro consigo mesma e voltar para casa, decide gastar tudo preparando um maravilhoso "banquete à francesa" para toda a comunidade. Esse banquete insólito — num primeiro momento, visto com grande suspeita — muda tudo, rompe as correntes, recria a comunidade, abre as pessoas para a alegria da existência.

É necessário sair da rigidez, o que não significa cair no relativismo, mas seguir em frente, apostar. Precisamos fugir da tentação de controlar a fé, porque o Senhor Jesus não deve ser controlado, não precisa de cuidadores nem de guardiões. O Espírito é liberdade. E a liberdade também é risco.

A Igreja que segue em frente será cada vez mais universal, e seu futuro e sua força virão também da América Latina, da Ásia, da Índia e da África, como já podemos ver na riqueza das vocações. Também na Indonésia, em Singapura, na Nova Guiné e em Timor-Leste, onde estive em setembro de 2024 — uma experiência maravilhosa mas que muito me preocupou, com um número infinito de crianças e de pessoas que atiravam seus mantos enquanto o carro papal percorria os dezesseis quilômetros até a nunciatura — encontrei uma Igreja em crescimento e com identidade própria, filha de uma cultura fresca e ao mesmo tempo profunda, que me impressionou. Há inteligências muito vivas em todo o mundo; em uma viagem à Mongólia, por exemplo, a primeira de um pontífice àquela terra de grande sabedoria, vivi uma mística e uma peculiaridade preciosas, que também exprimem os valores daquele povo e valoriza a todos sem cair no proselitismo. Só por meio da atração conseguimos crescer. Em alguns lugares, devemos estar conscientes de que passamos de um cristianismo situado num contexto social hospitaleiro para um cristianismo "minoritário". Sou apenas um passo, ou melhor, um testemunho. E isso requer a coragem de uma conversão eclesial, não um medo nostálgico.

É com esse espírito que em dezembro de 2024 nomeei outros 21 novos cardeais, no Peru, na Argentina, no Equador, no Chile, no Japão, nas Filipinas, na Sérvia, no Brasil, na Costa do Marfim, no Irã, no Canadá e na Austrália, bem como na Itália: para que sejam o rosto cada vez mais autêntico da universalidade da Igreja. E que disseminem a compreensão de que o título de "servo" — esse é o sentido do ministério — deve ofuscar cada vez mais o de "eminência".

A Igreja precisa de todos, de cada homem, de cada mulher, e todos precisamos uns dos outros. Nenhum de nós é uma ilha, um eu autônomo e independente, e o futuro é algo que só podemos construir juntos, sem deixar ninguém de lado. Temos o dever de estar vigilantes e conscientes, vencendo a tentação da indiferença.

O verdadeiro amor é inquieto.

Costuma-se dizer que o oposto do amor é o ódio, e é verdade, mas em muitas pessoas não há um ódio consciente. O oposto mais comum ao amor de Deus, à compaixão de Deus, à misericórdia de Deus é a indiferença. Para aniquilar um homem ou uma mulher, basta ignorá-los.

A indiferença é uma agressão. A indiferença pode matar. O amor não tolera indiferença.

Não podemos permanecer de braços cruzados, indiferentes, nem de braços abertos, fatalistas. O cristão estende a mão.

Hoje, mais do que nunca, tudo está interligado, e hoje, mais do que nunca, precisamos restaurar nossas ligações: inclusive aquele julgamento rigoroso que trago no coração contra meu irmão ou minha irmã, aquela ferida não cicatrizada, aquele mal não perdoado, aquele preconceito surdo, aquela indiferença hostil, aquele rancor que só me fará mal; é um pedaço de guerra que trago dentro de mim, um foco a ser apagado para que não se transforme em um incêndio e, por fim, deixe apenas cinzas. Precisamos fazer com que ao crescimento das inovações científicas e tecnológicas correspondam uma equidade e uma inclusão social cada vez maiores. Enquanto descobrimos novos planetas distantes, devemos redescobrir as necessidades do irmão e da irmã que orbitam ao nosso redor. Só a educação para a fraternidade e para uma solidariedade concreta pode superar a cultura do descarte, que diz respeito não apenas aos alimentos e aos bens de consumo, mas, antes de tudo, às pessoas que são marginalizadas por sistemas tecnoeconômicos em cujo centro, mesmo sem percebermos, muitas vezes não está mais a humanidade, mas seus produtos.

Hoje, por diversos motivos, muita gente parece não acreditar que um futuro feliz seja possível. Esses temores devem ser levados a sério, mas não são invencíveis; ocorre que só podem ser superados se não nos fecharmos em nós mesmos. Diante da maldade e das torpezas que nosso tempo reserva, nós também somos tentados a abandonar o sonho da liberdade: refugiamo-nos em nossas frágeis seguranças humanas, em nossa rotina tranquilizadora, em nossos medos tão bem conhecidos. E, por fim, renunciamos à viagem rumo à felicidade da Terra Prometida para voltar à escravidão do Egito. O medo é a origem da escravidão e de toda forma de ditadura, pois é com base na instrumentalização dos temores do povo que crescem a indiferença e a violência. Ele é uma gaiola que nos exclui da felicidade e rouba o futuro.

Contudo, basta um único homem, uma única mulher para haver esperança, e esse homem, essa mulher pode ser você. Então, há outro "você", e mais outro, então nos tornamos "nós".

Para nós, cristãos, o futuro tem um nome, e esse nome é "esperança".

Ter esperança não significa ser um otimista ingênuo que ignora o drama do mal da humanidade. A esperança é a virtude de um coração que não se fecha na escuridão, não se detém no passado, não vive como pode no presente, mas sabe ver o amanhã com lucidez.

Nós, cristãos, devemos ser inquietos e alegres.

A felicidade é sempre um encontro, e os outros são uma ocasião concreta para encontrar o próprio Cristo. Em nosso tempo, a evangelização será possível pela propagação da alegria e da esperança.

Então a esperança só começa quando há o "nós"? Não, ela já começou com o "você". Quando há o "nós", começa uma revolução.

Onde de fato há o Evangelho, não sua ostentação nem sua instrumentalização, mas sua presença concreta, há sempre revolução. Uma revolução na ternura.

A ternura nada mais é do que isto: amor que se torna próximo e concreto. É usar os olhos para ver o outro, usar os ouvidos para ouvir o outro, para ouvir o grito dos pequenos, dos pobres, de quem teme o futuro; ouvir também o grito silencioso da nossa casa comum, da terra contaminada e doente. E, depois de olhar e de ouvir, não está o falar. Está o fazer.

Certa vez, um jovem me perguntou: na universidade, tenho muitos amigos que são agnósticos ou ateus; o que devo dizer para que se tornem cristãos? Nada, respondi. A última coisa que você deve fazer é falar. Primeiro, deve fazer; então quem vir como você vive e administra sua vida é que perguntará: por que você faz isso? Nesse momento, você poderá falar. Com os olhos. Com os ouvidos. Com as mãos. E só depois com as palavras. No testemunho de uma vida, a palavra vem depois, é consequência.

Deixar espaço para a dúvida também é importante. Se uma pessoa diz que encontrou Deus com total certeza, não é uma coisa boa. Se alguém tem as respostas para todas as perguntas, essa é a prova de que Deus não está com ele. Significa que essa pessoa é um falso profeta que instrumentaliza a religião e a usa em benefício próprio. Os grandes guias do povo de Deus, como Moisés, sempre deixaram espaço para a dúvida.

É preciso ser humilde, deixar espaço para o Senhor, não para nossas falsas seguranças.

A ternura não é fraqueza: é verdadeira força. É a estrada percorrida pelos homens e pelas mulheres mais fortes e corajosos. Vamos percorrê-la e lutar com ternura e coragem.

Percorram-na e lutem com ternura e coragem.

Sou apenas um passo.

Breve nota do coautor

Por vontade de Sua Santidade, o papa Francisco, em um primeiro momento sua autobiografia deveria ser publicada como legado após sua morte. Mas o novo Jubileu da Esperança e as exigências do tempo o convenceram a difundir agora esta preciosa herança.

Desde 2019, os trabalhos para sua elaboração são fruto de muitos encontros, conversas, análises de textos e de documentos públicos e privados.

A estrutura cronológica desenvolve-se ao longo dos anos até a ordenação sacerdotal e ilumina a metade do século seguinte e toda a era do pontificado, que se nutre profundamente dessas raízes. Uma citação de Gustav Mahler, relembrada no texto, afirma: "A tradição não é o culto às cinzas, mas a preservação da chama". A tradição não é um museu, comenta o papa Francisco: a ideia de voltar continuamente às cinzas é a nostalgia dos integralistas, mas não deve ser este o verdadeiro sentido da palavra. A tradição é uma raiz, indispensável para que a árvore possa sempre dar frutos novos.

Além da imagem de uma autêntica humildade, há uma palavra que sua figura personifica e que relembrei várias vezes ao longo dos encontros e enquanto trabalhava nesta obra: "Adiante!". Um homem nascido em 1936 que, quando se vira para trás, é apenas para lançar o olhar ainda mais à frente.

Do mesmo modo, estas páginas foram escritas com o espírito do serviço e com o desejo entusiasmado de legar duas das coisas mais duradouras que os seres humanos podem deixar como herança: raízes e asas.

Nesse sentido, sua história é, na verdade, a nossa.

Apesar de todos os esforços para evitá-los, eventuais erros ou imprecisões devem ser atribuídos unicamente à minha pessoa.

Foi uma longa e intensa aventura, pela qual sinto profunda gratidão.

De minha parte, dedico esforços, erros e imprecisões a meu avô materno, nascido no Piemonte, enviado para o Carso com seus dois irmãos, nas trincheiras da Primeira Guerra Mundial (apenas ele regressou), emigrado para Buenos Aires após a Segunda Guerra Mundial e sepultado em Cochabamba, na Bolívia, em *un camp-sant foresté*, bem antes que eu nascesse. E à minha avó e à minha mãe, que não o viram voltar.

Por isso me chamo Carlo.*

---

* **Carlo Musso** é editor. Atuou como diretor editorial de não ficção da Piemme e Sperling & Kupfer, do grupo Mondadori, e mais tarde fundou a editora independente Libreria Pienogiorno. Ao longo de sua carreira, editou, entre outros, muitos dos volumes mais difundidos internacionalmente do papa Francisco, desde o primeiro, *O nome de Deus é misericórdia*, publicado em cem países e traduzido para 32 línguas.

Referências

TEXTOS

BARICCO, Alessandro. *La sposa giovane*. Milão: Feltrinelli, 2015.

BARZINI, Luigi. "Gli allucinati", *Corriere della Sera*, 13 jan. 1902.

BAUMAN, Zygmunt. *Voglia di comunità*. Roma/Bari: Laterza, 2003. [Ed. bras.: *Comunidade*. Rio de Janeiro: Zahar, 2022.]

BORGES, Jorge Luis. "Il manoscritto di Brodie". In: *Tutte le opere*. Milão: Mondadori, 1996, v. II. [Ed. bras.: *O informe de Brodie*. Trad. de Davi Arrigucci Jr. São Paulo: Companhia das Letras, 2008.]

_____. "Leggenda". In: *Ellogio dell'ombra*. In: *Tutte le opere*. Milão: Mondadori, 1996, v. II. [Ed. bras.: "Lenda". In: *Elogio da sombra*. Trad. de Carlos Nejar e Alfredo Jacques. São Paulo: Globo, 2001.]

BRECHT, Bertolt. "La guerra che verrà". In: *Poesie e canzoni*. Turim: Einaudi, 1971.

COSTA, Nino. *Rassa nostrana*. In: *Sal e peiver*. Turim: Viglongo, 1998.

DE AMICIS, Edmondo. *Sull'Oceano*. Milão: Mondadori, 2004.

_____. *Cuore*. Milão: Mondadori, 2020.

DOSTOIÉVSKI, Fiódor. "A Natalija Dmitrievna Fonvizina". In: *Lettere sulla creatività*. Milão: Feltrinelli, 2005.

_____. *I fratelli Karamazov*. Turim: Einaudi, 1981. [Ed. bras.: *Os irmãos Karamázov*. Trad. de Paulo Bezerra. São Paulo: Ed. 34, 2012.]

GALEANO, Eduardo. *Donne*. Milão: Sperling & Kupfer, 2017. [Ed. bras.: *1977 — Buenos Aires, As Mães da Praça de Maio*. Trad. de Eric Nepomuceno. Porto Alegre: L&PM, 1998.]

_____. *Splendori e miserie del gioco del calcio*. Milão: Sperling & Kupfer, 2015.

GUARDINI, Romano. *Lettere dal lago di Como*. Brescia: Morcelliana, 1993.

GUARDINI, Romano. *Persona e libertà*. Org. de C. Fedeli. Brescia: La Scuola, 1987.

HIKMET, Nazim. "Il più bello dei mari". In: *Poesie d'amore*. Milão: Mondadori, 2006.

LUBAC, Henri de. *Meditazione sulla Chiesa*. Milão: Ed. Corriere della Sera, 2014.

MAZZOLARI, Primo. *La parola ai poveri*. Bolonha: Centro Editoriale Dehoniano, 2016.

_____. *Se tu resti con noi*. Milão: Edizioni Paoline, 2000.

MILANI, Lorenzo. "Lettera ai giudici". In: *Tutte le opere*. Milão: Mondadori, 2017, v. II.

PÉGUY, Charles. *Il portico del mistero della seconda virtù*. Trad. it. de Giuliano Vigini. Milão: Mondadori, 1993.

SAUNDERS, George. *L'egoismo è inutile*. Roma: Minimum Fax, 2014.

SCAGLIONE, Fulvio. "Apriamo gli occhi sul volto orrendo della guerra". Terrasanta.net, 1 mar. 2018.

SOLDATI, Mario. *Le lettere da Capri*. Milão: Mondadori, 2010.

SZYMBORSKA, Wisława. "L'odio". In: *Vista con granello di sabbia*. Milão: Adelphi, 1998. [Ed. bras.: "O ódio". In: *Um amor feliz*. Trad. de Regina Przybycien. São Paulo: Companhia das Letras, 2016.]

TOLSTÓI, Liev. "Ravvedetevi!". In: *Patriottismo o pace?*. Fidenza: Mattioli, 1885, 2023.

MÚSICAS

"Arauco tiene una pena", composta por Adriano Scavo. Essex Italiana Edizioni Musicali.

"L'affondamento del Mafalda", composta por Gualtiero Bertelli e Paolo Favorido. Ossigeno.

"L'affondamento della nave Sirio", composta por Armando Corso.

"La guerra di Piero", composta por Fabrizio De André. La Cascina Ed. Musicali, Leonardi Edizioni.

"La tradotta", composta por Riccardo Bizzarro. Ossigeno.

"'O sole mio", de Giovanni Capurro; composta por Eduardo Di Capua e Alfredo Mazzucchi.

"Ragazzo mio", composta por Luigi Tenco. Universal Music Publishing Ricordi.

"Rencor", composta por Charlo e Luis César Amadori.

"Samba da Bênção", composta por Baden Powell e Vinicius de Moraes. Editions 23, Made in M.

"Turandot", composta por Giacomo Puccini, Franco Alfano, Renato Simoni e Giuseppe Adami. Ed. Casa Ricordi.

FILMES

Don Camillo. Direção: Julien Duvivier. Roteiro: Julien Duvivier, René Barjavel e Giovannino Guareschi. Produção: Produzione Film G. Amato, 1952.
La strada. Direção: Federico Fellini. Roteiro: Federico Fellini, Tullio Pinelli e Ennio Flaiano. Produção: Rai Fiction, 1954.
Pane, amore e fantasia. Direção: Luigi Comencini. Roteiro: Ettore Margadonna e Luigi Comencini. Produção: Titanus, 1953.

Créditos das imagens

Todos os esforços foram feitos para determinar a origem das imagens publicadas neste livro, porém isso nem sempre foi possível. Teremos prazer em creditar as fontes, caso se manifestem.

p. 20: Mondadori Portfolio

p. 43: Olivier Morin/ AFP via Getty Images

pp. 49, 73, 74, 77, 97, 100, 129, 136, 144, 163, 191, 195, 211, 253: Acervo particular do papa Francisco

pp. 62, 117, 168: Mondadori Portfolio/ Archivio GBB

p. 87: Vatican Pool/ Getty Images

p. 92: API/ GAMMA/ Gamma-Rapho via Getty Images

p. 106: Pablo Leguizamon/ AP Photo/ Imageplus

p. 110: Juan Ayala/ AFP

pp. 124, 327: Franco Origlia/ Getty Images

p. 199: Abaca Press/ Alamy/ Fotoarena

p. 207: Jesuit General Curia via Getty Images

p. 223: Daniel Vides/ FP via Getty Images

pp. 237, 276: Vincenzo Pinto/ AFP via Getty Images

p. 255: Osservatore Romano Vatican Media via Vatican Pool/ Getty Images

p. 260: Jaroslaw Maciej/ Alamy/ Fotoarena
p. 263: Vatican Media/ The New York Times/ Fotoarena
pp. 267, 278: Vatican Pool/ Vatican Media via Vatican Pool/ Getty Images
p. 284: Andrea Bonetti/ Greek Prime Minister's Office via Getty Images
p. 301: Lior Mizrahi/ Getty Images
p. 303: Eric Vandeville/ Gamma-Rapho via Getty Images
p. 308: © Servizio Fotografico or/ ipa Agency
p. 322: Vatican Media via Vatican Pool/ Getty Images
p. 336: Buda Mendes/ Getty Images
p. 346: Louisa Gouliamaki/ Reuters/ Fotoarena

TIPOGRAFIA Adriane por Marconi Lima
DIAGRAMAÇÃO Osmane Garcia Filho
PAPEL Pólen Natural, Suzano S.A.
IMPRESSÃO Bartira, janeiro de 2025

A marca fsc® é a garantia de que a madeira utilizada na fabricação do papel deste livro provém de florestas que foram gerenciadas de maneira ambientalmente correta, socialmente justa e economicamente viável, além de outras fontes de origem controlada.